Verw.: RG

Langzeitprogramm 1

Texte

Verlag
Neue Gesellschaft GmbH
Bonn-Bad Godesberg

Inhalt

Teil I:

Entwurf
eines ökonomisch-politischen
Orientierungsrahmens
für die Jahre 1973–1985

Der hier vorgelegte Entwurf eines ökonomisch-politischen Orientierungsrahmens für die Jahre 1973—1985 ist das Arbeitsergebnis der vom Parteivorstand am 14. September 1970 gemäß eines Beschlusses des Parteitages von Saarbrücken eingesetzten Kommission „Langzeitprogramm".

Übersicht

Geleitwort

Der Vorstand der Sozialdemokratischen Partei Deutschlands übergibt den Mitgliedern der SPD und den Bürgern unseres Landes den „Entwurf eines ökonomisch-politischen Orientierungsrahmens für die Jahre 1973—1985". Dieser Entwurf ist das Arbeitsergebnis einer durch den Saarbrücker Parteitag geforderten und vom Parteivorstand eingesetzten Kommission. Wir haben der Kommission, ihrem Vorsitzenden Helmut Schmidt und seinen Stellvertretern Hans Apel und Joachim Steffen, ebenso wie ihren Mitarbeitern, für diese Arbeit zu danken.

Was hier unterbreitet wird, ist also nicht ein Beschluß des Parteivorstandes, sondern der Entwurf einer Kommission. Dieser wird jetzt zur Diskussion gestellt. Auf dem nächsten Parteitag wird eine Art erster Lesung stattfinden, aber die Diskussion — zu der auch die Interessierten eingeladen sind, die nicht der SPD angehören — wird wohl erst danach in aller Breite und Gründlichkeit geführt werden können.

Es zeichnet diesen Entwurf aus, daß er zum erstenmal in der deutschen Parteiengeschichte ein detailliertes und quantifiziertes „Langzeitprogramm" zu formulieren versucht. Er ist zu verstehen als Fortsetzung und Vertiefung der offenen Diskussion über die konkreten Reformschritte, die es in dem überschaubaren Zeitraum bis 1985 zu realisieren gilt. Dieser Entwurf ist also — ich möchte es noch einmal betonen — eine Orientierungslinie für eine demokratische Meinungs- und Willensbildung unter den interessierten Bürgern unseres Staates und vor allem unter den Mitgliedern unserer Partei.

Der Entwurf kann manche Illusionen ausräumen, zeigt aber auch die Möglichkeiten realistischer Reformpolitik. Er wäre nicht möglich ohne das Godesberger Programm. Auf diesem Fundament von Godesberg müssen wir weiterbauen. Dabei sind die Wege klar vorgezeichnet: Es geht einerseits um die Konkretisierung und Differenzierung der Grundwerte des demokratischen Sozialismus und andererseits darum, einen auf diesen Grundwerten beruhenden, an ihnen zu messenden Orientierungsrahmen für konkrete Aktionen ökonomisch durchgerechnet zu entwickeln; und ein solcher Orientierungsrahmen wird dann ständig fortzuschreiben sein.

Es geht darum, die politischen Grundüberzeugungen mit der politischen Ökonomie zu verbinden. Wir müssen uns selbst und unseren Mitbürgern klarmachen, in welchem gesellschaftspolitischen Zusammenhang viele Einzelmaßnahmen und Gesetze stehen. Notwendige Maßnahmen so zu ordnen, daß unsere gesellschaftspolitischen Perspektiven hervortreten und daß der Sinn einzelner Schritte im Zusammenhang erkennbar wird, dies scheint mir

*im besonderen Maße Aufgabe und Verdienst eines solchen Orientierungs-
rahmens zu sein.*

*Rationale Wirtschafts- und Finanzpolitik ist eine unabdingbare Voraus-
setzung für Reformen. Wirtschafts- und Finanzpolitik lebt aber nicht für sich
allein. Sie muß nach sozialdemokratischer Auffassung im Dienst gesellschafts-
politischer Ziele stehen. Wir müssen von der Frage ausgehen, wie — im
Sinne des Grundgesetzes — der demokratische und soziale Bundesstaat ausgebaut sein muß, in dem die Menschen sich entfalten und verwirklichen
können. Wer nach der Qualität des Lebens fragt, muß danach auch die gesellschaftlichen Anstrengungen und den öffentlichen Anteil am Sozialprodukt
bemessen.*

*Niemand, der zu sachlicher Erörterung fähig ist, wird auf Grund dieses Ent-
wurfs behaupten können, die SPD wolle die Marktwirtschaft zerstören
oder „konfiskatorische" Steuern einführen. Davon kann keine Rede sein.
Aber sicher ist auch: Der Preis einer P o l i t i k f ü r d e n M e n s c h e n
wird höher sein, als es sich viele auf Grund bisheriger Lebenserfahrung vor-
gestellt haben. Über die Inhalte dieser Politik wird viel gestritten und
gerungen werden. In diesen Rahmen gehört die Diskussion um den hier
vorgelegten Entwurf.*

Bonn, den 3. Juni 1972   *Willy Brandt*

Einführung

I.

Die Entscheidung der Delegierten des Bundesparteitages der SPD in Saarbrücken im Mai 1970 forderte den Entwurf eines Programms, das von den bisher bekannten Typen Grundsatzprogramm, Aktionsprogramm, Regierungsprogramm oder fachliches Einzelprogramm abweicht. Die Kommission war sich von Anfang an darin einig, daß die Forderung, „auf der Grundlage des Godesberger Programms ein langfristiges gesellschaftspolitisches Programm" zu erarbeiten, das „konkretisiert und quantifiziert sein muß", die für die Parteiprogrammatik völlig neue Aufgabe darstellte, ökonomische Planung über festgelegte Zeithorizonte in die Programm-Aussagen unserer Partei einzuführen. Der einstweilen noch unsichere, weil vorher noch nie betretene Boden solcher Art von Programm-Arbeit ließ uns denn auch von dem sogenannten „Langzeitprogramm" sprechen. Tatsächlich handelt es sich um den Entwurf zu einem ökonomisch-politischen Orientierungsrahmen, der sich nicht auf verbale Aussagen beschränkt, sondern für drei Bundestags-Legislaturperioden — die voraussichtlich verfügbar zu machenden volkswirtschaftlichen Ressourcen in den Blick fassend — quantifiziert eine Verschiebung der Schwerpunkte in der Verwendung des Sozialproduktes zum Ziele nimmt.

Die Grundsätze des Godesberger Programms und seine Grundwerte — Freiheit, Gerechtigkeit und Solidarität — sind für diesen Entwurf Richtlinien gewesen —, im Sinne von vorgegebenen Parametern. Gleichwohl ist durchaus zu begrüßen, daß eine vertiefende Auseinandersetzung über die Grundwerte und die theoretischen Ansätze des parlamentarisch-demokratischen Sozialismus in Gang gekommen ist, dessen Ort im politisch-philosophischen Spektrum durch das Godesberger Programm — das bleibende Grundsatzprogramm der Sozialdemokratischen Partei Deutschlands — bestimmt worden ist.

Der hier vorgelegte Entwurf wird zu einer Erweiterung der Programm-Diskussion und zur eigenen politischen und geistigen Standortbestimmung vieler beitragen. Er ist als erster Versuch natürlich nicht ohne Wagnis, er ist in den Anforderungen, welche die ökonomisch-theoretische Fragestellung an die Diskussionsteilnehmer stellt, erstmalig; dabei ist er selbst ein erster, unvollkommener Schritt, ein Lernprozeß in sich, welcher der Weiterentwicklung, der Fortschreibung und zu diesem Zweck der Diskussion bedarf.

Ich habe den Gedanken, quantifizierendes Planungsdenken in programmatische Aussagen der Sozialdemokratischen Partei Deutschlands einzuführen, schon seit meiner Mitarbeit am Dortmunder Aktionsprogramm des Jahres 1952 als nötig empfunden; heute wird er von vielen als eine Notwendigkeit gesehen. Diese Entwicklung hängt mit dem Erfahrungsprozeß zusammen, den wir seit 1966 als mittragende und seit 1969 als führende Regierungspartei erlebt hatten, nicht zuletzt mit unserer konkreten Erfahrung, Finanzkrise und Rezession — aus Durchwurstelei entstanden — aufräumen zu müssen, sodann mit unserem ersten Versuch zu mittelfristiger Finanzplanung — mit allen Unvollkommenheiten und Kinderkrankheiten. Auch der heutige Entwurf und die Diskussion darüber wird zunächst mit Unvollkommenheiten und vielleicht auch Kinderkrankheiten behaftet sein.

'Um Grenzen und Möglichkeiten längerfristiger politischer Planung im Rahmen einer demokratisch verfaßten Mitgliederpartei darzutun, will ich im folgenden den Weg der Kommissionsarbeit in der gebotenen Kürze aufzeichnen. Nicht um zu zeigen, daß oder wieviel Fleiß und Intelligenz investiert wurden, sondern um den kritischen Leser des Entwurfs die Methodik der Kommission durchsichtig zu machen.

II.

Zunächst einmal war der Entwurf nicht im luftleeren Raum, sondern auf der Basis der artikulierten politischen Meinungen und Beschlüsse unserer Partei zu entwickeln. Wir haben also damit begonnen, im ersten Arbeitsgang alle wichtigen Aussagen der Partei und ihrer Fachgremien zu sammeln und zu sichten und danach aus einem auf weit über 1000 Seiten angewachsenen Kompendium die noch interessanten und noch aktuellen Programmaussagen in einem auch noch sehr dicken Wälzer katalogartig zusammenzustellen. Schon diese Systematisierung bisheriger Programmaussagen ergab interessante Aufschlüsse: Sie zeigte, daß die verschiedenen Aktionsfelder der Politik mit sehr verschiedener Intensität behandelt worden waren, daß sich der Grad der Konkretheit der Aussagen von Feld zu Feld sehr unterschied, daß ebenso die innere Konsistenz der Aussagen durchaus unterschiedlich war und — last not least: daß nur in den allerseltensten Fällen Kostenüberlegungen angestellt worden waren.

Wir haben dann in einem zweiten Schritt die katalogisierten Aussagen auf ihre Kostenrelevanz (volkswirtschaftlich und einzelwirtschaftlich) je einzeln geprüft und haben diesen Kostenüberlegungen Nutzen- bzw. Ertragsüberlegungen gegenübergestellt. Dabei zeigte sich aber, daß viele Aussagen auch in ihrer verbalen Form nicht hinreichend präzise waren, um Kostenüberlegungen von auch nur halbwegs befriedigender Größenordnungsgenauigkeit zuzulassen.

Wir haben deshalb diesen Weg nicht weiter verfolgt, sondern sind nunmehr, im dritten Schritt, auf der Basis der katalogisierten Programmaussagen daran gegangen, den gesamten gesellschaftspolitisch relevanten Themenbereich „flächendeckend" auf fünf Arbeitsgruppen aufzuteilen, die nun ihrerseits auf der Grundlage der katalogisierten Beschlüsse und Äußerungen der Partei, aber unter Einbeziehung von wissenschaftlichen Bedarfsprojektionen und Problemanalysen programmatische Konzepte zu entwickeln hatten, die hinreichend präzise waren, um quantifizierende Überlegungen zuzulassen. Analytische bzw. beschreibende Aussagen sind allerdings später in den Entwurf nur in dem Maße eingegangen, als es zur Begründung spezifischer Forderungen notwendig war. Hier wird durch gründlichere wissenschaftliche Einzelanalysen in Zukunft noch viel Arbeit zu leisten sein. Vor geschichtsphilosophisch orientierten, nur scheinbar analytischen Globalbetrachtungen sollten wir uns jedoch hüten.

Neben den fünf nach Sachgebieten orientierten Arbeitsgruppen erarbeitete gleichzeitig im vierten Schritt eine nach entscheidender Vorarbeit von K.-D. Arndt und Rudi Arndt ihre Arbeit aufnehmende „Ressourcengruppe" gesamtwirtschaftliche Prognosen und legte auf der Basis von Plausibilitätsüberlegungen und in Anlehnung an die Gliederung des sogenannten „Funktionenhaushalts" erste finanzwirtschaftliche Prioritäten fest. Der damit in Gang kommende ständige Rückkopplungsprozeß zwischen den Berechnungen der einzelnen, fachlich orientierten Arbeitsgruppen und der sogenannten „Ressourcengruppe" erwies sich als eine der wichtigsten und nützlichsten Aufgaben unserer Planungsarbeit. Mit dem Beginn dieses Rückkopplungsprozesses begann zugleich ein kontinuierlich fortschreitender fünfter Arbeitsgang. Der Zwischenbericht, den wir auf dem außerordentlichen Parteitag im November 1971 erstattet haben, entstammt diesem Beginn. Er mußte verständlicherweise die meisten Fragen noch offen lassen. Die Diskussion, die vom Parteitag auf gutem Niveau geführt wurde, hat wichtige Hinweise für die weitere Arbeit gegeben.

Bereits an dieser Stelle sei erwähnt, daß unser Arbeitspensum — später sollte sich das noch weit mehr erweisen — mit den üblichen Arbeitstechniken sozialdemokratischer Kommissionsarbeit nicht zu bewältigen war. Ein hauptamtliches Sekretariat mit drei wissenschaftlichen Mitarbeitern und ausreichender technischer Assistenz hat die Arbeit der Kommission von Anfang an bis zu ihrem Abschluß vorbereitet, begleitet und ausgewertet.

Hinzu kam, daß wir auf die Unterstützung von wissenschaftlichen Instituten bei der Behandlung von Einzelfragen zurückgegriffen haben, wenngleich die Zeit nicht ausreichte, manche wichtige Frage noch durch weitere wissenschaftliche Gutachten zu erhellen. Kurz: Ohne das Sekretariat und die Mitarbeit sachverständiger Freunde in der Wissenschaft und in der Verwaltung des Bundes und der Länder hätte die Arbeit nicht geleistet werden können. An die zukünftige Fortschreibung werden höhere Ansprüche als an den ersten Entwurf zu stellen sein. Der wissenschaftliche und technische Apparat wird entsprechend gut ausgebaut werden müssen.

Im weiteren Verlauf spielte eine methodische Frage eine wichtige Rolle: wir haben sie als das „Von-oben"- oder „Von-unten"-Rechnen bezeichnet. Jede Arbeitsgruppe hatte die Aufgabe, zu den von ihr erarbeiteten Programmteilen einen Zeitplan und einen Kostenplan (in der Zeit) zu erstellen. Kostenpläne konnten später in einer ganzen Reihe von Planungsbereichen relativ exakt aufgestellt werden. Schwieriger war die Zeitplanung, weil diese ja in der Tat weitgehend von politischen Faktoren abhängig ist. In anderen Fällen stieß aber auch die Kostenplanung in der Einzelberechnung auf bleibende Schwierigkeiten statistischer Art. Außerordentlich problematisch bleiben die unumgänglichen Bemühungen, neben der Beanspruchung der finanziellen Ressourcen auch die Beanspruchung des Arbeitskräftepotentials in den einzelnen Planungsbereichen und die zeitlichen Möglichkeiten zur Deckung der

Ansprüche durch spezifisch ausgebildete Arbeitskräfte festzustellen. Es erwies sich in manchen Bereichen als notwendig, zunächst von einer Extrapolation der gegenwärtigen Trends auszugehen. Dann wurde versucht, die so ermittelten Werte zu berichtigen, d. h. notwendige zusätzliche Ausgaben aufgrund von Programmforderungen wurden hinzugerechnet, Einsparungen abgezogen. Diese Rechnung von oben wurde dort, wo es möglich war, mit der Einzelberechnung der Kosten von unten verglichen und abgestimmt.

Diese Abstimmung erwies sich vor allem bei der Feststellung der Prioritäten als wichtig und notwendig. In der Bestimmung der zentralen volkswirtschaftlichen Daten bis 1985 haben wir keine eigenen Berechnungen angestellt, sondern sind von vornherein von den offiziellen Zahlen der Bundesregierung ausgegangen. Wir haben uns für die mittlere Variante dieser Berechnungen entschieden. Aus diesen volkswirtschaftlichen Daten ergab sich ein unter bestimmten Voraussetzungen erreichbarer Anteil der öffentlichen Hände an der Verwendung des Bruttosozialprodukts. Im Rahmen dieses Anteils waren im sechsten Abschnitt der Arbeit Prioritäten festzusetzen und rechnerisch mit den Kostenberechnungen für einzelne Programmteile abzustimmen. Dieser sehr komplizierte Vorgang, der sich in einem iterativen Verfahren vollzog, wurde zunächst nur für die Endwerte des Jahres 1985 durchgeführt. Für 1985 allerdings wurden im Rahmen des Anteils der öffentlichen Hände am Bruttosozialprodukt quantifizierte Prioritäten festgelegt und durch Vergleichsrechnungen mit den einzelnen Programmteilen abgestimmt. Auf diese Weise gelang es, aus der Plausibilitätsrechnung (Trendberechnung) von oben und der Einzelberechnung von unten quantifizierte Prioritäten festzulegen. Hinzugefügt sei aber gleich, was uns beim augenblicklichen Stand der Dinge nicht möglich war: Es war nicht möglich, für die einzelnen Jahre von 1973 bis 1985 Zwischenwerte festzulegen. Dabei ist ja keineswegs selbstverständlich, daß alle Positionen sich jeweils pro rata temporis gleichmäßig entwickeln. Ein Schwerpunkt im Bereich A kann für eine bestimmte Zeit durch Entlastung im Bereich B ausgeglichen werden. Diese zeitliche Differenzierung durchzuführen, erlaubten die uns zur Verfügung stehenden statistischen Berechnungen nicht. Hinzu kommt aber auch die gewichtige Frage, ob diese Schwerpunktsetzung nicht eine Aufgabe der *jeweils* zu einem bestimmten Zeitpunkt zu treffenden politischen Entscheidung ist. Ich komme darauf gleich zurück.

Die Festlegung von Prioritäten in den Kategorien des sogenannten „Funktionenhaushalts" ist natürlich eine sehr grobe Einteilung. Viele vorhersehbarerweise politisch umstrittenen Entscheidungen bleiben noch *innerhalb* der Kategorien des Funktionenhaushalts zu treffen. Außerdem ist uns eine Aufteilung der zu erwartenden Ausgaben auf die verschiedenen Gebietskörperschaften — Bund, Länder und Gemeinden — nicht möglich gewesen. Hier sind Notwendigkeiten der Verbesserung für zukünftige Arbeit gegeben. Gleichzeitig muß allerdings von einer Planungsperfektion gewarnt werden. Wir wollen keine Scheinexaktheit, die wir in der politischen Wirklichkeit und im Vollzug dann doch um Größenordnungen verfehlen würden.

Was hier als ein technisches Problem des Planungsprozesses dargestellt wurde, ist natürlich und zuallererst ein eminent politisches Problem. Der Vorschlag für die Festlegung der Prioritäten bis 1985 muß später gar nicht bis auf die Stelle hinter dem Komma zutreffen; die Prioriäten sind aber in jedem Fall

Ausdruck einer heutigen politischen Entscheidung, Ausdruck dessen, war wir *heute* im Hinblick auf die Zukunft so und nicht anders wollen.

Die Kommission war sich der Problematik solcher Festlegungen bewußt. Sie betrachtet sie nicht als unumstößlich und unveränderbar, im Gegenteil. Sie betrachtet sie aber andererseits als einen Zwang, einen heilsamen Zwang, sich heute so oder so zu entscheiden und nicht etwa heute Entscheidungen zu treffen, die von allem und jedem zugleich das Beste und das Meiste erreichen wollen, ohne dies zu können.

In diesem Zusammenhang hat uns das Problem der Alternativen lange beschäftigt. Wir haben es aber nicht lösen können. Im Beschluß von Saarbrücken hatte es geheißen, daß Alternativen erkennbar zu machen seien. Wir haben uns redlich bemüht, diesem Petitum Rechnung zu tragen. Diesem Bemühen standen mehrere Faktoren entgegen. Zum einen sei es deutlich und klar gesagt: Für eine sozialdemokratische Politik gibt es nicht beliebige Alternativen, vielmehr war der Entwurf auf der Basis von Godesberg zu entwickeln; der Entwurf hatte die erklärten Beschlußfassungen der Partei, nicht nur die jüngsten z. B. zu Fragen der Medienpolitik oder zu Steuerfragen, zu berücksichtigen. Insofern war der Spielraum — völlig zu Recht — politisch begrenzt. Er war aber auch sachlich begrenzt. In vielen Fachbereichen waren begründete *alternative* Programme (immer gesehen im politischen Rahmen der SPD) gar nicht vorhanden; es ging eher um ein Mehr oder Weniger.

Der Spielraum war und ist zuletzt auch ökonomisch begrenzt. In der Kommission — und ich bin sicher: auch in der Mitgliedschaft dieser Partei und in der Öffentlichkeit — fand sich niemand von Urteilskraft bereit, etwa einen höheren Anteil der öffentlichen Hände am Bruttosozialprodukt als von uns angestrebt zu postulieren. Ein niedrigerer Anteil wurde von allen als unzureichend angesehen.

Politische Alternativen im Sinne einer in sich geschlossenen Variante sozialdemokratischer Politik haben ihre Grenze auch im Zeithorizont des Programms. Bis 1985 sind viele Dinge bereits heute festgelegt. Wir sprachen deshalb in der Kommission lieber von mittelfristiger Rahmenplanung oder von dem ökonomisch-politischen Orientierungsrahmen (und haben immer die Fristbezeichnung „bis 1985" hinzugefügt) als von einem „Langzeitprogramm".

Schließlich aber: diese Kommission war sich in den wesentlichen Punkten der sachlichen Programmatik, der ökonomischen Berechnung und der Festlegung der Prioriäten einig. Sicherlich gab es hier und da Nuancen. Nuancen allerdings, die viel mehr in der verbalen als etwa in der ökonomisch-quantitativen Darstellung berücksichtigt werden mußten. Wir haben es am Ende unserer Arbeit nicht als unsere Aufgabe betrachtet, Alternativen in dem von uns vorgelegten ökonomisch-politischen Orientierungsrahmen sozusagen „künstlich" zu produzieren und unseren eigenen Arbeitsergebnissen anzuhängen. Außerdem führen formale Alternativen schon rein mathematisch sehr schnell zu einer Vielzahl von Fällen. So erhalten wir bei je 3 verschiedenen Ziffern pro Position des Funktionenhaushalts, d. h. also 3 möglichen Ausgabehöhen für 1985 für jeden Bereich, schon kombinatorisch insgesamt mehr als 1000 mögliche Alternativen. Der im vorliegenden Entwurf offen bleibende Spielraum für Alternativen folgt im wesentlichen aus den Perspektiven für die internationale Entwicklung, aus der Aussicht auf eine friedliche oder unfriedliche Welt.

Die Arbeit der Kommission „Langzeitprogramm" wurde in sechs Plenarsitzungen und im wesentlichen und abschließend in einer zweitägigen Klausurtagung in Bad Münstereifel geleistet; an letzterer waren auch Willy Brandt und Herbert Wehner beteiligt. Daneben haben etwa 40 Sitzungen von Arbeitsgruppen und Arbeitskreisen stattgefunden. Neben den Mitgliedern der Kommission haben mehr als 50 Mitglieder aus Politik, Wissenschaft und Verwaltung zu diesem Entwurf beigetragen. Die Klausurtagung hat als siebten Schritt die Prioritätenentscheidungen getroffen und die schriftliche Darstellung des Erarbeiteten einer Redaktionsgruppe übertragen, die Hans Apel, Jochen Steffen und mich sowie Klaus-Dieter Arndt, Rudi Arndt, Holger Börner und das Sekretariat umfaßte.

III.

Soviel zur Darstellung unseres Arbeitsprozesses. Wir sind bei verschiedenen Gelegenheiten gefragt worden, wie es denn mit der Verwirklichung dieses Programms sei, was für die sogenannte „Implementation" vorgeschlagen werde. Auch mit diesem Thema hat sich eine besondere Arbeitsgruppe befaßt. Dazu ist zunächst einmal zu sagen, daß auch hier das Godesberger Programm gilt. Sozialdemokratische Programme setzen zu ihrer Verwirklichung voraus, daß die Partei ausreichende Mehrheiten in den Parlamenten des Bundes und der Länder erringt. Das ist die wesentliche Vorbedingung. Auf welche Weise oder mit welchen Strategien man eine solche Mehrheit erringen kann, darüber kann es Meinungsverschiedenheiten geben. Nicht aber über das Prinzip. Man braucht Verbündete, — die demokratischen Gewerkschaften der Bundesrepublik gehören dazu. Bündnisse mit Feinden der Demokratie kommen für Sozialdemokraten nicht in Frage.

Daneben aber gibt es die Implementation — ich möchte einmal sagen — technischer Art: mit welchen Instrumenten will man ein gewünschtes, gewolltes Ziel erreichen? Mittel sind nicht unabhängig von Zielen. Wer Freiheit will, kann sie nicht durch Diktatur erreichen; wer politisch denken kann, weiß das spätestens seit den Ergebnissen der russischen Oktoberrevolution. Wer das aus Büchern erfahren möchte, lese z. B. Gunnar Myrdals Aufsatz über das Zweck-Mittel-Denken in der Nationalökonomie. Unsere Mittel liegen im wesentlichen im Bereich der Ökonomie, d. h. der Wirtschafts-, Steuer- und Fiskalpolitik, und im Bereich der unmittelbaren Setzung von Normen durch das Recht. Unser Entwurf enthält in jedem Kapitel Hinweise und Vorschläge, wie das, was wir wollen, realisiert werden kann. Einige wesentliche Grundprinzipien der Verwirklichung haben wir zusammenfassend vorangestellt. Sie sollen aber nicht darüber hinwegtäuschen, daß die wesentliche Voraussetzung für die Implementation die ist, daß wir für unser Programm und für unsere Politik insgesamt in unserem Volke eine Mehrheit gewinnen und bewahren.

Mit diesem Hinweis ist ein Umstand angedeutet, der in der Praxis der Programmarbeit wie bei kritischen Betrachtern vorliegender Entwürfe leicht übersehen wird. Sicherlich wäre es falsch zu sagen, Programme seien so gut wie die Mehrheit, die sie finden. Andererseits sind Parteiprogramme, die philosophische oder religiöse Utopien auf die Erde herabholen wollen, politisch wirkungslos, wenn ihnen die Zustimmung nur einer kleineren Minderheit unseres Volkes zuteil werden kann. In diesem Sinne ist der Entwurf „pragmatisch" orientiert. Er versucht, einige sehr wesentliche Schritte nach vorn zu tun. Er sagt klar, was wir damit gewinnen, er sagt klar, was das kostet. Unser Programm wendet sich an den urteilskräftigen Bürger; wir wollen seine Mitwirkung und seine Zustimmung.

Wir hatten in der Kommission immer mehr Fragen als Antworten; daraus ergibt sich ein bewegendes Element und ein Aufruf an die Organisationsgliederungen unserer Partei und an die breite Öffentlichkeit, hier mitzuarbeiten. Über die politische Notwendigkeit von Wahlerfolgen für eine Partei und über wissenschaftlich-kritische Zweifel hinweg sehe ich hier die Aufgabe und die Möglichkeit, mehr Rationalität in der Politik durchzusetzen; dafür müssen vor allem auch die ökonomischen Wissenschaften als unerläßliche Berater planungspolitischer Entscheidungen in Anspruch und in Verantwortung genommen werden.

Wir haben uns diesen ersten Anlauf — und auch das Offenlassen von gestellten Fragen! — nicht leichtgemacht, sondern sorgfältig und unter Einbeziehung des greifbaren ökonomisch-wissenschaftlichen Sachverstandes sowie der greifbaren Daten und Erfahrungen gearbeitet. Wir haben nicht in allen Bereichen der Gesellschaft maximale Forderungen aufgestellt, sondern wir haben analysiert, argumentiert, gerechnet und schließlich entschieden — und dabei wieder die Rückkopplung nicht vergessen.

Der Entwurf ist recht umfangreich geworden. Aber rationale Politik, die Veränderungen in dieser Gesellschaft — sie dabei überzeugend — durchsetzen will, läßt sich nicht mit Schlagworten, Überschriften oder auch nur mit bloßen Leitsätzen machen.

Die gewollten Veränderungen tatsächlich zu bewirken, bedarf einer realistischen Konzeption nicht nur der Wünschbarkeit, sondern vor allem der Realisierbarkeit. Die bloße Ankündigung von Veränderungen kann übertriebene Erwartungen erzeugen; deren Enttäuschung führt dann zur Verunsicherung im Vertrauen.

Hinsichtlich der Reihenfolge haben wir in diesem Entwurf mit der wichtigsten Vorbedingung für die Reformbereitschaft begonnen — mit der Sicherheit: Sicherung der Gesundheit, Sicherung der sozialen Existenz, Schutz des Bürgers vor Unrecht und Verbrechen. Darauf bauen wir die wichtigste Veränderung: mehr Chancengleichheit und mehr Leistungsfähigkeit durch die neue Gestaltung des Bildungssystems.

Erst wenn der Bürger weiß, daß seine Existenz gesichert ist, wird er mit uns bereit sein, sich gelassen um neu auftretende Probleme wie z. B. dasjenige des Schutzes unserer Umwelt und damit der Zukunft unserer gemeinsamen Existenz zu kümmern; Umwelt verstehen wir „im weitesten Sinne", wenn von der Verbesserung der Lebensqualität gesprochen wird. Der Entwurfstext zu diesem Problembeispiel mag manchem sehr technokratisch vorkommen; doch ihm sei gesagt, daß es *die* große Reform, den einzig-großen Wurf nicht gibt. Auch in ganz anderen gesellschaftlichen Systemen sind die Probleme der an der Lebensqualität zu messenden Gestaltung von Städten und ländlichen Räumen äußerst komplex. Hieran zu arbeiten, bedeutet deshalb: systematisch und schrittweise viele einzelne Gesetze und Vorschriften zu ändern, Einzelprobleme anzupacken und zu lösen, die Veränderung eben „Stück für Stück" in konkreten Reformschritten herbeizuführen (piecemeal social engeneering" — wie Karl Popper sagt).

Dies gilt genauso in den weiten Problembereichen der Wirtschafts- und der Staatsordnung. Mehr Anteil der Arbeitnehmer am Zuwachs des Produktionsvermögens, mehr Mitbestimmung im Betrieb, mehr Kontrolle des Staates durch die Bürger — um all dies zu erreichen, gibt es kein Patentrezept. Erst das Gesamtergebnis aller Einzelreformen kann von Zeitabschnitt zu Zeitabschnitt an den großen Zielen „mehr Freiheit" und „mehr Gerechtigkeit" gemessen werden.

IV.

Der Parteivorstand hat das Ergebnis unserer Kommissionsarbeit „Entwurf eines ökonomisch-politischen Orientierungsrahmens 1973—1985" genannt. Er ist zur öffentlichen Diskussion vorgelegt, die von den Verfassern selbst — von ihnen eher noch mehr als von anderen — erhofft wird. Doch von einem, der sich viele Monate — wenn auch immer nur nebenamtlich — mit diesem Auftrag befaßt hat, kann wohl auch ein Vorschlag für die weitere Behandlung erwartet werden.

1. Ich gehe von einer Erfahrung aus, die die Mitglieder der Kommission auf vielen Gebieten sehr konkret gemacht haben: Planung setzt ein immenses Maß an Information voraus. Sie kann nur von Fachleuten kommen. Die Partei muß sich aber andererseits einen Freiheitsraum der autonomen politischen Entscheidung erhalten, sie darf sich nicht „einwickeln" lassen in die Bevormundung durch die Detail-Experten. Deshalb wird unsere Partei einen Total-Plan nicht beschließen wollen. Sie muß auch den tatsächlichen (und nicht nur den „geplanten"!) Verlauf der Entstehung und der Verwendung des Sozialprodukts von Zeitabschnitt zu Zeitabschnitt beobachten und ihre Pläne anpassen. Ein quantifiziertes „Langzeitprogramm" kann nicht mit zeitlich weitreichender Verbindlichkeit beschlossen werden; Verbindlichkeit kann nur für aktuell zu treffende Entscheidungen angestrebt werden, d. h. für ein bis zwei Jahre. Aber auch für solch kurzen Zeitraum handelt es sich nur um einen ökonomisch-politischen Orientierungsrahmen, nicht um einen umfassenden Befehlsplan.

2. Die Partei braucht besonders für die Aufgabe der kontinuierlichen Korrektur ihres ökonomischen Planungsrahmens eigenen Zugang zu Informationsquellen und die Fähigkeit zu eigener Analyse.

Wir müssen deshalb einen eigenen Apparat schaffen, der wissenschaftlichen Maßstäben entspricht, der den Zugang zu wissenschaftlichen Erkenntnisquellen besitzt und zum anderen zum Erkennen der politischen Zusammenhänge fähig ist; das dürfen wir uns nicht „billig" machen. Die schon für diesen Entwurf sehr bewährte Verbindung zum Forschungsinstitut der Friedrich-Ebert-Stiftung liegt auch für die Zukunft nahe, die bisher vorhandenen personalen und materiellen Voraussetzungen müssen aber ausgebaut werden, damit den Gliederungen unserer Partei Zugang und Information ermöglicht wird.

3. Wenn eine abschließende Behandlung des Entwurfs schon auf dem Bundesparteitag Ende 1972 möglich sein sollte, so würde mich das angesichts der relativ kurzen Zeit für ihre Vorbereitung überraschen; eine fundierte Auseinandersetzung in unserer Partei, in der interessierten Öffentlichkeit und auch die Zusammenarbeit mit der Wissenschaft braucht Zeit. Der Parteitag kann aber schon Akzente und Gewichtungen setzen und somit Vorentscheidungen für die nächste Wahlkampfplattform treffen. Deshalb sollten wir jedenfalls eine ausführliche Auseinandersetzung auf dem kommenden Parteitag führen, ebenso aber auch die weitere Arbeit institutionalisieren. Dazu gehört auch eine kontinuierlich arbeitende Kommission, die die neuen Entwürfe, Vorschläge, Teilprogramme usw., die aus der Partei kommen werden, aufnimmt, ihre ökonomische Realisierbarkeit und ihre Auswirkungen auf andere Bereiche prüft und ihre Stellungnahmen den Organen der Partei zuleitet.

4. Der Parteitag sollte aber den Herausforderungen des Entwurfs nicht ausweichen. Er sollte anstreben, einen „richtungsweisenden Beschluß" zustande zu bringen, der die gesellschaftspolitischen Akzente und die Prioritäten hervorhebt, d. h. einen erstmaligen, auf späteren Parteitagen möglicherweise zu modifizierenden Beschluß zu den Textziffern 29 bis 32, sowie zum ganzen Schlußkapitel „Unsere Prioritäten", insbesondere zu Tz. 265 und Tz. 266.

V.

Ich gebe abschließend Kenntnis von den Mitarbeitern.

Der Parteivorstand hatte in seiner Sitzung vom 14. September 1970 mir den Vorsitz der Kommission übertragen und folgende Freunde berufen:

Als stellvertretende Vorsitzende:

Hans *Apel*, MdB
stellv. Vorsitzender der SPD-Bundestagsfraktion und

Joachim *Steffen*, MdL
Oppositionsführer im schleswig-holsteinischen Landtag

Als Mitglieder

Klaus-Dieter *Arndt*, MdB
Präsident des Deutschen Instituts für Wirtschaftsforschung

Rudi *Arndt*
vormals Staatsminister der Finanzen in Hessen, jetzt Oberbürgermeister der Stadt Frankfurt

Hans *Bardens*, MdB

Holger *Börner*, MdB
vormals Parlamentarischer Staatssekretär im Bundesministerium für Verkehr, jetzt Bundesgeschäftsführer der SPD

Volkmar *Gabert*, MdL
  bisher Vorsitzender des SPD-Landesverbandes Bayern

Wilhelm *Haferkamp*
  Vizepräsident der Kommission der Europäischen Gemeinschaften

Friedrich *Halstenberg*
  Staatssekretär der Staatskanzlei in Nordrhein-Westfalen

Gerda *Hesse*
  stellv. Vorsitzende der DAG

Gerd *Muhr*
  stellv. Vorsitzender des DGB

Martin *Neuffer*
  Oberstadtdirektor der Stadt Hannover

Konrad *Porzner*, MdB

Philip *Rosenthal*, MdB

Carl-Christian von *Weizsäcker*
  o. Professor an der Universität Heidelberg.

Darüber hinaus haben sich eine große Anzahl von Mitarbeitern aus Politik, Verwaltung und Wissenschaft zur Verfügung gestellt, unter denen ich Klaus von Dohnanyi, Herbert Ehrenberg, Reimut Jochimsen und Karl Ravens besonders nennen muß.

Der Dank an sie alle gilt auch der hervorragenden, engagierten und stets offenen Zusammenarbeit mit dem Sekretariat beim Forschungsinstitut der Friedrich-Ebert-Stiftung, nämlich Horst Heidermann als Leiter sowie Gerhard Halberstadt und Georg Lührs und meinem persönlichen Mitarbeiter Eckhard Jaedtke.

Bonn, den 2. Juni 1972   Helmut Schmidt

Inhalt

Anlagen

Politischer und ökonomischer Rahmen

Der Auftrag von Saarbrücken

1. Der Saarbrücker Parteitag 1970 der Sozialdemokratischen Partei Deutschlands hat den Vorstand beauftragt, *„eine Kommission einzusetzen, die auf der Grundlage des Godesberger Grundsatzprogramms ein langfristiges gesellschaftspolitisches Programm erarbeitet, das konkretisiert und quantifiziert sein muß[1])".*

Damit wurde in der Bundesrepublik Deutschland zum ersten Mal ein langfristiges gesamtgesellschaftliches Planungskonzept für eine politische Partei gefordert.

2. Die Mitglieder der Partei sollen nicht nur über *politische Grundsätze* beschließen, sondern auch über *Strategien zu ihrer Verwirklichung* entscheiden. Sie müssen die ökonomischen Konsequenzen politischer Entscheidungen kennen.

Die Bürger sollen nicht nur über allgemeine Absichten informiert werden; sie sollen erfahren, wie diese Absichten in praktische Politik umgesetzt werden. Ihnen muß auch gesagt werden, was in einem bestimmten Zeitraum zu tun möglich ist und was nicht — jedenfalls soweit es der jeweilige Kenntnisstand erlaubt.

Parteimitglieder und Bürger sollen in ständiger Diskussion die konkrete Weiterentwicklung des fortzuschreibenden Programms beeinflussen und mitbestimmen.

Langfristige politische Planung

3. Die Frage, ob Gesellschaftspolitik langfristig geplant werden soll oder nicht, ist schon entschieden: Es wird geplant. Die Einzelplanungen öffentlicher und privater Träger erstrecken sich auf immer länger werdende Zeitspannen. Investitionen, die sich erst Jahre später auswirken, werden heute geplant, wie Hochschulen, Krankenhäuser, Verkehrssysteme, Energiequellen, Automobilfabriken. Wir werden in diesen Bereichen in unseren *Entscheidungsmöglichkeiten langfristig festgelegt.* Aufgabe der Sozialdemokratischen Partei ist, danach zu fragen, in welche Richtung und zu wessen Gunsten die-

---

[1]) Vollständiger Text des Beschlusses siehe Anlage 1.

ser Prozeß läuft. Wir wollen versuchen, einen Weg zu finden, wie man in einem demokratischen Entscheidungsprozeß die gesellschaftliche Entwicklung rechtzeitig beeinflussen kann.

4.   „Freie Konsumwahl und freie Arbeitsplatzwahl sind entscheidende Grundlagen, freier Wettbewerb und freie Unternehmerinitiative sind wichtige Elemente sozialdemokratischer Wirtschaftspolitik. Die Autonomie der Arbeitnehmer- und Arbeitgeberverbände beim Abschluß von Tarifverträgen ist ein wesentlicher Bestandteil freiheitlicher Ordnung", so heißt es im Godesberger Programm. Wir wissen die Entscheidungen der *vielen autonomen Entscheidungsträger* nicht im voraus. Wir wollen sie auch nicht unmittelbar bestimmen. Darin besteht unser freiheitliches System. Alle Entscheidungen festzulegen, wäre auch nicht zweckmäßig, weil das System den Vorteil, sich rechtzeitig und flexibel an neue oder unvorhergesehene Entwicklungen anzupassen, verlieren würde.

Andererseits wird die Bandbreite der autonomen Entscheidungen durch die gesellschaftlichen Verhältnisse bestimmt. Mit der Änderung der gesellschaftlichen Verhältnisse ändern sich auch die Grundlagen autonomer Entscheidungen.

5.   Langfristige Planung muß sich darüber hinaus an der Tatsache orientieren, daß Gesellschaft, Wirtschaft und Staat der Bundesrepublik Deutschland in den Prozeß der *europäischen Integration* einbezogen sind.
Das bedeutet,

— bestimmte Ziele der Wirtschaftspolitik können auf nationaler Ebene allein nicht erreicht werden (z. B. ausreichendes und ausgeglichenes Wirtschaftswachstum, Preisstabilität, Energieversorgung);

— bestimmte Instrumente zur Erreichung von Planungszielen sind nur noch auf Gemeinschaftsebene mit Erfolg anwendbar (z. B. Währungs- und Außenwirtschaftspolitik, Kapitalmarktpolitik).

Insofern setzt die europäische Integration, deren Weiterentwicklung Ziel sozialdemokratischer Politik bleibt, auch Rahmenbedingungen für langfristige Planung im nationalen Bereich.

Deutschland und Europa sind gemeinsam in die arbeitsteilige Weltwirtschaft eingebettet.

6.   *Planung zwingt zur systematischen Darstellung des Gewollten.* Gesellschaftspolitische Planung ist nicht nur ein Entscheidungs-, sondern auch ein Erkenntnisprozeß: Ziele müssen auf ihre Konsequenzen im komplexen Zusammenhang gesellschaftlicher Wirklichkeit hin untersucht werden. Dabei ergeben sich Informationen über Konflikte zwischen verschiedenen Zielen, die wiederum Rückwirkung auf die Formulierung der Ziele haben. Dieser Prozeß der Rückkoppelung ist das Wesentliche des Planungsprozesses. Solche Erkenntnisse zu fördern, ist eine der Aufgaben dieses Programms.

7.   *Planen heißt nicht festschreiben.* Planung bedeutet unter langfristigem Aspekt vor allem: Problemanalysen, Überlegungen über die volkswirtschaftlichen Möglichkeiten (Ressourcen), alternative Lösungen. Von der Zukunft

zur Gegenwart verdichten sich Informationen und verringern sich mögliche Alternativen zu Entscheidungen auf mittlere und kürzere Frist. Das Programm ist ein Rahmen, der Grenzen und Möglichkeiten der mittleren Zukunft zeigt.

8.　　Durch beständiges Fragen und Suchen müssen wir Lösungen finden. Dieses Programm zeigt die Richtung, in der dieser *Suchprozeß* stattfinden soll und die Maßstäbe, die zur Bewertung von guten Lösungen angewandt werden. Wir nennen unsere Lösungsvorschläge; diese sind nicht umfassend und unveränderbar. Sie müssen ständig überprüft und ergänzt werden.

Grundlagen des Programms

9.　　*Die Existenzbedingungen der Menschen verändern sich immer schneller.* Das gilt für Bildung und Ausbildung, für den Beruf, die Freizeit, das Leben im Alter. Neue Bedürfnisse und technologische Entwicklungen sind dafür ursächlich, Änderungen von Organisationsformen und Wertsystemen die Folge.

Diese Veränderungsprozesse bieten einerseits die *Chance,* den gesellschaftlichen Wohlstand und das dazu erforderliche wirtschaftliche Wachstum zu sichern und auszuweiten. Andererseits erzeugen sie zusätzliche soziale und strukturelle *Probleme* in unserer Gesellschaft.

10.　　Die in diesem Programm beschriebenen Reformen wirken auf den Wandel der Existenzbedingungen der Menschen ein und werden ihn eher beschleunigen als verlangsamen.

Sozialdemokratische Politik will diese Veränderungen so lenken, daß das Ziel des Godesberger Programms erreicht wird: eine neue Gesellschaftsordnung, die den Grundwerten des Sozialismus entspricht.

Im Godesberger Programm heißt es: „*Freiheit, Gerechtigkeit und Solidarität, die aus gemeinsamer Verbundenheit folgende gegenseitige Verpflichtung sind die Grundwerte des sozialistischen Wollens.*"

Unser Programm macht den Versuch, etwa bis 1985 aus diesen Grundwerten und ihrer Konkretisierung im Godesberger Programm Ziele und Leitlinien für das politische Handeln zu entwickeln. Diese Grundwerte sind Grundlage zur Beurteilung von Problemlösungen. Unabhängig davon muß die Diskussion um die Präzisierung und Erweiterung der Grundwerte geführt werden.

11.　　Wir wissen, daß man den Menschen eine dauernde Änderung der grundlegenden Orientierungsdaten ihres Denkens und Handelns nicht zumuten kann, ohne sie unsicher zu machen. Deshalb wollen wir *über wahrscheinliche oder geplante langfristige Veränderungen orientieren.*

Bedingungen und Möglichkeiten der Durchsetzung

12. Die SPD sieht es als eines ihrer vordringlichen Ziele an, die notwendigen *öffentlichen Investitionen zu erhöhen,* die öffentlichen Dienste auszubauen und die dafür erforderlichen Mittel zweckmäßig und sparsam einzusetzen. Unser Programm ist ein Schritt in diese Richtung, auch um die notwendige Steigerung der Produktivität insgesamt sowie den gezielten Abbau von Engpässen bei Gütern und Leistungen zu erreichen, deren Nachfrage aufgrund der Reformpolitik überdurchschnittlich zunehmen wird.

Dieses Programm zeigt, in welche öffentlichen Bereiche die Investitionsströme zukünftig verstärkt gelenkt werden müssen. Ohne eine solche Planung und Lenkung sind die sozialen und strukturellen Probleme der Zukunft nicht zu lösen.

13. Wir halten eine *gemeinsame Rahmenplanung von Bund, Ländern und Gemeinden* zur Steuerung der öffentlichen Investitionen und Dienste für notwendig, um den staatlichen Einrichtungen selbst, aber vor allem den Verbrauchern und Produzenten eine Orientierung an öffentlichen, aufeinander abgestimmten Planungen zu ermöglichen.

Sozialdemokraten wollen keine totale, zentralistische Planung, Regierung und Verwaltung und setzen sich für eine *Stärkung des kooperativen Föderalismus* ein.

14. Die SPD lehnt eine umfassende Einzelplanung des privaten Bereichs ab. Sie setzt sich für eine *Stärkung des Wettbewerbs in der Marktwirtschaft* ein; dazu werden auch gemeinwirtschaftliche Unternehmen gefördert.

15. Das *konjunkturpolitische Instrumentarium* ist so auszubauen, daß aus konjunkturpolitischen Rücksichten nicht regelmäßig notwendige öffentliche Investitionen und Dienste zurückgestellt werden.

16. Die SPD tritt für die *Förderung des sektoralen und regionalen Strukturwandels zur Beschleunigung des wirtschaftlichen Wachstums* ein. Dazu dient eine sektoral und regional differenzierte Beeinflussung der Investitionsentscheidungen sowie eine Einkommens- und Sozialpolitik, die die Sozialchancen der Menschen absichert. Sie sieht es als ihre Aufgabe an, die Wirkungen bestehender positiver und negativer Anreize (wie Steuervariationen, Abschreibungsregelungen und sonstige Investitionserleichterungen) zu überprüfen, die gezielte Arbeitsmarkt- und Wirtschaftsstrukturpolitik schrittweise fortzuentwickeln und die dabei angewendeten Maßnahmen regelmäßig auf ihre Eignung wie ihre Verteilungswirkungen hin zu untersuchen. Sie lehnt Erhaltungssubventionen ab.

17. Kosten der privaten Produktion, die *zum Schutze und zur Entfaltung der Qualität des Lebens* in der physischen Umwelt bisher dem öffentlichen Haushalt aufgebürdet werden, sollen künftig stärker den Unternehmen so angelastet werden, daß sie ein Interesse daran haben, diese Kosten zu beseitigen. Falls erforderlich, sind auch Gebote und Verbote einzusetzen.

18. Sozialdemokraten setzen eine stärkere Sozialverpflichtung des Eigentums durch. Die ungerechte und zu wirtschaftlichem und politischem Machtmißbrauch führende Verteilung des Privateigentums an Produktionsmitteln ist schrittweise abzubauen. Die *Vermögensbildung der Arbeitnehmer* muß gefördert werden.

19. Der a. o. Parteitag von 1971 in Bonn hat Beschlüsse für eine *Steuerreform* gefaßt[1]), die für dieses Programm gelten. Die Steuerreform soll neue Entwicklungen erfassen, die Lasten gerechter verteilen und das Steuersystem vereinfachen. Ein modernes, transparentes und gerechtes Steuersystem ist Voraussetzung für die Steigerung des Anteils für öffentliche Dienste und Investitionen am Sozialprodukt.

20. Die Steuerreform ermöglicht eine bessere Versorgung unserer Bevölkerung mit Leistungen, die nur die öffentliche Hand erbringen kann. Allerdings reichen die *Mehreinnahmen,* die sich nach Beschlüssen des a. o. Parteitages ergeben, voraussichtlich nicht aus, um die Maßnahmen und Vorhaben unseres Programms zu finanzieren. Eine Änderung der Tarife ist darum nicht ausgeschlossen.

21. Hohe und steigende *Sparleistungen* werden den Spielraum für die Finanzierung öffentlicher Dienste und Güter ebenfalls erweitern.

Soweit öffentliche Dienste und Güter bestimmten Empfängern individuell zugerechnet werden können und dem nicht verteilungs- und sozialpolitische Ziele entgegenstehen, sollen dafür *besondere Steuern, Gebühren und Beiträge erhoben werden.*

22. Um sozialdemokratische Politik auch im europäischen Bereich durchzusetzen, müssen gemeinsame Perspektiven und Programme mit den sozialdemokratischen, sozialliberalen und sozialistischen Parteien in Europa erarbeitet und beschlossen werden. Dazu gehört auch die *Verstärkung der Kontakte* mit den europäischen Gewerkschaften und anderen fortschrittlichen Gruppierungen in Europa.

Die Übertragung von Kompetenzen der Bundesländer und des Bundes auf die Behörden der Europäischen Gemeinschaft — und dabei insbesondere die ins Auge gefaßte Wirtschafts- und Währungsunion — macht es notwendig, der europäischen Exekutive ein direkt gewähltes *Europäisches Parlament* mit wirksamen Entscheidungs- und Kontrollrechten gegenüberzustellen.

23. Planung und Lenkung nach den Interessen der Mehrheit der Menschen, deren Existenzbedingungen einer ständigen Veränderung unterworfen sind, setzen voraus, daß *alle* Entscheidungen, die Art und Richtung des sozialen Wandels wesentlich beeinflussen, sich an deren Interessen orientieren und nicht von den Zwecken und Zielen einzelner Personen und Gruppen beherrscht werden.

Die von der Einschränkung ihrer Machtposition Betroffenen werden ihren ganzen politischen und wirtschaftlichen Einfluß mobilisieren, um einen Abbau ihrer Vorrechte zu verhindern.

---

[1]) Siehe Beschlüsse zur Steuerpolitik des a. o. Parteitages in der Anlage 3.

Der wirtschaftlichen Macht der Wenigen kann die SPD nur die politische
Macht durch die Wählerstimmen der Vielen entgegensetzen. Aber nur, wenn
die Vielen sich ihrer Interessen bewußt sind, werden ihre Stimmen zu politischer Macht, die unsere Gesellschaft voranbewegt.

24. Durch Analyse der gesellschaftlichen Probleme und konkrete Reform-
vorschläge will die SPD zur *Förderung des politischen Bewußtseins* beitragen.
Eine ausführlichere und bessere Information über Notwendigkeit, Inhalt und
Ziele der gesellschaftlichen Reformen ist unerläßlich. Wer keine Gewalt, sondern Überzeugung will, muß Einsicht durch sachliche Information fördern.

Deshalb muß die SPD alle Anstrengungen unternehmen, um zu verhindern, daß in unseren Massenmedien Informationen und Meinungen vorwiegend unter dem Gesichtspunkt der Interessen jener dargestellt und aus-
gewählt werden, die befürchten, durch Reformpolitik Vorrechte zu verlieren.
Die SPD wird die unmittelbare Beteiligung der Menschen an der Demokratie
fördern und deshalb dazu beitragen, daß die Bürger eigene Initiativen und
Aktionen für konkrete Reformziele unternehmen. Dabei ist die SPD sich der
Verantwortung bewußt, Scheinziele, für deren Realisierung keine Mittel vorhanden sind, zu entlarven. Zur Durchsetzung der Reformpolitik sind enge
Kontakte mit all jenen Institutionen und Organisationen notwendig, deren
Ziele nicht im Widerspruch zu den Grundwerten des demokratischen Sozialismus stehen. Sie sind für die SPD wichtige Gesprächspartner über die sach-
lichen und zeitlichen Prioritäten, die Strategie und Taktik der Reformpolitik.

Ökonomischer Rahmen

25. Verlängerung der Ausbildungszeit, flexible Altersgrenze und mehr
Freizeit durch Arbeitszeitverkürzung werden die Gesamtarbeitszeit verringern. Wenn mehr Leute weniger arbeiten (Arbeitszeitverkürzung) oder über-
haupt nicht erwerbstätig sind (Sinken der Erwerbsquote), wird unter sonst
gleichbleibenden Umständen weniger produziert.

Sollen trotz einer Verringerung der Arbeitszeit mehr Güter und Leistungen
zur Verfügung stehen, so setzt dies voraus, daß die Produktivität steigt.

Der Zuwachs des Sozialprodukts pro Kopf hängt von folgenden drei ökonomischen Größen ab:

— *Arbeitszeit*

— *Erwerbsquote und*

— *Zuwachsrate der Produktivität.*

26. Die Veränderung der durchschnittlichen wöchentlichen Arbeitszeit
um 1 Stunde bedeutet ein Mehr oder Weniger im Bruttosozialprodukt von

$$1975 = 22 \text{ Milliarden DM,}$$
$$1980 = 28 \text{ Milliarden DM,}$$
$$1985 = 37 \text{ Milliarden DM.}$$

Vermindert sich die Erwerbsquote um einen Prozentpunkt (z. B. 1975 von 43,3 v. H. auf 42,3 v. H.), so bedeutet das ein Weniger im Bruttosozialprodukt von

1975 = 20 Milliarden DM,
1980 = 25 Milliarden DM,
1985 = 32 Milliarden DM.

Eine Steigerung der Produktivität je Arbeitsstunde um einen Prozentpunkt über die zugrundeliegende jährliche Fortschrittsrate hinaus bedeutet ein Mehr des Bruttosozialproduktes von

1975 = 43 Milliarden DM,
1980 = 117 Milliarden DM,
1985 = 236 Milliarden DM.

Eine entscheidende Verbesserung des gesamtwirtschaftlichen Spielraums kann also nur durch eine verstärkte *Steigerung der Produktivität je Arbeitsstunde* erzielt werden. Daher wird der Produktivitätsfortschritt im wesentlichen die Grenzen der Entscheidungsmöglichkeiten bestimmen.

27. *Politische Planung wird also jede einzelne Maßnahme auch daraufhin zu prüfen haben, ob sie die Produktivität erhöht oder senkt.* Nicht jede Reform kann direkt die Produktivität verbessern. Die Steigerung der Fortschrittsrate ist aber ein entscheidender Schwerpunkt in der Wirtschafts-, Sozial-, Bildungs- und Forschungspolitik. Dabei darf nicht vergessen werden, daß diese Fortschrittsrate eine statistische Größe ist, die etwas über den jährlichen Zuwachs von Gütern und Diensten pro Kopf der Bevölkerung aussagt. Fortschritt aber wird für den Menschen nur dann erreicht, wenn mit der Vermehrung der Güter und Dienste eine Verbesserung seiner gesamten Lebenssituation verbunden ist.

28. Bei befriedigendem Wirtschaftswachstum insgesamt lassen sich die notwendigen Änderungen durch *verschiedene Zuwachsraten* der einzelnen wirtschaftlichen Größen erreichen. Niemandem wird dadurch etwas genommen.

29. Im Bereich des Möglichen liegen bis 1975 Wachstumsraten des Bruttosozialproduktes zwischen 4 v. H. real pro Jahr in der *unteren Variante*, 4,5 v. H. real in der *mittleren* und 5 v. H. in der *oberen Variante* (Unterschiede in den Wachstumsraten ergeben sich u. a. aus alternativen Annahmen über das Steigen der Erwerbsbevölkerung). Für den Zeitraum von 1975 bis 1985 sind die Perspektiven günstiger, so daß wir eine untere Variante mit 4,5 v. H., eine mittlere mit 5 v. H. und eine obere mit 5,5 v. H. annehmen können[1]).

Unser Programm geht von der mittleren Variante, die wir als Ziel anstreben, aus. Nach unserer Überzeugung kann sie die Anforderungen an das Sozialprodukt befriedigen, die sich aus diesem Programm ergeben.

30. Wachstum und Reformmaßnahmen sind mit vernünftig definierter *Preisstabilität* vereinbar. Dennoch wurden für die Preisentwicklung keine

---

[1]) Vgl. Anlage 2.

Ausnahmen gemacht. In einer europäisch wie weltweit integrierten Wirtschaft ist Preisstabilität für ein Land nicht zu sichern. Die nationale Wirtschaftspolitik hat dafür zu sorgen, daß der europäische Durchschnitt nicht überschritten wird und daß die Europäische Gemeinschaft die Rahmenbedingung „Preisstabilität" nicht vernachlässigt.

31. 4,5 v. H. bzw. 5 v. H. reales Wachstum bedeutet für uns nicht: jedes Jahr für weitere 5 v. H. mehr Konsumgüter, wie Autos und Fernseher, sondern für uns bedeutet das: mehr Mittel dafür zu haben, die öffentlichen Einrichtungen annähernd so gut zu machen, wie wir es bei unseren privaten Dingen als selbstverständlich halten. *Deshalb müssen Dienstleistungen und Investitionen des Staates deutlich stärker steigen als der private Konsum.* Wenn dieser jährlich unterproportional steigt, in Raten von 4,3 v. H. bis 1975 und 4,7 v. H. von 1975 bis 1985, dann können wir den Verbrauch des Staates, der allen dient, in der gleichen Zeit mit über 6 v. H. jährlich verstärken, ohne daß die Anlageinvestitionen, die Kapazitäten schaffen, darunter leiden müssen.

Angestrebte Zuwachsrate der Verwendung des Bruttosozialprodukts[2])

Zeitraum	BSP	Privater Verbrauch	Staats- Verbrauch	Anlage- invest.
1975/1970	4,5	4,3	6,7	4,3
1980/1975	5,0	4,7	6,6	4,6
1985/1980	5,0	4,7	6,4	4,6

32. Der Anteil der öffentlichen Ausgaben (Staatsverwendung) muß steigen, wenn die großen Ausgaben für die Verbesserung der Bildung und des Verkehrs finanziert werden sollen. Von 1962 bis 1970 ist der Anteil der Staatsverwendung am Bruttosozialprodukt sogar von 29,2 v. H. auf 27,9 v. H. gefallen. In diesem Programm wird dargestellt und nachgewiesen, daß wir auch über die frühere Höhe erheblich hinausgehen müssen. *Wir legen unseren Berechnungen eine schrittweise Steigerung auf 34 v. H. Anteil am Bruttosozialprodukt bis 1985 bei der unter Tz. 29 veranschlagten Wachstumsrate zugrunde.*

Dieser Anteil sichert einerseits ein angemessenes Wachstum und ermöglicht andererseits die Finanzierung der dringenden öffentlichen Ausgaben.

Würden wir darunter bleiben, ginge das hauptsächlich zu Lasten unserer Bildungs- und Verkehrsprobleme.

Wir wissen, daß viele Größen im übrigen öffentlichen Bereich sehr unflexibel sind; wir können z. B. nicht Richter entlassen oder die Bundesbahn abschaffen. Daher hieße jeder Prozentpunkt, der unter 34 v. H. Anteil bleibt, eventuell 15 v. H. weniger Geld für die beabsichtigten Bildungspläne oder 23 v. H. weniger für den geplanten Verkehrsausbau.

---

[2]) Durchschnittliche jährliche Zuwachsraten des Bruttosozialproduktes zu Marktpreisen gerechnet in relativen Preisen.

Andererseits läßt sich diese Überlegung nicht umkehren, so daß man sagt, jeder Prozentpunkt über 34 v. H. bedeute entsprechend *mehr* für diese Aufgaben. Wir setzen die Inanspruchnahme des Bruttosozialproduktes schon sehr hoch an. Würden wir darüber wesentlich hinausgehen, könnten wir nicht mehr mit dem von uns prognostizierten Wachstum rechnen. Und 5 v. H. Wachstum des Bruttosozialproduktes pro Jahr heißt, daß jeder Prozentpunkt 1970 ca. 7 Mrd., aber 1985 ca. 14 Mrd. real bedeutet.

33. In den Jahren 1962—1970 teilte sich der staatliche Bereich[1]) wie folgt nach Funktionen auf:

Gesamtausgaben der Gebietskörperschaften in v. H. des Bruttosozialprodukts (in der Abgrenzung der Finanzstatistik)

Funktion	1962	1968	1970
1. Zentrale Verwaltung	1,6	1,6	1,6
2. Entwicklungshilfe		0,4	0,4
3. Sicherheit nach außen	4,6	3,2	2,9
4. Sicherung der Rechte	1,1	1,2	1,2
5. Bildung und Wissenschaft	2,9	3,7	4,1
6. Soziale Sicherung[2])	6,9	6,2	5,5
7. Gesundheit[2])	1,0	1,0	1,2
8. Kultur, Erholung, Sport	0,4	0,5	0,5
9. Städtebau, Wohnungswesen, kommunale Gemeinschaftsdienste	2,5	2,3	2,2
10. Wirtschaftsstruktur	3,7	4,2	3,1
11. Verkehr	2,5	2,3	2,5
12. Sonstiges (dar. Kapitaldienste)	2,0	2,6	2,7
Summe aller Aufgabenbereiche	29,2	29,2	27,9

34. Wir werden im folgenden zeigen, daß wir diese Relationen ändern müssen, wenn wir den Anforderungen an eine moderne, gerecht organisierte Industriegesellschaft genügen wollen. Die *Veränderung der Verwendung* des Bruttosozialproduktes für die Zukunftsaufgaben ist nur ein *quantitativer* Aktionsparameter. Große Möglichkeiten der *qualitativen* Veränderung unserer Gesellschaft liegen aber in den Änderungen der gegenwärtigen Strukturen: Wir müssen Institutionen reformieren, Haltungen und Einstellungen ändern, wenn ein höherer finanzieller Aufwand Erfolg bringen soll.

---

[1]) Bund, Länder, Gemeinden.
[2]) Nur Aufwendungen aus den Haushalten der Gebietskörperschaften. Die Gesamtausgaben des öffentlichen Sektors (in der Abgrenzung der volkswirtschaftlichen Gesamtrechnung) einschließlich der Sozialversicherung betragen 1962: 35,7 v.H.; 1968: 38,0 v.H.; 1970: 37,1 v.H.

Soziale Beziehungen:
Sicherheit und Chancengleichheit

35. Sozialdemokratische Gesellschaftspolitik verändert gesellschaftliche Verhältnisse, indem sie dazu beiträgt, Privilegien abzubauen, ungerechtfertigte Abhängigkeiten aufzuheben und gleiche Lebenschancen zu schaffen. *Es kommt darauf an, solche Angebote und Hilfen zur Entfaltung der Persönlichkeit zu geben, die jedem die gleiche Chance schaffen, an den Entwicklungen und Fortschritten der Gesellschaft teilzunehmen.*

Chancengleichheit allein bietet aber noch keine ausreichende Gewähr dafür, daß „sich der einzelne in der Gesellschaft frei entfalten und sein Leben in eigener Verantwortung gestalten kann" (Godesberger Programm). Es bedarf vor allem der Solidarität, der „aus der gemeinsamen Verbundenheit folgenden gegenseitigen Verpflichtung" (Godesberger Programm), allen ein menschenwürdiges Leben zu sichern. In diesem Sinne bindet Solidarität nicht nur die Gemeinschaft gegenüber dem einzelnen, sondern Solidarität verlangt auch die Mitverantwortung des einzelnen in der Gesellschaft.

Sozialdemokratische Sozialpolitik und Bildungspolitik tragen wesentlich dazu bei, daß jeder Mensch vor Existenzgefährdungen sicher ist und sich in diesem Bewußtsein an gesellschaftlichen Prozessen verantwortlich beteiligen kann. Sozialpolitik steht in einer engen Beziehung zur Wirtschaftsentwicklung. Auf der einen Seite müssen die Mittel für sozialpolitische Ausgaben und Investitionen erwirtschaftet werden, auf der anderen Seite — und das ist bestimmendes Merkmal einer geplanten und produktiven Arbeits- und Sozialpolitik — wird Sozialpolitik zu einer immer wichtigeren Voraussetzung für eine leistungsfähige Wirtschaft.

Gesundheitssicherung[1])

36. Die Bedeutung einzelner Krankheiten hat sich verschoben, zivilisationsbedingte Verschleißkrankheiten stehen heute im Vordergrund. Die Ursachen dafür liegen in den veränderten Lebens- und Arbeitsbedingungen. Moderne Gesundheitspolitik muß dies berücksichtigen. Ihre Aufgaben sind: *vorbeugende Gesundheitspflege, Wiederherstellung der Gesundheit, Hilfe für Kranke und Behinderte.*

37. Der Schutz der Gesundheit ist Aufgabe von Staat und Gesellschaft. *Jeder Bürger soll ohne Rücksicht auf seine wirtschaftlichen und sozialen Ver-*

---

[1]) Vgl. den Entwurf der Gesundheitspolitischen Leitsätze im Teil III.

*hältnisse einen gesetzlichen Anspruch auf die medizinische Hilfe erhalten, die
dem jeweiligen medizinischen Stand entspricht.* Sein Lebensstandard muß
auch in Zeiten der Krankheit weitgehend gewahrt bleiben; entsprechende
Geld- und Sachleistungen können das bewirken.

Gesundheitsvorsorge

38. Ein Gesundheitswesen, das sich weitgehend auf den bereits erkrankten
Menschen einstellt, wird seiner Funktion nicht voll gerecht. *Es wird immer
wichtiger, Krankheiten vorzubeugen,* also Voraussetzungen für ein gesundes
Leben zu schaffen und die Gefahren für die Gesundheit zu vermindern.

Das beginnt bei *familiengerechten* und gesunden *Wohnungen* und mit *Arbeitsplätzen,* die den arbeitsphysiologischen und arbeitspsychologischen Erkenntnissen entsprechen. Moderne Gesundheitspolitik muß kontinuierliche Beobachtung und systematische Früherkennungsuntersuchungen ausbauen und
fördern. Bis 1985 wollen wir erreichen, daß alle Kinder im Vor- und Grund-
schulalter fortlaufend und systematisch beobachtet und untersucht werden,
damit *Entwicklungsstörungen vorgebeugt* werden kann. Gesundheitserziehung in den Schulen wird erweitert.

39. Vorkehrungen der *Präventivmedizin* müssen wesentlich verstärkt
werden; sie sind so wichtig wie die kurative Medizin. Zu ihnen gehören
präventive Beobachtung, gezielte Vorsorgeuntersuchungen, Arbeitsschutz sowie Beratung über Lebensweise und Verhalten am Arbeitsplatz und in der
Freizeit. Auch die Maßnahmen des Umweltschutzes erfüllen eine präventive
Funktion (vgl. Tz. 157—162).

Volks- und Zivilisationskrankheiten und Unfallursachen müssen gründlich
erforscht werden. Ebenso ist die Forschung in neuen Bereichen der Gesundheitsvorsorge zu fördern, z. B. in der perinatalen Medizin.

Bisher nutzte nur ein geringer Teil der entsprechenden Altersgruppen die
Möglichkeit von Vorsorgeuntersuchungen. Damit die Angebote an vorsor-
genden Gesundheitsleistungen ausgeschöpft werden, muß die Öffentlichkeits-
arbeit auf diesem Gebiet verstärkt werden.

Ärztliche Versorgung

40. *Die Bevölkerung muß gleichmäßig ärztlich versorgt werden.* Finanzielle Anreize sollen die Voraussetzungen schaffen, besonders ländliche Gebiete und Stadtrandbezirke besser zu versorgen.
Gruppenpraxen und andere Formen arbeitsteiliger Zusammenarbeit werden
gefördert. Die technische Weiterentwicklung von Diagnose und Therapie und
die steigenden Kosten zwingen die Ärzte mehr und mehr zu Gemeinschafts-
einrichtungen.

41. *Die Aufgaben der Gesundheitsversorgung sind* vom öffentlichen
Gesundheitsdienst, vom Krankenhaus und von freiberuflicher Praxis *gemeinsam wahrzunehmen.* Deren Zusammenarbeit muß verstärkt und neu organi-

siert werden; die starre Abgrenzung zwischen stationärer und ambulanter Behandlung wird aufgehoben (z. B. Belegarztsystem). Modelle für interdisziplinäre Polikliniken an Lehrkrankenhäusern können das praktisch erproben. Die Spezialbereiche für chronisch und psychisch Kranke werden in die allgemeine medizinische Versorgung integriert. Psychiatrische Dienste an allgemeinen Krankenhäusern ersetzen stufenweise psychiatrische Krankenhäuser.

42. Ärzte, Pflegekräfte und medizinisch-technisches Personal sind zur ständigen *Weiterbildung* verpflichtet, die insbesondere Ärzte und Pflegekräfte auch mit neuen sozialpsychologischen und pädagogischen Erkenntnissen vertraut macht.

43. Ein unabhängiger *gemeinsamer* sozialärztlicher Dienst der Sozialversicherungsträger wird eingerichtet.

44. *Der öffentliche Gesundheitsdienst* muß so organisiert und ausgestattet werden, daß er seine bisherigen Aufgaben erfüllen und zusätzliche Aufgaben der Überwachung, besonders im Umweltschutz, übernehmen kann.

Arzneimittel, Kosmetika, Drogen

45. Privates Gewinninteresse darf die *Versorgung der Bevölkerung mit Arzneimitteln* nicht unzumutbar verteuern und beschränken. Die Verantwortung für die Ordnung des Arzneimittelwesens trägt der Staat. Hersteller oder Importeure haften für die Unbedenklichkeit von Arzneimitteln, Kosmetika, Reinigungs- und Körperpflegemitteln. Sie müssen den Nachweis für die therapeutische Wirksamkeit der Arzneimittel erbringen.

Die Werbung hat sachlich und umfassend zu *informieren*; sie muß Qualitäts-, Wirkungs- und Preisvergleiche ermöglichen.

Der *Rauschgifthandel* ist verstärkt — auch international — zu bekämpfen. Tablettenmißbrauch, Drogen- und Rauschmittelsucht müssen eingedämmt werden. Den Süchtigen müssen auf jede Weise Heilung und Rückkehr in das Gemeinschaftsleben ermöglicht werden; moderne offene Behandlungsmethoden sind zu erproben und zu fördern.

Krankenhäuser

46. *Das Krankenhaus muß jedem Patienten gleichwertige medizinische Versorgung, Pflege und Unterbringung sichern.*

Bund, Länder und Gemeinden stellen gemeinsam sicher, daß die Bevölkerung mit leistungsfähigen Krankenhäusern versorgt wird. Auf lange Sicht sollen die Länder hierfür zuständig sein.

Im Krankenhaus ist das individuelle Verhältnis Patient/Arzt für alle zu gewährleisten. *Privatstationen* werden aufgelöst und Betten für Selbstzahler in die Gesamtheit der Krankenstationen integriert, die eine überschaubare

Größe behalten müssen. Werden Patienten besonders untergebracht, so darf das nicht mit einem besonderen Behandlungsvertrag mit bestimmten Ärzten gekoppelt werden. Soweit individuelle, zusätzliche Wünsche berücksichtigt werden, sind sie besonders zu bezahlen; auf keinen Fall dürfen sie den Behandlungsanspruch der anderen Patienten schmälern.

47. Die angestellten *Ärzte im Krankenhaus* und im öffentlichen Gesundheitswesen müssen leistungsgerecht bezahlt werden.

Die Krankenhäuser müssen ausreichend mit qualifiziertem pflegerischen und technischen Personal ausgestattet sein. Auch deswegen müssen Arbeitsbedingungen, insbesondere für das *Pflegepersonal,* verbessert werden (bessere Bezahlung, Schichtdienst und Teilzeitarbeit, Entlastung von Neben- und Hilfsarbeiten).

Die Versorgung der Kranken ist eine gemeinsame Leistung aller im Krankenhaus Beschäftigten. Dem entsprechen gemeinschaftliche, nicht die hergebrachten hierarchischen Leitungssysteme.

48. In unseren Krankenhäusern ist die Verweildauer höher als in anderen Industrieländern. Die Krankenhausbetten besser auszulasten und damit die Versorgung insgesamt zu verbessern, ist auch ein organisatorisches Problem: Zu prüfen bleibt, ob es wirtschaftlicher wäre, *die Krankenanstalten nach Liege- und Pflegeintensität und nach Funktionen mehr zu differenzieren:* stationäre, semistationäre, ambulante Behandlung; Altenheime und Pflegestationen; Pflegestätten für chronisch Kranke; häusliche Pflege- und Betreuungsdienste, Diagnose- und Aufnahmestationen.

Rehabilitation

49. Intensivierung und Neuorganisierung der Rehabilitation sind zentrale gesellschaftliche Aufgaben des nächsten Jahrzehnts. Das Schicksal jedes einzelnen Bürgers kann von dem Vorhandensein von Rehabilitationseinrichtungen und rechtzeitigen Rehabilitationsmaßnahmen entscheidend bestimmt werden. Wegen der individuellen und der gesellschaftlichen Bedeutung *soll jeder Bürger einen Anspruch auf umfassende Rehabilitationsleistungen* unabhängig von der Ursache der Schädigung haben. Neben der medizinischen Hilfe sind den Behinderten berufliche und soziale Unterstützung zu geben, die eine optimale Eingliederung bzw. Wiedereingliederung in das berufliche und gesellschaftliche Leben ermöglichen.

50. Die Träger von Rehabilitationsmaßnahmen sind zu verpflichten, einen *gemeinsamen, ortsnahen Beratungsdienst* aufzubauen. Sie haben in gemeinsamer Verantwortung für differenzierte, leistungsfähige Rehabilitationseinrichtungen zu sorgen. Sie haben sicherzustellen, daß Rehabilitationsmaßnahmen rechtzeitig einsetzen und kontinuierlich durchgeführt werden. Neben einem qualifizierten medizinischen Personal sind spezielle Fachkräfte für Rehabilitation auszubilden und einzusetzen (z. B. Rehabilitationsberater, Arbeitstherapeuten).

Spezielle Einkommenshilfen gewährleisten dem Behinderten Lebensstandard und soziale Sicherheit.

51. Der Rehabilitationserfolg muß auch nach der Wiedereingliederung in Beruf und Gesellschaft durch eine intensive *nachsorgende Behandlung und Beratung* gesichert werden. Dazu gehört der Ausbau des sozialen Arbeitsschutzes. Er muß auf alle Behinderten ausgedehnt werden. Wir wollen die Vorurteile in der Bevölkerung durch Information und Aufklärung über die besonderen Probleme Behinderter abbauen, um damit deren gleichwertige Teilnahme am sozialen, politischen und kulturellen Leben zu erleichtern.

52. Wir streben eine durchschnittliche jährliche Steigerung der staatlichen Aufwendungen für die Sicherung der Gesundheit (Tz. 36—51) von 5,4 v. H. an mit einer Bandbreite von 4,2 v. H. bis 5,9 v. H. Diese Aufwendungen kommen zu denen der Sozialversicherung hinzu[1]).

Kultur, Erholung, Sport

53. Je mehr Freizeit der einzelne auf Grund wirtschaftlicher und technischer Veränderungen hat, desto wichtiger wird ein sinnvolles, *differenziertes Freizeit- und Erholungsangebot.* Dazu gehört auch *vielfältiges kulturelles Leben.*

54. Gesetzlich muß garantiert werden, daß die Allgemeinheit *nicht länger von den Erholungsgebieten*, von Wald und Gewässern durch Private *abgesperrt* bleibt. Besonders in Ballungsgebieten ist darüber hinaus ein vielfältiges Angebot zur Nutzung der Freizeit in die Stadt- und Regionalplanung einzubeziehen. Für Familien sind mehr Einrichtungen für den Urlaub zu schaffen.

55. Bund, Länder und Gemeinden haben die Aufgabe, den Sportstättenbau zu unterstützen und die Sportanlagen zu unterhalten. Voraussetzungen müssen dafür geschaffen werden, daß möglichst viele Menschen aktiv Sport treiben können. Das bedeutet auch, daß der *Sport* stärker in die Lehrpläne der Schulen und Universitäten einbezogen und auch in der Arbeitszeit stärker berücksichtigt wird.

56. Wir streben eine durchschnittliche jährliche Steigerung der staatlichen Aufwendungen für Kultur, Erholung, Sport (Tz. 53—55) von 3,3 v. H. an mit einer Bandbreite bis 4,8 v. H.

---

[1]) Bei der Quantifizierung des Programms sind wir wie folgt verfahren: Mit fachbereichspezifischen Prognosemethoden und -erfahrungen wurde *zunächst* für die 12 Bereiche des Funktionshaushalts (s. Tz. 33) eine *Status-quo-Prognose* bis 1985 durchgeführt.
Dieser *Zwischenwert* wurde um die finanziellen *Einsparungen* durch Programmaßnahmen vermindert und finanziell *belastende* Programmaßnahmen erhöht. Die so variierten 12 Gruppen des öffentlichen Funktionshaushaltes sind einerseits detailliert genug, um die Schwerpunkte der Programmatik deutlich zu machen, andererseits aber genügend aggregiert, um die unvermeidlichen Schätzfehler in Grenzen zu halten.

Soziale Sicherung

57. Das System der sozialen Sicherung muß dem Bürger garantieren, daß er durch *gesellschaftliche Institutionen* entsprechend der allgemeinen Entwicklung gesichert ist.

Beschäftigung

58. Das Recht der freien *Arbeitsplatzwahl* ist durch das Grundgesetz gesichert. Der soziale und demokratische Staat hat die Verpflichtung, die Realisierung dieses Rechtes zu ermöglichen.

Er hat den einzelnen — auch den ausländischen, den weiblichen und den älteren Arbeitnehmer — vor Diskriminierung, Ausbeutung und Arbeitslosigkeit zu schützen. Dies gilt vor allem in einer Wirtschaft, die zunehmend gekennzeichnet ist durch strukturelle Umschichtungen zwischen den Wirtschaftssektoren, durch den Trend zur wirtschaftlichen Konzentration, durch regionale Verlagerung von Wirtschaftsschwerpunkten, durch tiefgreifende technische und organisatorische Veränderungen und schließlich durch eine stetige Zunahme der Zahl der abhängig Beschäftigten.

59. Die lebenslange Ausübung eines bestimmten Berufes oder das Verbleiben auf einem bestimmten Arbeitsplatz können und sollen allerdings nicht garantiert werden; denn die strukturellen Entwicklungen unserer Zeit fordern hohe *berufliche Mobilität*.

Der Staat muß die Voraussetzungen dafür schaffen, daß der einzelne bewußte und aussichtsreiche Berufs- und Arbeitsplatzentscheidungen treffen kann.

Die *Arbeitsmarkt- und Berufsforschung* soll klären, welche Kenntnisse und Fähigkeiten künftig aussichtsreich eingesetzt werden können. Die Ergebnisse sind allgemeinverständlich zu publizieren.

60. Die *Sicherung der Vollbeschäftigung* ist eine dauernde Aufgabe, sowohl für die Wirtschafts- als auch für die Sozialpolitik. Um sie besser als bisher zu erfüllen, sollen die über die reine Arbeitslosenversicherung hinausgehenden arbeitsmarktpolitischen und mobilitätsfördernden Aufgaben der Bundesanstalt für Arbeit noch erweitert werden. Dazu ist eine Umstellung der bisherigen Finanzierung erforderlich, die durch eine allgemeine *Arbeitsmarktabgabe* erreicht werden könnte. Jeder Erwerbstätige wird dann statt des bisherigen Beitrages zur Arbeitslosenversicherung mit einem Prozentsatz seines Einkommens zu dieser Arbeitsmarktabgabe verpflichtet.

61. Viele Menschen suchen die Möglichkeit der *Teilzeitbeschäftigung*: Hausfrauen, die noch einer Berufstätigkeit nachgehen möchten, Behinderte, die eine volle Arbeitsbelastung überfordern würde, und zunehmend auch ältere Arbeitnehmer, die allmählich ihre Arbeitszeit einschränken wollen. Deshalb müssen mit den Mitteln der Wirtschafts- und Steuerpolitik Formen von Teilzeitbeschäftigung gefördert werden.

Arbeitsrecht

62. 83 v. H. der Erwerbstätigen sind in abhängiger Arbeit beschäftigt; dieser Anteil steigt weiter. Arbeitnehmer sind darauf angewiesen, daß sie von Arbeitgebern beschäftigt werden. Unser Rechtssystem geht zwar von einer formalen Gleichberechtigung der Vertragspartner des Arbeitsverhältnisses aus. Tatsächlich ist jedoch der einzelne Arbeitnehmer der Schwächere. Darum ist das *Arbeitsrecht* zu einem großen Teil *Schutzrecht für den Arbeitnehmer.*

63. Das gegenwärtige Arbeitsrecht enthält überholte Regelungen und ist unübersichtlich. Daher wird ein *einheitliches Arbeitsgesetzbuch* geschaffen, das die einzelnen Regelungen den Erfordernissen unserer Wirtschaftsgesellschaft anpaßt, die Teilbereiche nach einheitlichen Grundsätzen zusammenfaßt und ihre Zusammenhänge deutlich macht.

64. Der Arbeitgeber soll künftig bei Kündigungen auch den *Gleichheitsgrundsatz* beachten; er soll nicht mehr willkürlich auswählen können, wer unter gleichen Voraussetzungen, besonders bei verhaltensbedingten Kündigungen, zu entlassen ist.

65. Der Verfassungsgarantie des Koalitionsrechtes kommt ein besonderer Rang zu. *Tarifautonomie und Streikrecht* bleiben gewährleistet. Ohne sie könnten sich die Arbeitnehmer im Wirtschafts- und Arbeitsleben nicht behaupten. Es muß gesichert bleiben, daß die *Gewerkschaften* im Spannungsfeld zwischen individuellem Arbeitsrecht und betrieblichem Mitbestimmungsrecht ihre Aufgabe, die Interessen *aller* Arbeitnehmer wahrzunehmen, erfüllen können. Es ist zu prüfen, ob die *Aussperrung mit vertraglösender Wirkung* dem Arbeitgeber nicht ein radikaleres Kampfmittel gibt, als es den Arbeitnehmern mit dem Streikrecht zur Verfügung steht.

66. Zwischen Arbeitern und Angestellten gibt es immer noch beträchtliche Unterschiede in ihrer arbeitsrechtlichen Stellung, z. B. bei den Kündigungsfristen. Ein sozial fortschrittliches *Arbeitsrecht* überwindet allmählich die arbeitsrechtlichen Unterschiede zwischen den Arbeitnehmergruppen.

Arbeitsschutz und Arbeitssicherheit

67. Der technische Fortschritt verändert die *Arbeitsbedingungen* und die Belastungen, denen der arbeitende Mensch im Betrieb ausgesetzt ist. Technischer Fortschritt darf nicht um den Preis der gesundheitlichen (physischen und psychischen) Gefährdung der Arbeitnehmer erkauft werden.

Arbeitsplätze, Arbeitsabläufe und Arbeitsumgebung müssen von vornherein — schon bei der Entwicklung neuer Verfahren — so gestaltet und organisiert werden, daß sie dem Menschen angemessen sind. Dabei müssen die neuesten arbeits- und sozialwissenschaftlichen Erkenntnisse in die Praxis umgesetzt werden. Soweit physische und psychische Belastungen und Gefährdungen noch unvermeidbar sind, müssen sie durch ein Mehr an Erholung aufgewogen werden.

68. Angesichts der seit Jahren ansteigenden Zahl der Arbeitsunfälle soll die *Gewerbeaufsicht* besser in den Stand gesetzt werden, ihre Funktion zu erfüllen. Sie muß die Zusammenarbeit mit den technischen Aufsichtsdiensten der Unfallversicherungsträger und der Betriebe intensivieren, sowie ihre Aufsichts- und Beratungsaufgaben nach den bekannten Gefährdungs- und Unfallschwerpunkten besser planen. Das neue Gesetz über *Werksärzte* und *Sicherheitsingenieure* bietet eine für die Praxis ausbaufähige Grundlage, um die innerbetrieblichen Arbeitssicherheitsstrukturen zu verbessern.

69. *Wissenschaft, Forschung und Lehre sind in diesem Bereich auszubauen;* vor allem müssen die Einflüsse untersucht werden, die auf die Gesundheit der Arbeitnehmer einwirken, z. B. Monotonie, Zeitdruck, Konzentration, Intensität, Klima. Die Arbeitsmedizin wird in das Medizinstudium integriert. Die berufsbegleitenden, die berufsbildenden und die weiterbildenden Schulen sollen die Grundlagenkenntnisse über Arbeitsschutz vermitteln.

Familie und Jugend

70. Die Familie bietet die entscheidenden Bedingungen für die Sozialisation des Menschen. Eine wichtige Aufgabe der Rechtsordnung ist, das Gleichgewicht zwischen dem Sorge- und Erziehungsrecht der Eltern und dem Wohl des Kindes zu erhalten. *Das Kind hat ein eigenes Recht auf freie Entfaltung seiner Persönlichkeit* und auf körperliche Unversehrtheit. Die Eltern sind auf Wunsch bei der Erziehung der Kinder zu beraten und zu unterstützen.

71. Die *Chancen der Frau* müssen auch in der Familie verbessert werden, in der sie — nicht selten neben ihren Berufsaufgaben — die Hauptlast trägt. Die ledige Mutter und das uneheliche Kind müssen gleiche Chancen haben.

Um den berufstätigen Müttern zu helfen, werden vor allem Kinderhorte, Kindertagesstätten und Eltern-Selbsthilfeeinrichtungen benötigt.

Wenn ein Kind berufstätiger Eltern erkrankt, so muß ein Elternteil in zureichendem Maße Freizeit beanspruchen können. Dabei ist der Einkommensausfall angemessen zu erstatten.

72. Soweit es das *Kindeswohl* erfordert, soll das Vormundschaftsgericht größere Befugnisse erhalten, Entscheidungen der Eltern oder eines Elternteiles zu korrigieren. Vom 14. Lebensjahr ab soll das Kind bei der Ausbildung, der Auswahl des persönlichen Umgangs und der Verfügung über eigenes Einkommen ein Mitspracherecht erhalten. Künftig soll das Versagensprinzip und nicht das Verschuldensprinzip gelten, wenn Eltern das Sorgerecht entzogen oder eingeschränkt wird. Auch für Kinder getrennt lebender oder geschiedener Eltern wird der Regelunterhalt nach dem Vorbild des Nicht-Ehelichen-Rechts eingeführt.

73. Die *Erziehungsansprüche junger Menschen* müssen in einem Jugendhilfegesetz konkretisiert werden. Um sie zu realisieren, müssen mehr Einrichtungen für individuelle erzieherische Hilfen geschaffen werden (z. B.

Kindergärten, Sonder-Kindergärten, Wohnheime, Werkhöfe, Pflegenester, Pflegefamilien). Daneben müssen bei Bedarf auch Dienste und Einrichtungen zur Erziehungsberatung, zur Stärkung der Erziehungskraft der Familien, zur außerschulischen Bildung und zur Beseitigung drohender oder eingetretener Fehlentwicklungen verfügbar sein.

Eltern und Jugendhilfe müssen zwischen Einrichtungen verschiedener Träger wählen können. Diese Wahlmöglichkeit muß auch durch Förderung nicht-staatlicher und nichtkommunaler Einrichtungen geschaffen werden.

74.   Öffentliche und freigemeinnützige Träger müssen in enger Partner-schaft zusammenarbeiten. *Die Verantwortung für die Planung der Dienste und Einrichtungen muß aber beim öffentlichen Träger liegen,* der die Gewähr-leistungspflicht hat. Erziehungshilfen müssen grundsätzlich kostenfrei sein. Eltern und Jugendliche können zu einem Beitrag nach Maßgabe ihres Ein-kommens und Vermögens vor allem zu den Kosten des Lebensunterhaltes verpflichtet werden, soweit der erzieherische Erfolg einer Hilfe dadurch nicht gefährdet wird.

Alter

75.   Die alten Menschen haben durch ihre Leistungen die Grundlage für unseren Wohlstand mit geschaffen. Sie haben Anspruch auf Sicherung ihres *Lebensstandards* und ihrer *Lebenschancen.* Die gesetzliche Sozialversicherung wird für bisher ausgeschlossene Gruppen zu gleichen Rechten und Pflichten geöffnet, wie es das Rentenreformgesetz von 1972 vorsieht.

76.   Für die *Frau* wird schrittweise ein *eigenständiger Rentenanspruch* ge-schaffen. Im Rentenreformgesetz wird erstmals die Zeit der Kindererziehung zum Teil in der Rentenversicherung angerechnet. Diesen Ansatz gilt es aus-zubauen.

77.   Die Gesamtleistung aus öffentlichen Sachleistungen, gesetzlichen und betrieblichen Renten sichert den Lebensstandard im Alter. Das Arbeitsleben soll nicht abrupt bei einem bestimmten Alter enden müssen. Innerhalb einer Zeitspanne soll jeder Arbeitnehmer selbst entscheiden können, wann er in Rente gehen will. Mit dem Rentenreformgesetz ist die *flexible Altersgrenze* eingeführt worden. Die Altersgrenze, ab der die freie Wahl möglich wird, sollte schrittweise herabgesetzt werden. Bei Erwerbsunfähigkeit soll das volle Altersruhegeld erreicht werden.

78.   Die finanzielle Sicherstellung im Alter reicht jedoch nicht aus, um alle Probleme der alten Menschen in unserer Gesellschaft zu lösen. Soziale Dienstleistungen (Altenbetreuung, Altenwohnheime, Altenwohnungen, Alten-tagesstätten, Altenpflegeheime usw.) müssen bereitgestellt werden. Durch Anreize ist dafür zu sorgen, daß in der *Altenpflege* qualifizierte Fachkräfte in ausreichender Zahl tätig werden.

Sozialhilfe

79.   Sozialhilfe ist Bestandteil eines umfassenden Systems der sozialen Sicherung. Sie wird auch in Zukunft notwendig bleiben. Allerdings wird sich der Charakter der Sozialhilfe verändern.

Die Einrichtungen der Sozialhilfe müssen sich stärker der sozialen Probleme annehmen, die sich generellen Regelungen entziehen. Mit zunehmender Verbesserung der Leistungen aus Versicherung und Versorgung wird sich der Schwerpunkt der Sozialhilfe immer mehr von der Hilfe zum Lebensunterhalt zur *Hilfe in besonderen Lebenslagen verschieben*. Dies bedeutet, daß in Zukunft die Hilfen weit stärker auf individuelle Bedürfnisse und Probleme zugeschnitten werden müssen.

Finanzielle Leistungen müssen sich zunehmend in ihrer Höhe am wirtschaftlichen Fortschritt und der sozialen Entwicklung orientieren.

80.   *Wir streben eine durchschnittliche jährliche Steigerung der staatlichen Aufwendungen für die soziale Sicherung (Tz. 57—79) von 4,7 v. H. an mit einer Bandbreite von 4,6 v. H. bis 4,8 v. H. Die Aufwendungen der Sozialversicherung sind mit Ausnahme der staatlichen Zuschüsse hierin nicht enthalten.*

Sicherung der Rechte

81.   Die Rechtsordnung muß dem raschen Wechsel der wirtschaftlichen, technischen und sozialen Verhältnisse angepaßt werden. Dabei geht es nicht um eine bloße Angleichung an den gerade erreichten Stand der Entwicklung. Aufgabe sozialdemokratischer Rechtspolitik ist es immer, *mit den Mitteln des Rechts eine sozialere, gerechtere und humanere Ordnung zu erreichen* und die in der Verfassung festgelegten Menschen- und Bürgerrechte zu sichern.

Rechtspflege

82.   Der Bürger soll sein Recht verstehen und so schnell finden können, daß ihm die Entscheidung auch hilft. Dazu müssen das Recht so einfach und klar wie möglich formuliert und die *Verfahren beschleunigt* und schrittweise vereinheitlicht werden.

Die Reformansätze in der Zivilprozeßordnung und im Strafverfahrensrecht müssen weiter ausgebaut werden. Hierbei sind auch die Möglichkeiten der elektronischen Datenverarbeitung zu nutzen.

83.   Die Reform der Rechtspflege wird zur *Dreigliedrigkeit der ordentlichen Gerichtsbarkeit übergehen*. Aus den heute bestehenden Amts- und Landgerichten sollen einheitliche Eingangsgerichte als erste Instanz gebildet werden. In der ordentlichen Gerichtsbarkeit sind die Gerichtsbezirke erster Instanz so zu vergrößern, daß die erforderliche Rationalisierung und Spezialisierung möglich wird. Der Entscheidungsbereich des Einzelrichters wird

erweitert, die technische Ausstattung der Gerichte und der Staatsanwaltschaften modernisiert.

84. Wie die Bundesrichter und die Bundesverfassungsrichter sind auch die im Landesdienst stehenden Richter durch parlamentarische *Richterwahlausschüsse* zu wählen. Für Kollegialgerichte wird die Bekanntgabe abweichender Meinungen allgemein zugelassen; der Vorsitz soll wechseln.

85. Die *Ausbildung* soll den Juristen nicht nur die Kenntnis von Gesetzen, sondern auch von sozialen Gegebenheiten und verschiedenen Lebensbereichen vermitteln. Juristen sollen auch sozialwissenschaftliche und politologische Grundkenntnisse erwerben. So sollen die Richter möglichst gute Kenntnisse der industriellen Arbeitswelt sowie der sozialen Voraussetzungen und Auswirkungen ihrer Entscheidungen haben. Den Strafvollzug müssen sie aus eigener Anschauung kennen.

An den allgemeinen Schulen sind bereits elementare Rechtskenntnisse zu vermitteln.

Zivilrecht

86. Das *bürgerliche Recht* wird immer unübersichtlicher und droht in eine Fülle von Spezialregelungen zu zerfallen. Neben das Bürgerliche Gesetzbuch, das einmal die Rechtsbeziehungen unter den Bürgern umfassend regeln sollte, sind viele Spezialgesetze, aber auch außergesetzliche Typisierungen wie Mustermietverträge oder allgemeine Geschäftsbedingungen getreten, die das Schuld- und Sachenrecht in unerwünschter Weise fortentwickelt haben. Dieses wichtige Rechtsgebiet ist daher zu überprüfen; auf die Dauer wird man einer neuen Kodifizierung kaum ausweichen können. Das Schweizer Recht könnte dabei weitgehend als Vorbild dienen.

Besonders folgende Probleme gilt es zu lösen:

— Schutz des einzelnen vor Gefahren der industriellen Entwicklung,

— zivilrechtliche Fragen des Umweltschutzes,

— eine zeitgerechte Typologie der Schuldverhältnisse,

— Zulässigkeit von allgemeinen Geschäftsbedingungen,

— Neugestaltung des Haftpflichtrechtes,

— Produzentenhaftung (Ablösung der Verschuldenshaftung),

— Überprüfung des Erbrechts,

— Zusammenfassung zersplitterter Rechtsgebiete und -materien.

Strafrecht und Strafvollzug

87. Strafrecht und Strafvollzug dienen nicht der Rache, sondern dem Schutz der Gesellschaft. Was dem einzelnen oder der Gesellschaft Schaden zufügt, ist kriminell, aber nicht, was nur einigen Gruppen anstößig oder verwerflich erscheint. Der Täter soll nicht aus der Gesellschaft ausgestoßen, sondern soweit möglich, wieder in die Gesellschaft eingegliedert werden.

Die Menschenwürde des Verurteilten ist auch im Strafvollzug zu achten. Um das Ziel eines resozialisierenden Strafvollzugs zu erreichen, sind beträchtliche Bauinvestitionen für moderne Strafvollzugsanstalten und eine bessere Ausbildung der Strafvollzugsbediensteten nötig.

88. In unserem Wirtschaftssystem und in unserer industrialisierten Gesellschaft gibt es eine Fülle sozialschädlicher Verhaltensweisen, die vom herkömmlichen Strafrecht nur unvollständig und zudem unsystematisch und unübersichtlich erfaßt werden. Dieses beschränkt sich im wesentlichen auf die individuellen Vermögensdelikte. *„Weiße-Kragen-Kriminalität"*, gewerbsmäßig betriebene Vertrauenstäuschung im Wirtschaftsverkehr, Delikte wie Kurs- und Prospektbetrug, Subventions- und Krediterschleichung oder Steuervergehen werden nicht ihrer Bedeutung entsprechend behandelt.

Besonderes Gewicht hat der *strafrechtliche Schutz der Allgemeinheit vor Umweltgefährdungen*.

Verbrechensbekämpfung

89. Gesellschaftliche Verhältnisse sind oft Ursache für kriminelles Verhalten. Ihre Beseitigung und eine bessere Ursachenforschung, unmittelbare Vorbeugung, Strafverfolgung und Resozialisierung stellen wirksame Beiträge zum Schutz des Bürgers dar.

Um den *Bürger besser vor Verbrechen zu schützen*, muß das Risiko für den Täter erhöht werden. Die Strafverfolgungsbehörden müssen den Verbrechern überlegen sein: Ausbildung, Ausrüstung und vor allem auch die Zusammenarbeit der Strafverfolgungsinstanzen müssen laufend verbessert werden. Besonders die Kriminalpolizei benötigt hochqualifizierte Spezialisten und eine moderne technische Ausrüstung. Der Zugang zur Kriminalpolizei ist zu erleichtern und ihre Zusammenarbeit mit der Schutzpolizei effektiver zu organisieren. Für Bund und Länder wird eine Polizeiakademie mit einem Fachbereich für Kriminalpolizei eingerichtet.

90. *Wir streben eine durchschnittliche jährliche Steigerung der staatlichen Aufwendungen für die Sicherung der Rechte (Tz. 81—89) von 5,4 v. H. an mit einer Bandbreite von 4,8 v. H. bis 5,9 v. H.*

Bildungspolitik

91. Bildungspolitik hat in *unserem ökonomisch-politischen Orientierungsrahmen Priorität*.

— Die Entfaltungsmöglichkeiten des einzelnen werden heute und in der Zukunft in erster Linie bestimmt durch die Bildungschancen, die ihm durch die Gesellschaft geboten werden.

— Die Verwirklichung der Forderung nach mehr Freiheit und mehr Demokratie hängt wesentlich von einer Reform der Bildungsinhalte (Curricula) und Bildungsformen in unseren Schulen und Hochschulen ab.

— Ein modernes, funktionsfähiges Bildungswesen ist notwendig, wenn wir das Wachstum unseres Wohlstandes und damit die Politik der inneren Reformen sichern wollen.

92.   Die heutigen Erkenntnisse der Psychologie und Erziehungswissenschaften weisen auf die große *Bedeutung der familiären und sozialen Umwelt* des Kindes für die Entwicklung seiner Begabung und Persönlichkeit hin. Hieraus ist die Dringlichkeit von Maßnahmen abzuleiten, die es den Eltern, den Lehrern und der Gesellschaft ermöglichen, jedem Kind die für seine Bildung adäquaten Bedingungen zu verschaffen. Je weniger die Entwicklung der Persönlichkeit als genetisch vorbestimmt gelten kann, desto größeres Gewicht kommt der Bildungspolitik zu. Von Gleichheit der Bildungschancen kann nur gesprochen werden, wenn adäquate Bildungsbedingungen für alle von den ersten Lebensjahren an verwirklicht sind.

93.   *Wie dringend Reformen unseres Bildungswesens sind, zeigen folgende Beispiele:*

— in den weiterführenden Schulen und an den Hochschulen sind *Arbeiterkinder* nach wie vor kraß unterrepräsentiert;

— 12,5 v. H. der Jungen, aber nur 8,8 v. H. der *Mädchen* der jeweiligen Altersgruppe erwarben 1971 das Reifezeugnis; auch im Bereich beruflicher Bildung sind Mädchen seltener in hochqualifizierten Ausbildungsstätten anzutreffen;

— der Mangel an weiterführenden Schulen in *ländlichen Regionen* benachteiligt gerade solche Gruppen, denen der Anschluß an die besseren Lebensbedingungen in den Ballungsgebieten ohnehin schwerfällt;

— die *Gleichwertigkeit von beruflicher Bildung* und allgemeiner Bildung ist noch nicht sichergestellt;

— in den *Grundschulen* kamen 1970 auf 1 Lehrer noch immer 42 Kinder;

— in den *Hauptschulen* betrug das Verhältnis Lehrer : Schüler 1 : 27, in den entsprechenden Klassen der Gymnasien dagegen 1 : 22;

— 1970 hatten wir 1,1 Mio. *Kindergartenplätze,* aber 3,1 Mio. 3-, 4- und 5jährige;

— nur 43 v. H. der entsprechenden Altersgruppe absolvierten eine *10jährige Schulzeit;*

— für die Ergänzung und Qualifizierung der *betrieblichen Ausbildung* standen nur ca. 23 000 Plätze in überbetrieblichen Ausbildungsstätten bereit;

— obwohl in fast allen Bundesländern der gesetzlich vorgeschriebene Unterricht in *Berufsschulen* 8 Wochenstunden beträgt, erreicht der Unterricht fast nirgends die geforderte Wochenstundenzahl.

94.   Unsere Bildungspolitik bezieht sich nicht nur auf die quantitativen Aspekte des Bildungswesens, sondern auch auf die *Bildungsinhalte.*

In weitgehender Übereinstimmung mit den Vorstellungen der Bund-Länder-Kommission für Bildungsplanung wollen wir zunächst folgende Reformen des Bildungswesens bis 1985 verwirklichen:

95.   Kindergarten (Elementarbereich)

Wollen wir die Kinder individuell fördern und die Bildungschancen anglei-
chen, müssen wir rasch an den Ausbau des elementaren Bildungsbereichs her-
angehen. Dort soll den *Drei- bis Vierjährigen* eine pädagogische Förderung
zuteil werden, die ihrem Alter entspricht. Individuelle Benachteiligungen
sollen kompensiert werden. Ausländische Kinder brauchen Hilfe für ihre
speziellen Schwierigkeiten. Die nachbarschaftliche Zusammenarbeit der Eltern
bei der Erziehung ihrer kleinen Kinder ist von staatlicher Seite zu fördern.
Wir streben an, den meisten Kindern der genannten Altersstufe bis 1980
einen vollwertigen Platz im Elementarbereich anzubieten.

96.   Vorschule (Eingangsstufe)

Einrichtungen für Fünfjährige (Vorschule) sollen mit dem anschließenden
Schuljahr für die *Sechsjährigen* zu einer pädagogisch eigenständigen Eingangsstufe verbunden werden. Diese Vorschule ermöglicht einen gleitenden Übergang vom Elementarbereich in die Formen schulischen Lernens, darf aber
nicht dazu führen, daß die Lerninhalte und Arbeitsformen der heutigen
1. Klasse der Grundschule vorverlegt werden, d. h. daß dieser Übergang
durch entsprechende Bildungsinhalte und pädagogische Methoden gesichert
sein muß.

97.   Grundschule (Primarbereich)

Der Vorschule schließt sich eine dreijährige Grundschule an. In der Grundschule müssen die *Lehrinhalte und Lehrformen* im Hinblick auf die Anforderungen der reformierten Sekundarstufe I und II geändert werden. Sie soll
neben der Vermittlung grundlegender Kenntnisse zu entdeckendem Lernen,
zu selbständigem und kooperativen Arbeiten hinführen und die Schulung
im Problemlösen vorbereiten.

98.   Gesamtschule (Sekundarbereich I)

Der Sekundarbereich I umfaßt das traditionelle *fünfte bis zehnte Schuljahr.*
Er soll in der Form der integrierten Gesamtschule organisiert werden und
mit dem Sekundarabschluß I abschließen. Schon ehe die Gesamtschule die
Regelschule ist, soll für das bisherige fünfte und sechste Schuljahr die allgemein verbindliche Orientierungsstufe eingeführt werden. Sie muß unabhängig von der Schulform organisiert werden. In ihr sollen die Lehrer der
verschiedenen Schulformen zusammenarbeiten.

Ziel dieser Orientierungsstufe ist eine dem Alter der Schüler entsprechende
Bildung und die Orientierung über die ihnen später offenstehenden Möglichkeiten der Wahl von Bildungsinhalten (Curricula). Auf diese Weise sollen
voreilige Festlegungen der Schullaufbahnen der einzelnen Schüler vermieden
werden.

Möglichst alle Jugendlichen sollen die Sekundarstufe I bis zum Ende durch-
laufen. Soweit und solange die berufliche Grundbildung nach dem neunten
Schuljahr einsetzt, soll auch über das Berufsgrundbildungsjahr die Möglichkeit
zum Erwerb des Sekundarabschlusses I geschaffen werden.

99.   Oberstufe (Sekundarbereich II)

Der Sekundarbereich II umfaßt

1. studienbezogene Bildungsgänge,

2. berufsqualifizierende Bildungsgänge, im Rahmen derer aber bei entsprechender Leistung auch der Zugang zu Studiengängen des tertiären Bereichs offenstehen muß,

3. berufsbefähigende Bildungsgänge, d. h. Sonderformen eines Berufsbildungsjahres für Jugendliche, die gegenwärtig ohne qualifizierenden Abschluß der Haupt- oder Sonderschule direkt in das Erwerbsleben eintreten.

Je nach Art und Umfang des individuellen Bildungsganges bleiben die Schüler zwei bis drei Jahre im Sekundarbereich II. Seine Neugestaltung wird der *beruflichen Bildung* die lange verwehrte Bedeutung geben. Die Gestaltung der beruflichen Bildungsgänge ist für die Lebenschancen des weitaus größten Teils unserer Jugend von ausschlaggebender Bedeutung.

Ziel aller Maßnahmen muß die Herstellung der *Gleichwertigkeit beruflicher und „allgemeiner" Bildung sein.* Diese Zielsetzung bedingt die Verflechtung der bisher getrennten beruflichen und gymnasialen Bildung durch den Abbau institutioneller Barrieren, durch Zusammenfassung in Schulzentren und durch entsprechende Ausgestaltung der Lehrinhalte.

100. Vorrangig sind in einer *Übergangsphase* folgende Maßnahmen zu ergreifen:

— Zusammenfassung des Teilzeitunterrichts in Berufsschulen. Anstelle des wöchentlich einmal stattfinden Berufsschulunterrichts wird über einen zusammenhängen Zeitraum Vollzeitunterricht erteilt;

— Einführung differenzierenden Unterrichts mit Kurssystem im beruflichen Schulwesen und in der gymnasialen Oberstufe;

— Verbesserung des Angebots an überbetrieblichen Bildungseinrichtungen in Verbindung mit Schulzentren;

— Verringerung der Zahl der Berufsbilder und Erlaß neuer Ausbildungsordnungen;

— Stufung der beruflichen Erstausbildung in Grundbildung und Fachbildung;

— Einführung des Berufsgrundbildungsjahres: vollzeitschulisch (Berufsgrundschuljahr) und im dualen System[1]);

— volle Anrechnung des Berufsgrundschuljahres auf die Berufsausbildung im dualen System;

— Ausbau von Vollzeitberufsschulen, die zu einem Berufsabschluß führen (z. B. Assistenzberufe);

— verstärkter Einsatz von Unterrichtstechnologie für berufliche Bildungsgänge;

— Entwicklung von Curricula für Bildungsgänge berufsqualifizierender Art, die den Erwerb schulischer Abschlüsse (Hauptschulabschluß, Sekundarabschluß I, Studienqualifikation) einschließen;

---

[1]) Berufsbildung sowohl im Betrieb als auch in der Schule.

— Verbesserung der Qualifikation der Ausbilder in der betrieblichen Berufsausbildung;

— Behebung des Lehrermangels an beruflichen Schulen.

101. Ganztagsschulen

Für einen wesentlichen Teil der Schüler, insbesondere der *soziokulturell benachteiligten Gruppen* (ländliche Gebiete, großstädtische Arbeitersiedlungen usw.), müssen im Primär- und in den Sekundarbereichen Plätze in Ganztagsschulen zur Verfügung gestellt werden.

102. Sonderschulen

Die Kompensation individueller oder milieubedingter Behinderungen ist durch ein flexibles und differenziertes Bildungsangebot auf allen Stufen zu verbessern. Dabei ist das Sonderschulwesen möglichst eng mit dem allgemeinen Bildungswesen zu verzahnen. Das Kurssystem der Gesamtschulen wird dies erleichtern. Die *Sonderpädagogik* ist also nicht mehr auf die Sonderschule begrenzt, sondern muß entsprechend den besonderen Behinderungen in das allgemeine Schulwesen mit der *notwendigen Differenzierung in pädagogischer und institutioneller Hinsicht* integriert werden.

103. Lehrerbildung

Ziel ist die Einführung von Lehrämtern mit *stufenbezogenem Schwerpunkt:*

— Primarstufe

— Sekundarstufe I

— Sekundarstufe II

Das Studium für alle Lehrämter erfolgt einheitlich an wissenschaftlichen Hochschulen. In 6 Semestern kann ein Grundlehramt und in 8 Semestern ein erweitertes Lehramt erworben werden. Dem Studium schließt sich ein 18monatiger Vorbereitungsdienst an.

Den Lehrern ist Gelegenheit zur Fortbildung zu geben. Für technische, verwaltungs- und sonstige nicht-pädagogische Aufgaben sollen Schulassistenten eingesetzt werden.

104. Hochschulzugang

Die Nachfrage der Wirtschaft und des öffentlichen Dienstes nach Hochschulabsolventen wird immer begrenzt bleiben. Solange dadurch Berufschancen beschränkt, die öffentlichen Ausgaben für die Ausbildung aber sehr hoch sind, erscheint es gerechtfertigt, den Hochschulzugang nach dem *Leistungsprinzip* zu ordnen.

Für den Hochschulzugang ergeben sich zwei Maximen:

1. Die Entscheidung soll so erfolgen, daß eine möglichst hohe Chancengleichheit gewährleistet ist. Angesichts der Bedeutung soziokultureller Einflüsse auf alle Schulleistungen heißt das: *möglichst späte Entscheidung über die Hochschulberechtigung.*

2. Die Auswahl soll nach möglichst *gleichartigen und gleichwertigen Grundsätzen* erfolgen.

105. Gesamthochschule (Tertiärer Bereich)

Der Hochschulbereich soll in der Form der *Gesamthochschule* organisiert werden.

Innerhalb der Gesamthochschule werden differenzierte Studiengänge von in in der Regel drei und vier Jahren eingerichtet. Durch den Ausbau dreijähriger Studiengänge in möglichst allen Fachgebieten soll der wachsenden Zahl der Studierenden die Möglichkeit geboten werden, auch im Hochschulbereich relativ früh zu einem berufsqualifizierenden Abschluß zu kommen.

Die Studiengänge müssen wissenschaftsbezogen und in der großen Mehrzahl der Fälle zugleich berufsfeldbezogen sein. Die Studiengänge sind durchlässig aufzubauen. Durch Kontaktstudium soll die Möglichkeit geschaffen werden, planmäßig weiterzulernen und eine höhere Qualifizierung zu erwerben.

106. Weiterbildung

Bund, Länder und Gemeinden sollen gemeinsam mit freien Trägern ein koordiniertes Weiterbildungssystem als *vierten Bereich des Bildungswesens* ausbauen. Die einzelnen Kurse sollen in einem „Baukastensystem" aufeinander bezogen und miteinander kombinierbar sein. Die formalen Abschlüsse werden standardisiert. Dadurch wird das System überregional durchlässig und mit anderen Systemen verknüpfbar. Ein gesetzlich geregelter Bildungsurlaub soll allen Berufstätigen mehrfach in ihrem Arbeitsleben die Teilnahme an Weiterbildungsveranstaltungen ermöglichen.

107. Die Verantwortung für das gesamtgesellschaftliche Reformprogramm verpflichtet die Bildungspolitik auch wegen der rasch steigenden Ansprüche an die öffentlichen Haushalte zu sparsamer und wirksamer Verwendung der Mittel.

Mehr Chancengleichheit bedeutet auch mehr Wettbewerb. Der Abbau der Bildungsbarrieren und die Demokratisierung unseres Bildungswesens würden zur Farce, das Bildungssystem würde zu einer riesigen leerlaufenden Maschinerie, wenn die *Leistungskraft und die Leistungsbereitschaft der Lernenden und Lehrenden* nicht in hinreichendem Maße gefordert würden.

108. Bei der zunehmenden Belastung der öffentlichen Hand durch das Bildungswesen muß das Problem der *Verteilung der Kosten* der Bildung neu durchdacht werden. Auch ein demokratisiertes Bildungssystem wird bei unterschiedlichen Begabungen und Interessen die einzelnen in unterschiedlichem Maße fördern. Nicht jeder wird die Hochschule besuchen und mit einem Abschlußdiplom verlassen können. Es ist also unvermeidbar, daß das Bildungssystem den einzelnen unterschiedliche Berufs- und Einkommenschancen vermittelt. Genauso wie nach dem Grundgesetz Eigentum verpflichtet, verpflichtet auch ein auf Staatskosten erworbenes Abschlußexamen den einzelnen zu entsprechender Leistung für die Gesellschaft.

109. Wir streben eine durchschnittliche jährliche Steigerung der staatlichen Aufwendungen für die Bildung (Tz. 91—108) und für Wissenschaft und Technologie (Tz. 239—248) von 9,2 v. H. an mit einer Bandbreite von 8,9 v. H. bis 9,3 v. H.

Räumliche Bedingungen

110. Die räumliche Umwelt beeinflußt die Lebensgestaltung des einzelnen ebenso wie die sozialen Beziehungen. Ein wichtiger Aspekt der räumlichen Umwelt ist darin zu sehen, daß ihre Gestaltung mit Investitionen zusammenhängt, und zwar vorwiegend mit *Investitionen in die öffentliche Infrastruktur. Die Chancen des einzelnen hängen weitgehend vom Niveau und der Verteilung dieser öffentlichen Leistungen ab.* Die verschiedenen Funktionen des Raumes sowie regional voneinander abweichende Investitionen früherer Jahre erlauben es wegen der nur beschränkt zur Verfügung stehenden Mittel nicht, überall die *gleichen* Bedingungen durch öffentliche Leistungen zu schaffen. Ziel unserer Politik ist aber, bei unterschiedlicher Struktur unseres Landes *gleichwertige* Bedingungen zu schaffen.

111. Die Kosten der öffentlichen Leistungen sollen in einem günstigen Verhältnis zum Erfolg stehen. Wie in der privaten Produktion, so zeigt sich auch im öffentlichen Bereich, daß *größere Investitionseinheiten* Güter des öffentlichen Bedarfs billiger produzieren können.

112. Für die langfristige Gestaltung der räumlichen Umwelt gehen wir von folgenden Leitsätzen aus:

1. Ein qualitativ hohes Angebot an Bildungs-, Gesundheits- und Verkehrsinfrastruktur *für alle Bürger ist nur durch Konzentration auf die Schwerpunkte der Besiedlung möglich.* Die *Verdichtung* bewirkt ein vielfältiges Arbeitsangebot in verschiedenen Betriebsstätten. Sie gewährleistet trotz zunehmender Arbeitsteilung mehr Freiheit für den Arbeitnehmer bei der Arbeitsplatzwahl *und fördert die Krisensicherheit.*

2. Mehr als bisher muß die Zersiedlung unserer Landschaft *aufgehalten werden.* In unserem industrialisierten Land müssen wir die freie Fläche der Öffentlichkeit zugänglich machen. Der Schutz der Landschaft ist ein wichtiger Teil unserer Umweltpolitik.

3. Gleichwertige Lebensbedingungen zu schaffen, setzt eine *bewußte Verteilungspolitik bei der Infrastrukturplanung* voraus. Die unteren Einkommensschichten sind auf das Angebot an öffentlichen Einrichtungen mehr angewiesen als die höheren. Soweit es nicht dem Ziel der Verdichtung widerspricht, muß in den Regionen und den Stadtbezirken die räumliche Umwelt am meisten verbessert werden, in denen heute die ungünstigsten Bedingungen herrschen.

4. Diese Ziele werden nur erreicht, wenn die Investitionen der Infraktruktur sich von der Politik der Engpaßbeseitigung lösen und *zu einer Politik der bewußten Gestaltung gleichwertiger Umweltbedingungen* übergehen.

113. Weil wir gleichwertige Bedingungen für alle Bürger schaffen wollen, müssen wir stärker als bisher die *Investitionen auf Schwerpunkte konzentrieren.* Das bedeutet: in den Ballungsgebieten Verbesserung der Siedlungsstruktur und im ländlichen Raum Konzentration auf Schwerpunktorte. Das bedeutet aber auch: keine Änderung der großräumigen Bevölkerungsverteilung, weil Ballungsgebiete und Schwerpunktorte in genügender Zahl in allen Teilen des Bundesgebietes vorhanden sind. Nettowanderungsverluste von großen Gebieten sollen vermieden werden, weil sie volkswirtschaftliche Kosten verursachen durch Entwertung von öffentlichen und privaten Investitionen in *einem* Gebiet und Kosten für die Wiedererstellung in einem *anderen*.

114. Voraussetzung für die Infrastrukturpolitik ist eine *Reform des Bodenrechts,* wenn nicht infolge steigender Bodenpreise unerwünschte Verteilungswirkungen eintreten sollen[1]).

Raumordnung

115. Wir gehen in der Raumordnungspolitik davon aus, daß die *Städte zunehmend attraktiver werden und an Bedeutung gewinnen.* Die Städte ermöglichen den Menschen die Befriedigung immer differenzierterer Bedürfnisse im privaten und gesellschaftlichen Leben. Zugleich bieten sie die günstigsten Voraussetzungen für die optimale Kombination der Produktionsfaktoren. Die Schaffung solcher „städtischer" Lebensverhältnisse möglichst für alle Bürger würde auch der überwiegenden Mehrzahl der Arbeitskräfte genügend Wahl- und Wechselmöglichkeiten bieten, um nicht bei jedem Betriebswechsel automatisch auch zum Umzug oder Fernpendeln gezwungen zu sein.

Die Tendenz zunehmender räumlicher Verdichtung muß innerhalb der Ballungsgebiete zu einer Verbesserung der räumlichen Zuordnung der verschiedenen Funktionsbereiche führen. Bei der Konzentration der Bebauung sind ausgleichende Maßnahmen durch Freiflächen für Spiel-, Erholungs- und Freizeiteinrichtungen vorzusehen.

116. *In allen Teilräumen der Bundesrepublik ist von „Schwerpunkten"* — jeweils unter Berücksichtigung ihrer Einzugsbereiche — *auszugehen.* Schwerpunkte mit ihren Einzugsbereichen müssen alle Teilräume des Bundesgebietes weitgehend abdecken. In den Räumen, die noch keinen Verdichtungsschwerpunkt aufweisen, für die aber ein solcher notwendig und realisierbar ist, sind vorhandene städtische Ansatzpunkte als Verdichtungsschwerpunkte zu entwickeln. Die Raumordnungspolitik in den grenznahen Bereichen zu unseren Partnern in der Europäischen Gemeinschaft muß mit diesen abgestimmt werden.

---

[1]) Vgl. Vorschläge zur Reform der Bodenordnung, Teil II.

117. Verdichtungsschwerpunkte und Verkehrsachsen sind die wichtigsten Strukturelemente für das *räumliche Zielsystem*. Daran orientiert sich auch die Verkehrsplanung.

Innerhalb der Ballungsgebiete bildet das Netz der Verkehrsachsen ein Gliederungssystem, das mit Kreuzungspunkten und Haltestellen des öffentlichen Nahverkehrs zugleich die bevorzugten Schwerpunkte des Städtebaus setzt.

118. Der Bedarf an *Freizeit- und Erholungsgebieten* wird in absehbarer Zeit erheblich zunehmen. Die Räume für Freizeit und Erholung dürfen sich nicht auf jene Gebiete beschränken, die für eine andere Nutzung nicht geeignet sind. Auch für Freizeit, Erholung und Fremdenverkehr sind Ausbau- und Entwicklungsmaßnahmen in der Nähe von Ballungsgebieten auf Schwerpunkte zu konzentrieren.

119. In der Bundesrepublik wird die *Erhaltung der Kulturlandschaft* immer wichtiger, vorrangig in Erholungs- und Touristikgebieten sowie in den Mittelgebirgslandschaften. Dort gewinnt die Landwirtschaft eine neue Aufgabe, die Landschaft sowie die natürlichen Reserven an Luft und Wasser zu erhalten. Daher müssen *bestimmte Gebiete und Projekte* festgelegt werden, in denen die Landwirte ihre Arbeit nicht allein auf agrarische Produktion für den Markt, sondern zusätzlich auf die Landschaftspflege ausrichten. Dafür muß ihnen — unter Auflagen — eine besondere Förderung in Form von Bewirtschaftungszuschüssen gewährt werden.

Städtebaupolitik

120. Unsere Städte stecken in einer Krise. Die zunehmende Motorisierung setzt die Gemeinden der unerfüllbaren Forderung nach einem autogerechten Ausbau der Städte aus. Um übermäßige Kosten und die völlige Umstrukturierung unserer Siedlungen zu vermeiden, müssen funktionsfähige *Massenverkehrsmittel* ausgebaut werden.

Steigende Wohnansprüche und das rasche Wachstum der Städte erfordern eine unter städtebaulichen und sozialen Gesichtspunkten *gesteuerte Erneuerung*.

Die Bebauung ufert an den Stadträndern immer weiter und ungeordnet aus. Hier muß Entwicklungsplanung eingreifen, indem sie öffentliche und private Investitionen integriert.

121. Stadtzentren, die in ihren Funktionen ausgehöhlt werden, weil immer mehr Geschäfte und Büros zusätzlichen Platz wegnehmen, sind inhuman. Stadtzentren müssen als belebte Kommunikationszentren erhalten bleiben. Die private Gewinnmaximierung darf nicht zum Gestaltungsprinzip unserer gebauten Umwelt erhoben werden.

Die Planung muß eine *Mischung von Aktivitäten* erzielen. Sie muß Spiel- und Freizeitflächen gerade für die Bewohner von Innenstädten schaffen oder erhalten, die den weitesten Weg in das freie Umland haben. Sie muß den Fußgänger gegenüber dem Kraftfahrzeugverkehr in der Innenstadt bevorzugen. Fußgängerzonen, flexible Park- und Fahrverbote sind unumgänglich.

122. Ein starrer Arbeitsrhythmus und fest Einkaufszeiten führen zu stoßartigen Ansprüchen an das Verkehrsnetz und zur Verödung der Zentren in den Abendstunden. *Flexible Arbeitszeit und Einkaufszeiten* können den Städten und Städtern Ärger und Geld ersparen.

Planungsrecht

123. Eine humane städtische Umwelt kann nur geschaffen werden, wenn die Gemeinden eine stärkere *Verfügungsmacht über Grund und Boden* durch ein verbessertes Planungsrecht erhalten. Die Voraussetzung dafür ist eine Verstärkung der Verwaltungskraft der Gemeinde durch die Gebietsreform.

124. Bei einer Neuformulierung des Planungsrechts sind u. a. die Einführung eines *Baugebots, Abbruchgebots oder Modernisierungsgebots* vorzusehen, damit die Gemeinden die in Bebauungsplänen niedergelegten städtebaulichen Ziele auch in die Tat umsetzen können. Niemand soll die Möglichkeit haben, aus spekulativen Absichten öffentliche Planung oder planungsgerechte Projekte privater Investoren zu verhindern. Die Ausweitung der kommunalen Planungsrechte wird verbunden mit einer stärkeren *Demokratisierung der Planung*.

125. Das *Enteignungsrecht* muß zu einem brauchbaren Instrumentarium ausgebaut werden. Dazu ist das Enteignungsverfahren so auszugestalten, daß schon vor Verabschiedung eines Bebauungsplans ein Enteignungsprozeß eingeleitet werden kann. Das Verfahren über den Grund der Enteignung muß von dem Verfahren über die Höhe der Entschädigung getrennt werden, damit die Auseinandersetzung über die Entschädigungshöhe nicht zu Verzögerungen führt, wenn über die Berechtigung der Enteignung keine Meinungsverschiedenheiten bestehen.

Bodenordnungspolitik[1])

126. Nach der Baulandstatistik verdoppeln sich die Preise für baureifes Land oder für Rohbauland etwa alle 7 bis 8 Jahre. In dieser Statistik wird aber jeweils nur der Preis von Bauland (Rohbauland) verschiedener Jahre verglichen. Der Preissprung beim Übergang von Ackerland zu Bauland wird nicht erfaßt. In den letzten 10 Jahren entstanden allein beim Übergang von Ackerland zu Bauland rd. 50 Mrd. DM Wertsteigerungen am Grundvermögen. Weitere 50 bis 80 Mrd. DM werden in den nächsten 10 Jahren entstehen. Schätzungen über die Wertsteigerungen in bebauten Gebieten liegen nicht vor. Man kann jedoch davon ausgehen, daß sie mindestens ebenso hoch sind wie die Gewinne beim Übergang von Ackerland zu Bauland.

---

[1]) Vgl. die Vorschläge der Kommission für Bodenrechtsreform im Teil II.

Insgesamt würde das eine Größenordnung von 100 bis 150 Mrd. DM in 10 Jahren ergeben. Wenn es gelänge, nur 10 v. H. dieser Wertsteigerungen zur Finanzierung öffentlicher Leistungen heranzuziehen, könnte der Finanzspielraum für öffentliche Investitionen erheblich steigen. Heute dagegen muß die öffentliche Hand bei Bodenkäufen *Wertsteigerungen*, die überwiegend durch öffentliche Investitionen hervorgerufen wurden, noch einmal abgelten. So müssen die Gemeinden — unveränderte Rechtslage vorausgesetzt — in den nächsten 10 Jahren etwa 10 bis 15 Mrd. DM aufwenden, um den Bedarf an Grünflächen, Sportplätzen, Verkehrsflächen usw. zu decken. Außerdem entstehen für die öffentliche Hand erhebliche Ausgaben beim Ankauf von Boden für Fernstraßen, Autobahnen, Flugplätze.

127. Die Gewinne aus Wertsteigerungen an Grund und Boden fallen den Eigentümern weithin ohne nennenswerte steuerliche Belastungen zu. Bodeneigentümer werden gegenüber den Beziehern sonstiger Einkommen und gegenüber anderen Vermögensinhabern begünstigt. Daher dürfen Bodenwertsteigerungen nicht weiterhin zu steuerfreien Einkommen bei einer kleinen Gruppe führen.

Das *Städtebauförderungsgesetz* bringt einen bedeutenden Fortschritt bei der Entwicklung einer neuen Bodenordnung. Nach den Bestimmungen dieses Gesetzes können Wertsteigerungen, die durch öffentliche Planungen und Investitionen im Zusammenhang von Sanierungs- und Entwicklungsmaßnahmen entstehen, zur Finanzierung dieser Investitionen herangezogen werden. In ähnlich gelagerten Fällen sollten die Grundgedanken dieses Gesetzes generell angewendet werden.

128. Wir werden eine Steuer *auf realisierte und nichtrealisierte Bodenwertsteigerungen* in bebauten und unbebauten Gebieten einführen. Freibeträge und progressive Gestaltung des Tarifs sollen dafür sorgen, daß nur außergewöhnliche Wertsteigerungen erfaßt werden.

Durch eine Reform der Grundsteuer und des Bewertungsgesetzes sind die echten Bodenwerte zur Besteuerung heranzuziehen. Bei der Ermittlung von Verkehrswerten ist von den Nutzungsbeschränkungen auszugehen, wie sie durch die Stadtplanung vorgegeben sind.

Wohnungsversorgung

129. Nach den Ergebnissen der *Wohnungszählung* von 1968 lebten noch rd. 800 000 Haushalte in unzureichenden Wohnungen und Wohngelegenheiten. 600 000 kinderreiche Familien wohnten in überbelegten Wohnungen. Die Qualität und Ausstattung großer Teile des Wohnungsbestandes ist unzureichend: Von den insgesamt 20 Mio. Wohneinheiten haben 6 Mio. kein Bad, davon haben 4 Mio. keine Toilette innerhalb der Wohnung; rund 4 Mio. Wohnungen wurden vor 1900 gebaut, 1 Mio. gelten als abbruchreif.

130. *Der Neubedarf* auf Grund des natürlichen Bevölkerungswachstums, der Einkommenssteigerungen, der Veränderungen der Bevölkerungsstruktur wird in der Periode 1971—1975 jährlich rd. 300 000 bis 350 000 Wohnungen betragen.

Der Umfang des Neubedarfs wird in der Periode 1975—1980 etwas zurückgehen und voraussichtlich unter 300 000 Wohnungen liegen.

131. In der Periode 1971—1975 wird sich der Wohnungsbestand im Durchschnitt um jährlich rd. 100 000 Wohnungen durch Abriß und Umwidmungen verringern. Der dadurch entstehende *Ersatzbedarf* wird in der Phase von 1976 bis 1980 erheblich anschwellen und im Durchschnitt über 150 000 liegen. Die Obergrenze ist weniger durch den Bedarf nach besser ausgestatteten Wohnungen gezogen als durch die zur Verfügung stehenden Wohnungsbau- und Planungskapazitäten bei den Kommunen sowie durch die Finanzierungsmöglichkeiten.

132. Zu dem *Sockelbedarf* von jährlich 400 000 bis 450 000 Wohnungen kommt ein Bedarf von weiteren 100 000 Wohnungen hinzu. Er setzt sich aus folgenden Komponeten zusammen, deren Gewichte sich im Laufe der Zeit verschieben:

133. Die Wohnungszählung von 1968 macht einen erheblichen *Nachholbedarf* deutlich. Bei den Engpässen der Baukapazität und dem in der Hochkonjunktur ebenfalls anschwellenden Ersatzbedarf konnte der Nachholbedarf nicht verringert werden. Er wird sich erst in den kommenden Jahren erheblich abbauen lassen.

134. Ein funktionsfähiger Wohnungsmarkt setzt eine gewisse *Fluktuationsreserve* voraus, die bisher nicht besteht. Die entsprechende Wohnungsproduktion erscheint innerhalb kurzer Frist nicht möglich. Wir nehmen an, daß im Laufe der betrachteten Zehnjahresperiode (1970—1980) für diesen Zweck 300 000 bis 400 000 Wohnungen zur Verfügung gestellt werden können.

135. Der *Wohnungsbedarf für zuwandernde Siedler und Ausländer* wurde bisher erheblich unterschätzt. So betrug der Wanderungsgewinn in den 3 Jahren nach der Wohnungszählung rd. 1,5 Mio. Personen. Da die ausländischen Arbeitnehmer überwiegend in Verdichtungsgebiete zogen, muß angenommen werden, daß ein großer, oder sogar der größte Teil von ihnen bis heute noch nicht ausreichend untergebracht werden konnte. Viele ausländische Arbeitnehmer werden darüber hinaus noch ihre Familien oder Angehörigen nachholen. Selbst wenn man annimmt, daß der Zuwanderungsgewinn in den kommenden Jahren zurückgeht, wird der Bedarf an Wohnungen für zugewanderte Ausländer nicht gesättigt.

136. Aus den angegebenen Komponenten ergibt sich für die Zehnjahresperiode ein jährlicher *Gesamtbedarf* von über 500 000 Wohnungen. Dabei wird der Rückgang des Neubedarfs durch ein Anschwellen des Ersatzbedarfs kompensiert. Zahlen über das Jahr 1980 hinaus anzugeben, ist derzeit kaum möglich. Man muß jedoch davon ausgehen, daß sich das Schwergewicht noch mehr auf eine Modernisierung und Erneuerung unseres Wohnungsbestandes verlagern wird.

137.   Der Wohnungsbedarf wird durch den Markt allein nicht hinreichend befriedigt werden können. Ohne erhebliche *wohnungspolitische Anstrengungen* werden vor allem in den Ballungsgebieten und Entwicklungsschwerpunkten über längere Fristen Engpässe auftreten. Vor allem untere Einkommensschichten werden entweder überdurchschnittlich hohe Mietkosten zu tragen haben oder nur unzureichend mit Wohnungen versorgt bleiben.

Die Erfahrung lehrt, daß auf einem freien Wohnungsmarkt ein ausreichendes Angebot nur für obere Einkommensschichten besteht. Die frei finanzierten Neubauwohnungen sind generell so teuer, daß sie nur für kleine Gruppen in Frage kommen. Die Wohnungspolitik hat deshalb die Aufgabe, auch in Zukunft für ein Neuangebot zu sorgen, das auch für untere und mittlere Einkommensgruppen zu tragbaren Mieten führt. Daher müssen im sozialen Wohnungsbau auch weiterhin jährlich 200 000 bis 250 000 Wohneinheiten gebaut werden.

138.   *Die Wohnungsbaupolitik hat erhebliche verteilungspolitische Bedeutung.* Der derzeitige Subventionswert des Sozialwohnungsbestandes beträgt etwa 5 Mrd. DM (Subventionswert gleich potentielle Miete der preisgebundenen Wohnungen auf einem freien Markt abzüglich der tatsächlich gebundenen Miete). Diese Förderung kommt meist Haushalten mit unterdurchschnittlichen Einkommen zugute.

Als Ergänzung der Wohnungsbauförderung muß das Wohngeld erhalten bleiben. Wir halten es bei dem angestrebten Förderungsvolumen des Wohnungsbaus für notwendig, daß jährlich 700 000 bis 1 Mio. Haushalte durch Wohngeldzahlungen in die Lage versetzt werden, eine angemessene Wohnung zu mieten.

Stadtsanierung

139.   Stadtsanierung bringt eine bessere *Funktionsfähigkeit unserer Städte,* verbesserte Umweltverhältnisse und damit volkswirtschaftlichen Gewinn, wenn sie in Gebieten einsetzt,

— wo der Boden nicht entsprechend seinen Lagequalitäten genutzt wird,

— wo die Funktionsfähigkeit des Verkehrsnetzes beeinträchtigt ist,

— wo die Gefahr innerhalb der Kerngebiete der Städte besteht, daß sich durch Ansiedlung eines überdurchschnittlich hohen Anteils sozial schwacher Gruppen, alter Menschen und Ausländer Slumgebiete entwickeln,

— wo neue Gebäude in zu starkem Umfang am Stadtrand gebaut werden, obgleich erneuerungsbedürftige innerstädtische Bereiche vorhanden sind.

Qualität des Wohnungsbestandes

140.   Immer wieder zeigt sich in einzelnen Gebäuden oder einzelnen Vierteln, daß Eigentümer ohne Erhaltungs- oder Modernisierungsaufwand Wohnungen zu überhöhten Preisen überbelegt vermieten. Andere lassen ihre Gebäude verfallen, weil ihre Finanzierungsmöglichkeiten nicht ausreichen oder

weil sie nicht die notwendigen unternehmerischen Fähigkeiten besitzen, um eine solche Investition durchzuführen. In vielen Fällen verhindern unge- klärte Eigentumsverhältnisse (Erbgemeinschaften und ähnliches) eine ord- nungsgemäße Bewirtschaftung. Die Gemeinden müssen deshalb die Möglich- keit haben, zur *Sicherung der Qualität von Gebäuden und Stadtteilen einzu- greifen.* Falls notwendig, müssen sie in die Lage versetzt werden, die Finan- zierung solcher Investitionen aus öffentlichen Mitteln bereitzustellen. Um den Erneuerungsprozeß zu beschleunigen, halten wir eine Steigerung bis auf 200 000 öffentlich geförderte Wohnungen jährlich für notwendig.

Wohn- und Mietrecht

141. Ähnlich wie beim Arbeitsrecht, brauchen wir ein Wohn- und Miet- recht mit einer aus dem allgemeinen Vertragsrecht herausgehobenen Stellung. Der Mietvertrag muß auf ein *Dauerwohnrecht* hin angelegt sein, das Miet- anpassungsregelungen vorsieht. Sie müssen Korrekturen der Miethöhe bei sich ändernden Knappheitsverhältnissen und Kostenbedingungen zulassen. Ein Ausgleich zwischen den Interessen des Mieters und des Vermieters ist her- beizuführen. Die Wohnung darf kein Spekulationsobjekt, aber auch kein Zuschußunternehmen für den Eigentümer sein. Die Erfahrungen mit den in dieser Legislaturperiode erreichten Verbesserungen der Sozialklausel und des Kündigungsschutzes sind auszuwerten und bei der Formulierung des Wohn- und Mietrechts zu berücksichtigen.

Neue Wohnformen

142. Wir brauchen nicht nur mehr, sondern auch *bessere Wohnungen.* Vor allem müssen Wohnungen geschaffen werden, die sich an die jeweiligen Bedürfnisse ihrer Bewohner anpassen lassen und nicht nur auf die Funktionen Schlafen, Essen, Fernsehen zugeschnitten sind. Mit zunehmender Freizeit muß es möglich sein, den Familien in ihren Wohnungen oder in entsprechen- den Gemeinschaftsräumen neue Betätigungsmöglichkeiten zu schaffen. Dazu sind neben den Programmen des sozialen Wohnungsbaus entsprechende *Ex- perimentierprogramme* zu fördern.

143. Wir streben eine durchschnittliche jährliche Steigerung der staat- lichen Aufwendungen für Städtebau und Wohnungswesen (Tz. 120—142) von 6,5 v. H. an mit einer Bandbreite von 6,0 v. H. bis 6,8 v. H. Darin sind die kommunalen Gemeinschaftsdienste, die zum größten Teil dem Umweltschutz dienen (s. Tz. 157—162), mitenthalten.

Verkehr

144. Stärkere *Konzentration der Bevölkerung* in Schwerpunkten ist einerseits Voraussetzung für ein besseres Verkehrsangebot, andererseits wird durch die Verkehrsplanung die zukünftige Siedlungsstruktur beeinflußt.

Sozialdemokratische Verkehrsplanung wird das Verkehrsaufkommen nicht zunehmend dem privaten Kraftfahrzeugverkehr überlassen, sondern dem jeweils gesamtwirtschaftlich günstigsten und umweltfreundlichsten Verkehrsträger übertragen. Eine größere räumliche Verkehrsdichte gebietet eine Verlagerung des Verkehrsaufkommens auf den öffentlichen, besonders auf den umweltfreundlichen schienengebundenen Verkehr. Gesamtwirtschaftlich ist der *öffentliche Verkehr* billiger.

Nahverkehr

145. Der Bund hat mit dem Gemeindefinanzierungsgesetz die finanzielle Grundlage für die Verbesserung der *kommunalen Verkehrsverhältnisse* geschaffen. Wir wollen keinen „autogerechten" Ausbau der Kernbereiche in den Großstädten. Schon die bisherige Situation hat unverantwortlich hohe Kosten und Verluste gebracht. Historisch gewachsene Städtebilder wurden zerstört. Eine bessere *Verkehrsteilung* zwischen dem flächenaufwendigen individuellen und dem flächensparenden öffentlichen Verkehr ist zwingend geboten. Voraussetzung sind jedoch attraktive öffentliche Personennahverkehrsmittel und *Konzentration des Städte- und Wohnungsbaus auf die Haltestellen und Knotenpunkte der öffentlichen Verkehrsmittel.*

146. Die Rationalisierungsmöglichkeiten in den Verkehrsbetrieben sind nahezu erschöpft. Bei der Lohnintensität der öffentlichen Personennahverkehrsbetriebe ist auch nicht zu erwarten, daß die Erträge bis zur Kostendeckung gesteigert werden können. Die öffentlichen Verkehrsbetriebe werden in ihre Preispolitik auch weiterhin soziale und *gemeinwirtschaftliche Gesichtspunkte* einbeziehen müssen.

147. Im öffentlichen Personennahverkehr regeln sich Angebot und Nachfrage immer weniger über den Preis. *Verbesserte Leistungsangebote* (Schnelligkeit, Pünktlichkeit, Komfort und Netzdichte) sind ein wirksamerer Beitrag zur Lösung der Nahverkehrsprobleme als der Null-Tarif. Der Null-Tarif im öffentlichen Nahverkehr würde zusätzlich 3,5 Mrd. DM jährlich aus dem öffentlichen Haushalt erfordern, ohne daß im größeren Umfang PKW-Fahrer veranlaßt würden, auf öffentliche Verkehrsmittel überzuwechseln.

Ein weiterer Weg zur Steigerung der Attraktivität öffentlicher Verkehrsmittel ist der *Verkehrsverbund.* Gemeinschaftstarife und tarifliche Sonderangebote fördern die Attraktivität des öffentlichen Personennahverkehrs, besonders in den verkehrsschwachen Zeiten.

Fernverkehr

148.   Die *Eisenbahn* ist gesamtwirtschaftlich der leistungsfähigste und der umweltfreundlichste Verkehrsträger.

Daraus folgt die Notwendigkeit, die Bundesbahn auf ihre Zukunftsaufgaben umzustellen. Wegen der langfristigen Kapitalbindung und hohen Personalkosten im Eisenbahnbetrieb ist eine vorausschauende Unternehmensplanung notwendig. Die Trennung der Finanzierung nach kostenorientierten wirtschaftlichen Funktionen und gesellschaftspolitisch motivierten sozialen Funktionen würde dies erleichtern.

149.   Die von der Eisenbahn angebotenen Leistungen im Güter- und Personenverkehr werden auf dem Prinzip der *Transportkette* beruhen. Schnelle Knotenpunktdienste sollen zusammen mit den ergänzenden Diensten auf der Straße — *kombinierter Verkehr* — die Wettbewerbsfähigkeit der Schiene stärken. Der teuere und umständliche Sammel- und Verteilerverkehr auf der Schiene muß abgebaut werden. Der kombinierte Verkehr entlastet die Straßen und verbessert die Transportleistung.

150.   Die Deutsche Bundesbahn hat ein *Ausbauprogramm für die Zeit von 1971—1985* vorgelegt, das wir ausdrücklich unterstützen. Dieses Ausbauprogramm enthält alle notwendigen Maßnahmen, um das aus dem 19. Jahrhundert stammende Schienennetz den Anforderungen der weiteren Zukunft anzupassen.

151.   Die Bundesrepublik kann mit ihrem bedeutenden Überseehandel auf eine eigene *Handelsflotte* und *Luftfahrt* nicht verzichten.

152.   Die Verkehrspolitik muß durch *eine einheitliche Systemplanung aller Verkehrsträger* bestimmt werden (integriertes Verkehrssystem), die sich für die Förderung des jeweils günstigsten Verkehrsträgers entscheidet, sei es Schienen-, Straßen-, Flug-, Binnenschiffverkehr oder Rohrleitungstransport. In dieses System ist besonders der Bundesfernstraßenbau einzubeziehen. Für die Planung des Rohrleitungstransportes ist ein stärkerer gesetzlicher Einfluß des Bundes notwendig. Die technische Entwicklung der Hochleistungsschnellbahn muß weiter vorangetrieben werden.

Verkehrssicherheit

153.   Sichere Verkehrsteilnehmer, *sichere Kraftfahrzeuge und sichere Straßen* sind die Voraussetzungen für einen erfolgreichen Kampf gegen den Unfalltod. Gesetzliche Vorschriften reichen nicht aus. Der Staat ist auf die Mithilfe der Automobilhersteller und der Verkehrsteilnehmer angewiesen.

In den nächsten Jahren werden mehr als bisher sicherungstechnische Anlagen zur Verkehrsbeeinflussung eingesetzt. Sie werden den Verkehrsablauf automatisch erfassen und den Verkehrsteilnehmern Hinweise durch optische oder radiotechnische Einrichtungen geben.

154. Bis 1975 werden mit einem Kostenaufwand von ca. 1 Mrd. DM 400 *schienengleiche Bahnübergänge* beseitigt. Weitere 3 Mrd. DM werden dafür bis 1985 aufgewandt werden müssen.

155. Eine weitere Aufgabe bleibt der Ausbau des *Unfallrettungsdienstes.* Wir wollen ein öffentlich geplantes Rettungssystem mit öffentlichen und privaten Trägern einführen.

156. Wir streben eine durchschnittliche jährliche Steigerung der staatlichen Aufwendungen für Verkehr (Tz. 144—155) von 8,9 v. H. an mit einer Bandbreite von 8,4 v. H. bis 9,3 v. H.

Umweltschutz

157. Die Nutzung der natürlichen Hilfsquellen führt ebenso wie in anderen Industrieländern auch in der Bundesrepublik zu Luftverschmutzung, Gefahren für die Wasserversorgung, Verlust an Erholungsgebieten, Verfall von Wirtschafts- und Kulturgütern. Die *Wertverluste* sind hoch. Das ganze Ausmaß der Gefahr wurde unterschätzt. Trotz vielfältiger Ansätze zum Umweltschutz im Gewerberecht, im Wasserrecht, im Lebensmittelrecht und in zahlreichen technischen Richtlinien und trotz des hohen Standes der Umweltschutztechnik waren die Maßnahmen bisher weder ausreichend koordiniert noch in eine langfristig angelegte Umweltpolitik eingebettet.

158. Notwendig ist daher ein *Umweltprogramm,* das die Grundzüge einer auf lange Sicht angelegten Politik darlegt und Aktionsprogramme für die einzelnen Schutzbereiche Boden, Wasser, Luft und Lärm entwickelt.

Ein solches Programm hat folgende Ziele:

1. Das *Prinzip der Umweltfreundlichkeit* muß in allen Bereichen der Gesellschaft, besonders aber bei der Entwicklung technischer Neuerungen durchgesetzt werden.

2. Ein neues *Umweltrecht* schafft die Grundlagen für eine wirksame Umweltpolitik und Umweltplanung.

3. Das *Verursachungsprinzip* (bzw. Vermeidbarkeitsprinzip) wird durchgesetzt, damit jeder, der die Umwelt belastet oder sie schädigt, auch für die Kosten dieser Belastung oder Schädigung aufkommt.

4. In allen Teilen der Bevölkerung ist das *Umweltbewußtsein* zu stärken oder zu wecken.

5. *Belastungsgrenzen* für die Umwelt müssen ermittelt werden. Ihre Einhaltung muß ständig beobachtet und durchgesetzt werden.

6. Eine wirksame *internationale Zusammenarbeit* auf dem Gebiet des Umweltschutzes ist notwendig.

Kritischer als bisher werden Investitionsentscheidungen der öffentlichen Hand und der Wirtschaft überprüft werden müssen, ob sie neue Umweltbelastungen zur Folge haben.

Dieses Programm soll die Umwelt lebenswert gestalten, nicht nur für den Besitzer eines Hauses im Grünen, sondern auch für Großstadtkinder, für Alte und Kranke.

159. *Die Kosten der Umweltbelastung muß nach dem Verursachungsprinzip tragen, wer für ihre Entstehung verantwortlich ist.* Das bedeutet nicht, daß als Verursacher immer nur der anzusehen ist, bei dem die Umweltbelastung offensichtlich wird. Als Verursacher muß vielmehr auch angesehen werden, wer durch Produktion eines bestimmten Gutes spätere Umweltbelastung hervorruft.

160. Das Schwergewicht der öffentlichen Ausgaben für den Umweltschutz liegt bei den Investitionen für ausreichende *Klär- und Müllbeseitigungsanlagen.* So werden die Investitionen in der Abfallbeseitigung für die nächsten 15 Jahre auf 2,8 Mrd. DM und für Kläranlagen und Kanalisation im Rahmen der Gewässerreinhaltung auf 43 Mrd. DM geschätzt.

161. Kompetenz und Finanzierung des Umweltschutzes sollen sich im Verhältnis von Europäischen Gemeinschaften, Bund, Ländern und Gemeinden nach dem jeweils *übergeordneten Interesse* richten. Wenn ein Schaden mehrere Gebietskörperschaften übergreifend auftritt, muß die Kompetenz an die nächst höhere Ebene gehen.

162. Unsere Umweltpolitik wird sich auch *steuerpolitischer Maßnahmen* bedienen. Produkte, deren Beseitigung als Abfall nicht ohne einen unverhältnismäßig hohen Aufwand möglich ist, werden — wo ein Verbot nicht zweckmäßig ist — besteuert. Die Steuer wird beim Produzenten oder beim Importeur erhoben. Sie wird so bemessen, daß mindestens die Kosten der Beseitigung der Schäden gedeckt und umweltfreundliche Konkurrenzprodukte gefördert werden können. Ein Schritt zur umweltfreundlichen Besteuerung ist die Reform der Kraftfahrzeugsteuer.

163. *Die Finanzierung des Umweltschutzes geht nach dem Verursachungsprinzip zu Lasten desjenigen, der die Umweltbelastung herbeiführt. Unabhängig davon müssen die Gemeinden ihre Aufgaben, wie z. B. Kanalisation und Müllbeseitigung, wahrnehmen. Diese Aufwendungen sind in der Funktion 9 unter „Kommunale Gemeinschaftsdienste" erfaßt.*

Wirtschaftsstruktur

164. *Strukturwandel* ist sowohl unerläßliche Bedingung wie auch Folge gesamtwirtschaftlichen Wachstums und einer besseren internationalen Arbeitsteilung. Durch ihn wird die Produktivitätssteigerung weltweit gefördert. Erst der Strukturwandel in Industrieländern schafft den Entwicklungsländern Raum für eine stärkere Beteiligung am Welthandel und gibt ihnen die Chance, sich aus eigener Kraft zu entwickeln.

Strukturpolitik

165. Die Unternehmen stehen vor der Notwendigkeit, sich ständig neuen, durch den technischen Fortschritt gesetzten Bedingungen anzupassen, wenn sie sich im nationalen und internationalen Wettbewerb behaupten wollen. Durch diese Anpassung werden gesamtwirtschaftlich die Ressourcen besser genutzt.

Als Grundsatz muß gelten, daß die Unternehmen notwendige Anpassungen aus eigener Kraft vollziehen. Nur dort, wo durch Strukturveränderungen krisenhafte Entwicklungen entstanden oder zu befürchten sind, sollte die sektorale Strukturpolitik durch vorbeugende Arbeitspolitik und durch aktive Förderung der Anpassung eingreifen. Ihrem Zweck entsprechend muß die Förderung von vornherein zeitlich begrenzt sein. Investitionshilfen müssen auf verteilungspolitische Ziele Rücksicht nehmen.

166. Sozialdemokratische Strukturpolitik fördert auch den *Wandel zugunsten der Entwicklungsländer.* Zunehmend können und sollen unter den weltweit günstigsten Bedingungen Industrieprodukte hergestellt werden. Diese Strukturpolitik hilft, die Handelslücken der Entwicklungsländer zu schließen. Bei uns werden Arbeitskräfte und Kapital für Wachstumsindustrien und Dienstleistungen frei.

167. Um den Strukturwandel zu erleichtern, müssen *rechtliche Beschränkungen* von Gewerbe und Produktion, die nicht aus übergeordneten gesellschaftspolitischen Zielsetzungen (wie Raumordnung, Umweltschutz) erforderlich sind, beseitigt und *Handelshemmnisse* und ähnliche Beschränkungen in der Außenwirtschaft abgebaut werden.

Darüber hinaus muß über die Entwicklung von Märkten und Technologien besser informiert werden.

Soziale Leistungen, die die Mobilität der Arbeitnehmer einschränken, müssen in *mobilitätsneutrale Leistungen* umgewandelt werden. Das gilt besonders für die betriebliche Altersversorgung.

168. Die *kleinen und mittleren Unternehmen* im produzierenden Gewerbe und im Handel haben besondere Schwierigkeiten, sich dem schnellen Strukturwandel anzupassen. Die Zahl der Betriebe geht in diesen Sektoren zurück.

Eine ausreichende Zahl von kleinen und mittleren Betrieben im Produktions- und Dienstleistungsbereich bleibt für eine optimale Versorgung der Bevölkerung mit einem vielseitigen Angebot an Waren und Dienstleistungen notwendig. Sie dient zugleich der *Erhaltung des Wettbewerbs* und der *Wahlmöglichkeiten für die Arbeitnehmer* auf dem Arbeitsmarkt.

169. Für kleine und mittlere Unternehmen, die nicht den gleichen *Zugang zum Kapitalmarkt* wie Großunternehmen haben, müssen neue Möglichkeiten der Eigenkapitalbildung entwickelt werden. Die Beteiligung von privaten Kapitalfinanzierungsgesellschaften an kleinen und mittleren Unternehmen sollte verstärkt werden. Flexible Unternehmensführung, kooperatives Verhalten und stärkere Nutzung von genossenschaftlichen Organisationsformen geben diesen Unternehmen auch bei zunehmenden Anforderungen Chancen für die Zukunft. Durch Unternehmerschulung kann der Vorsprung der Großunternehmen im Management ausgeglichen werden.

Das Rationalisierungskuratorium der deutschen Wirtschaft könnte stärker zu einem besonderen Beratungsinstrument für kleine und mittlere Unternehmen ausgebaut werden.

Mittlere Betriebe haben im Zuge der Spezialisierung und Differenzierung bei der Produktion von Gütern und Diensten eine echte Chance in der Wirtschaft. Das verbesserte *Kartellgesetz* gibt der Kooperation der mittleren Unternehmen neue Möglichkeiten.

170. Für das Wachstum ist die *Innovationskraft* unserer Wirtschaft besonders bedeutsam. An ihrer Stärkung besteht ein gesellschaftliches Interesse. Angesichts der Knappheit der Ressourcen müssen *Förderungskriterien* stärker als bisher an gesellschaftlichen Zielen orientiert werden. Solche Kriterien sind u. a.:

— Schaffung zukunftssicherer Arbeitsplätze durch bevorzugte Förderung wachstumsintensiver Projekte,

— Bedeutung der öffentlichen Aufgabe, zu der das geförderte Projekt beitragen soll,

— Beitrag zur äußeren und wirtschaftlichen Sicherung der Bundesrepublik,

— Breitenwirkung einer neuen Technologie zur Entwicklung des allgemeinen wissenschaftlich-technischen Standes in der Gesellschaft.

Wettbewerbspolitik

171. In einer fortschrittlichen Marktwirtschaft müssen *Wettbewerb und öffentliche Planung* einander ergänzen. Sie sind Instrumente, die im Rahmen unserer allgemeinen Ziele ein Höchstmaß an individueller Entscheidungsfreiheit ermöglichen sollen. Im Godesberger Programm heißt es: „Wettbewerb soweit wie möglich — Planung soweit wie nötig".

Wettbewerb ist nicht ohne stetige Gefährdung und Probleme z. B.:

— mangelnde Startchancengleichheit in der Wirtschaft,

— monopolistische/oligopolistische Strukturen auf Waren-, Dienstleistungs- und Kapitalmärkten,

— technologisch und rationalisierungsbedingte Konzentrationen.

172. Um über den Wettbewerb mehr *individuelle Freiheit, mehr Dezentralisierung ökonomischer Entscheidungen, mehr Initiative und Leistungsanreize* zu verwirklichen und die angeführten Hemmnisse zu vermindern, müssen u. a. folgende Maßnahmen in Angriff genommen werden:

— wirksamere Kontrolle von Marktmacht im privaten Unternehmensbereich einschließlich der vorbeugenden Fusionskontrolle. Die Kontrollmethoden können dabei variieren, etwa nach Sektoren (Industrie, Finanzierung, Informationsmedien, Versicherungen),

— Aufhebung der Preisbindung der zweiten Hand, sowie ähnlicher Praktiken,

— schärfere Kontrolle und Einschränkung der Werbung,

— Aufklärung und Schutz des Verbrauchers,

— Stärkung der leistungsfähigen mittleren und kleinen Unternehmen und des Handwerks,

— Förderung der Mobilität von Arbeit und Kapital,

— vollständige Herstellung eines großen europäischen Binnenmarktes,

— stärkere Anlastung der sozialen Kosten bei der Produktion von Gütern und Diensten.

173. *Gemeinwirtschaftliche und öffentliche Unternehmen* können dienen:

— als Korrektiv und zur Stimulierung des Wettbewerbs in stark konzentrierten Branchen,

— zur Durchsetzung allgemeiner und öffentlicher Interessen (Verkehr, Information, Banken und Versicherungen etc.),

— zur Förderung sozialer Gruppen, die sich aufgrund ihrer Zersplitterung und wirtschaftlicher Schwäche nicht von selbst behaupten können.

Regionale Strukturpolitik

174. Die regionale Wirtschaftspolitik muß besonders dort vorbeugend und flankierend wirken, wo sich ein *regional konzentrierter Strukturwandel* vollzieht oder wo das *Wirtschaftsniveau* erhöht werden soll.

Begünstigungen von Investitionen, insbesondere der Industrie und des Fremdenverkehrsgewerbes, stärken die Wirtschaftskraft. Sie bildet die ökonomische Grundlage für ein höheres Wohlstandsniveau der Region.

So verstanden, ist die regionale Wirtschaftspolitik regionalisierte Wachstumspolitik, die dort eingreift, wo bei vorhandener Entwicklungsbedürftigkeit eine *zureichende Entwicklungsfähigkeit* gegeben ist. Eine solche Wachstumspolitik, die zugleich auch die Verlagerung von Arbeit und Kapital in produktivere Bereiche der Wirtschaft fördert, ist eine der Bedingungen, um das angestrebte reale Wachstum des Bruttosozialprodukts zu erreichen.

175. Während im Zeitraum bis 1975 die Schaffung neuer Arbeitsplätze durch die Errichtung und Erweiterung gewerblicher Produktionsbetriebe im Vordergrund der regionalen Strukturpolitik stehen wird, muß sie in der Zeit danach, will sie Wachstumspolitik bleiben, wesentlich stärker als bisher die *Intensivierungsinvestitionen* zur Steigerung der Produktivität erleichtern.

In der gegenwärtigen Phase allerdings gilt weiter, daß die Regionalpolitik zum produktiveren Einsatz von Arbeitskräften Arbeitsplätze bieten muß, um damit die Einkommenssituation der Arbeitnehmer in schrumpfenden Sektoren und der ausscheidenden Landwirte in den schwächeren Regionen zu verbessern. Ab 1975 wird sich die Schaffung neuer Arbeitsplätze nicht in dem Maße fortsetzen wie bisher, weil dann ein hoher Sättigungsgrad erreicht ist. Neben der Schaffung von Arbeitsplätzen für ausscheidende Landwirte (30 000 jährlich) werden dann im wesentlichen Umstellungen und Infrastrukturausbau gefördert.

Agrarstrukturpolitik

176. Für die Landwirtschaft bedeutet der Strukturwandel,

— daß die Entwicklungsmöglichkeit der Agrarproduktion von der *Nachfrage* her stark begrenzt bleiben wird,

— daß das wachsende *Angebot* in Verbindung mit dem sich verschärfenden Wettbewerb in der erweiterten Gemeinschaft weiterhin zu gegenüber der Kostenentwicklung unzureichenden Agrarpreisen führen wird, und

— daß gleichzeitig der berechtigte Anspruch der in der Landwirtschaft Erwerbstätigen auf höhere *Einkommen,* auf bessere Lebensbedingungen und auf mehr soziale Sicherheit wächst.

Auch zukünftig müssen die Probleme der Landwirtschaft aus europäischer Sicht gesehen werden. Bei aller Kritik an der Agrarpolitik der Europäischen Gemeinschaften ist eindeutig, daß der gemeinsame Agrarmarkt ein entscheidender Integrationsfaktor für die heutige Gemeinschaft ist.

177.   Unsere Agrarpolitik wird sich an folgender *Modellrechnung* orientieren:

Unter den Annahmen, daß

— die Wertschöpfung der Landwirtschaft mit einer jährlichen Rate von 1 v. H. zunimmt,

— die Einkommen je Erwerbstätiger in der übrigen Wirtschaft dem bisherigen Trend folgen,

— der relative Einkommensabstand zwischen den in der Landwirtschaft und in der übrigen Wirtschaft Tätigen konstant bleibt,

reicht die vorausgeschätzte Wertschöpfung der Landwirtschaft zur Befriedigung der Einkommensansprüche von 4,13 Mio. Erwerbstätigen in den Europäischen Gemeinschaften und von 1,05 Mio. Erwerbstätigen in der Bundesrepublik aus.

Wenn, wie in der nachfolgenden Übersicht unterstellt wird, in den zehn Jahren von 1970 bis 1980 ca. 40 v. H. der Erwerbstätigen altersbedingt aus der Landwirtschaft ausscheiden, dann müssen immer noch 1,39 Mio. erwerbstätige Männer und Frauen in der EG, davon rd. 300 000 in der Bundesrepublik vor dem Erreichen der Altersgrenze den Sektor Landwirtschaft verlassen. Nur dann können die Verbleibenden an der allgemeinen Wohlstandsentwicklung teilnehmen.

| | Erwerbstätige | |
	EG	BRD
1970	9,20 Mio.	2,24 Mio.
./. 40 v. H.	3,68 Mio.	0,89 Mio.
1980	5,52 Mio.	1,35 Mio.
Nach der *Modellrechnung* ergibt sich 1980 ein ausreichender Einkommensanspruch für	4,13 Mio.	1,05 Mio.
Zusätzlich würden ausscheiden	1,39 Mio.	0,30 Mio.

178.   Dieser Konflikt kann nur durch eine *integrierte Agrar-, Wirtschafts- und Sozialpolitik* gelöst werden mit dem Ziel, auch den Menschen in den ländlichen Räumen eine gesicherte Zukunft zu garantieren.

Die regionale Wirtschaftspolitik hat die Aufgabe, Arbeitsplätze für die 30 000 jährlich aus der Landwirtschaft ausscheidenden Erwerbstätigen zu schaffen.

179.   Eine *sozial befriedigende Lösung der Umstrukturierung* kann nur durch folgende ineinandergreifende Maßnahmen erreicht werden:

— Entwicklungs- und auch in Zukunft wettbewerbsfähige Betriebe und Produktionseinheiten werden selektiv gefördert.

— Kostengünstigere Produktion wird durch weitere Rationalisierung und durch Förderung der Kooperation unterstützt.

— Erzeugung und Vermarktung werden aufeinander abgestimmt und nach regionalen Schwerpunkten ausgerichtet.

— Der Landwirt als Unternehmer wird besser betriebs- und volkswirtschaftlich geschult.

— Durch Umschulung werden Landwirte auf die Übernahme einer qualifizierten Tätigkeit in der gewerblichen Wirtschaft vorbereitet.

180.   Eine vorausschauende *Sozialpolitik* ist die wichtigste Ergänzung der notwendigen Strukturverbesserungen. Sie dient sowohl den verbliebenen als auch den ausscheidenden Bauern. Die in den letzten Jahren eingeleiteten sozialpolitischen Maßnahmen sind fortzuführen und auszubauen, vor allem

— die Verbesserung (Dynamisierung) der landwirtschaftlichen Alterssicherung, speziell der Landabgaberente;

— die Möglichkeiten der Nachversicherung in der Rentenversicherung für ausscheidende Landwirte;

— die Leistungen der Unfallversicherung für die verbleibenden Landwirte.

181.   Landwirte, die ihren Hof aufgeben, um einen außerlandwirtschaftlichen Beruf zu ergreifen, müssen *von den Belastungen befreit* werden, die ihnen bei der Durchführung von Maßnahmen zur Verbesserung der Landeskultur durch öffentliche oder öffentlich verbürgte Darlehen auferlegt worden sind.

182.   *Wir streben eine durchschnittliche jährliche Steigerung der staatlichen Aufwendungen für die Wirtschaftsstrukturpolitik (Tz. 164—181) von 3,6 v. H. an mit einer Bandbreite von 3,1 v. H. bis 3,8 v. H.*

Vermögensbildung

183.   Eine der großen Ungerechtigkeiten in unserer Gesellschaft ist die *Verteilung des Produktivvermögens.* Die allgemein nicht bestrittene Schätzung von Siebke, die eine Fortschreibung des Krelle-Gutachtens für das Jahr 1966 darstellt, besagt, daß 1,7 v. H. der Bevölkerung 31 v. H. des gesamten privaten Vermögens besaßen. Ferner hielten 1,7 v. H. der Bevölkerung 74 v. H. des Eigentums an gewerblichen Unternehmen (Produktivvermögen) in Händen.

184.   Wir Sozialdemokraten wollen einen Teil des Vermögenszuwachses, der durch den gemeinsamen Einsatz von Arbeit und Kapital entsteht, denen, die diesen Zuwachs mit erwirtschafteten, zur Verfügung stellen. Dazu wird für Unternehmen ab einer bestimmten Größe eine *Vermögensbildungsabgabe* eingeführt.

Die Bemessungsgrundlage für die steuerlich nicht absetzbare Vermögensbildungsabgabe wird entweder die Investition oder der Ertrag oder eine Kombination von beiden sein.

Der Umverteilungseffekt tritt nur ein, wenn die Beteiligungswerte nicht in Einkommen, das dem Konsum zufließt, umgewandelt werden. Dezentral organisierte und miteinander *konkurrierende Beteiligungsfonds* werden geschaffen. Dem Arbeitnehmer wird die Wahl des Anlagefonds freigestellt. Die Fonds unterstehen der Kontrolle von Aufsichtsgremien, die von den beteiligten Arbeitnehmern gewählt werden[1]).

185. Die *Sparförderung* und die Vermögensbildung nach dem 3. Vermögensbildungsgesetz (624-DM-Gesetz) bleiben unberührt. Die begünstigten Anlageformen werden aber vereinheitlicht. Es wird ein *einheitliches Sparprämiengesetz* geschaffen, mit einheitlichen Einkommensgrenzen.

186. Damit Bürger und Staat die Vermögensverteilung und die verteilungspolitischen Maßnahmen erkennen und beurteilen können, müssen endlich die notwendigen *statistischen Grundlagen* geschaffen werden.

187. Die staatlichen Aufwendungen für die Sparförderung und das 3. Vermögensbildungsgesetz sind in den Aufwendungen für die „soziale Sicherung" und für „Städtebau, Wohnungswesen und kommunale Gemeinschaftsdienste" enthalten.

---

[1]) Vgl. die Vorschläge der Kommission Vermögensbildung in Teil IV.

Öffentliche Dienste und Staatsorganisation

188. Mit steigendem Wohlstand nimmt auch die Nachfrage nach öffentlichen Gütern und Diensten zu, und zwar überproportional. Zugleich nimmt — im Verhältnis der Gesamtaufgaben — *der Anteil der Hoheitsaufgaben ab. Die Anforderungen an die Leistungsverwaltung steigen.* Es bedarf großer Anstrengungen, damit diesen Anforderungen entsprochen werden kann.

Staats- und Verwaltungsorganisation

Bund und Länder

189. *Die Neugliederung des Bundesgebietes in annähernd gleich große und leistungsfähige Länder ist notwendig,* um die Funktionsfähigkeit der bundesstaatlichen Ordnung zu sichern. *Sie soll bis 1977 abgeschlossen sein.*

190. Der zentralistische Staat bietet keineswegs die Gewähr dafür, daß in kürzerer Zeit bessere Entscheidungen fallen; *leistungs- und erneuerungsfähig ist weit eher ein Bundesstaat,* in dem die Gliedstaaten vielfältige demokratische Initiativen entwickeln können.

Aufgaben und Finanzverantwortlichkeiten müssen zwischen Bund und Ländern klar *unterscheidbar sein.* Unrationelle Mischverwaltung und Mischfinanzierung müssen vermieden werden.

Dennoch ist zwischen Bund und Ländern eine *Koordinierung bei der Planung von Aufgaben erforderlich, die für die Gesamtheit im Interesse gleichwertiger Lebensverhältnisse bedeutsam sind* (Rahmenplanung). Dieser Rahmen muß für die Beteiligten verbindlich sein. Ausgestaltung und Ausführung der Rahmenplanung durch eigene Programm- und Maßnahmenplanung müssen jedoch den eigentlichen Aufgabenträgern verbleiben.

191. Für die *demokratische Legitimation* der Planung vor allem durch eine hinreichende Beteiligung der Parlamente am Planungsprozeß muß ein angemesseneres und wirksameres Verfahren entwickelt werden; in dem Zusammenhang sind vor allem Funktion und Zusammensetzung des Bundesrates zu bedenken.

Verwaltungsstruktur

192. Wir wollen eine Verwaltung, die so unbürokratisch, bürgernah und flexibel wie möglich arbeitet. Es gilt für jede Aufgabe, die günstigste Verwaltungsebene und die optimale Betriebsgröße zu finden. *Jede Verwaltungsebene muß von einem direkt zugeordneten und unmittelbar demokratisch legitimierten Organ kontrolliert werden.*

193. Die Verwaltung soll soweit wie möglich Methoden der *Erfolgskontrolle* nutzen. Verwaltungsebenen gleicher Ordnung sollten miteinander in der Lösung von Problemen wetteifern und nicht im repräsentativen Aufwand. Um die beste Lösung zu finden, können auch parallele Versuche helfen. Dabei soll vor allem erkennbar bleiben, auf wessen Entscheidung ein Ergebnis zurückgeht.

194. Wir sind uns bewußt, daß unvermeidbare *Zielkonflikte* einer Verwaltungsreform Grenzen setzen:

— Maximale Beteiligung der Bürger einerseits und optimale Erfüllung der Verwaltungsaufgaben andererseits,

— Stärkung des politischen Handlungsbewußtseins des einzelnen Verwaltungsangehörigen und seine Bindung an Recht und Gesetz.

— Mitbestimmung der Verwaltungsangehörigen einerseits, andererseits Kontrolle der Verwaltung durch die Verfassungsorgane,

— Bündelung von Zuständigkeiten der Verwaltung einmal nach Sachzusammenhängen, zum anderen nach der Funktion des Verwaltungsträgers.

195. Wir streben in der *gebietlichen Verwaltungsreform* folgende Ziele an:

— Gebietskörperschaften, Raumordnungsbereiche und regionale Planungseinheiten sollen einander nicht überschneiden.

— Die Verwaltungseinheiten werden wesentlich vergrößert.

— Gleiche Zuständigkeitsräume gelten in regionaler Abstufung für alle Zweige der Verwaltung.

196. Hierbei müssen folgende *Mindestergebnisse* erreicht werden:

— Die Kreisreformen müssen in der ersten Stufe zu Maßstabsgrößen von in der Regel 150 000 Einwohnern führen. Unterstützt durch die Neugliederung des Bundesgebietes werden in der zweiten Stufe Regionalkreise mit größerem Gebietszuschnitt und erheblich erweiterten Aufgaben gebildet.

— In der zweiten Stufe entfallen die Regierungsbezirke. Soweit bei Sonderverwaltungen mittlere und untere Landesbehörden nicht in die Kreise eingegliedert werden können, werden deren Zuständigkeitsbezirke den neuen Kreisgrenzen angeglichen.

— Die Gemeinden werden zu Großgemeinden zusammengefaßt, die je nach Siedlungsdichte mindestens 10 000 bis 20 000 Einwohner haben. In extrem dünn besiedelten Regionen sind Abweichungen möglich.

— Zur besseren Ordnung der Verdichtungsräume wird bei intensiver Verflechtung die Eingemeindung gefördert. Im weiteren Verflechtungsraum der Ballungsgebiete werden regionalstädtische Lösungen gefunden werden müssen.

197.   Wir streben in der *funktionalen Verwaltungsreform* folgende Ziele an:

— Regierungs- und Verwaltungsaufgaben werden schärfer als bisher voneinander getrennt.

— Die Anwendung von Managementsystemen in der Verwaltung wird ausgebaut und gefördert.

— Gruppenarbeit innerhalb und zwischen Verwaltungseinheiten wird erleichtert.

— Die Möglichkeiten zur Delegation und Vertretung in der Verwaltung werden verstärkt.

— Die Überschaubarkeit des Verwaltungsaufbaus wird durch Beseitigung von Zwischeninstanzen, insbesondere im Zuge der Gebietsreformen, vergrößert.

— Datenbanken mit zentralem Verbund und geschütztem Zugang zu ihren Datenbeständen werden eingerichtet.

— Das allgemeine Verwaltungsrecht und das Verwaltungsverfahrensrecht werden kodifiziert.

— Die Verwaltungsforschung wird praxisbezogen gefördert und auch institutionell näher an die Praxis herangeführt.

198.   *Wir streben eine durchschnittliche jährliche Steigerung der staatlichen Aufwendungen für die zentrale Verwaltung (Tz. 188—197) von 4,8 v. H. an mit einer Bandbreite von 3,9 v. H. bis 5,3 v. H.*

Öffentliches Dienstrecht

199.   Der öffentliche Dienst sollte sich nur soweit von der allgemeinen Arbeitswelt *unterscheiden, als dies nach seiner Funktion unvermeidlich ist.* Der Personalaustausch zwischen Wirtschaft und öffentlichem Dienst darf nicht unnötig kompliziert werden.

Nicht gerechtfertigte Unterscheidungen sind aufzuheben. Eine unterschiedliche Behandlung nach Besoldung, Ausbildung, Entwicklungsmöglichkeiten und sonstigen Rechten (Beamte, Arbeitnehmer) bei im übrigen gleicher Funktion hemmt den Leistungswillen.

Ein völliger rechtlicher Umbruch mit Verfassungsänderungen ist kaum erreichbar und auch nicht erforderlich. *Reformen sind auch hier nur schrittweise möglich;* die betroffenen Beziehungen und Interessen sind sehr kompliziert.

200.   Folgende Prinzipien und Maßnahmen sind besonders wichtig:

— Es gibt weiterhin einen *Funktionsvorbehalt* für Beamte, er wird durch einen *für Arbeitnehmer* ergänzt.

— Der Funktionsvorbehalt für Beamte wird auf einige wenige untereinander in einem Sinnzusammenhang stehende Funktionen begrenzt: Sicherung des Staates und der Existenz seiner Bürger, Eingriff des Staates in die Rechte der Bürger, unmittelbare verantwortliche *Vorbereitung* und Auswertung *parlamentarischer Entscheidungen.*

— Die vorbehaltenen Beamtenfunktionen werden von Verwaltung zu Verwaltung nach Konsultation der Sozialpartner vom Gesetzgeber *enumerativ* festgelegt.

— Für beide Gruppen bleibt es im Kern bei der bisherigen Rechtsgestaltung: *Gesetzgebungsmaxime* für Beamte, *Vertragsmaxime* für Arbeitnehmer.

201.   Die *Besoldungssysteme* werden auf der Grundlage des *Leistungsprinzips* einander angenähert.

— Das Alimentationsprinzip wird beseitigt. Jeder Bedienstete hat Anspruch auf das seiner Aufgabe und seiner Leistung entsprechende Gehalt.

— Im Besoldungssystem ist innerhalb von Funktionsgruppen eine aufsteigende Differenzierung nicht mehr automatisch alle zwei Jahre durch Zeitablauf, sondern durch individuelle Leistung vorzusehen. Hilfsweise können höhere Leistungsstufen auch durch Zeitablauf erreicht werden, dann aber nach vier oder fünf Jahren und im ganzen nur vier- oder fünfmal.

— Beförderung nach Befähigung. Personalvertretungen haben Vorschlags- und Mitbestimmungsrecht.

— Berufsbegleitende Fortbildung unter Mitwirkung der Gewerkschaften sichert Beamten und Arbeitnehmern den nötigen Wissensstand und die Chancengleichheit. Allgemeine Ausbildung breiter und solider, Spezialausbildung knapper.

202.   Ein *Übergangsrecht* sichert jedem seinen Besitzstand und das Wahlrecht für seinen persönlichen *Status.* Individuelle Versorgungs- und Versicherungsnachteile sind auszuschließen.

203.   Die Maßnahmen zu Tz. 199—Tz. 202 betreffen organisatorische Abgrenzungen und eine Vereinheitlichung des Besoldungs- und Versorgungssystems nach dem Leistungsprinzip. Der Besitzstand besagt nur, daß niemand gezwungen werden kann, seinen Status zu wechseln; beim Wechsel ist darauf zu achten, daß erworbene Versicherungs- oder Versorgungsansprüche nicht verloren gehen. Zusätzliche Kosten sind also nicht zu erwarten, keinesfalls höhere, als man sie bei der allgemeinen Besoldungsentwicklung nach altem Recht erwarten muß.

Im übrigen sind die Personalkosten der Verwaltung jeweils in den einzelnen Sachkapiteln erfaßt.

Sicherheit nach außen

204. Unsere Sicherheits- und Verteidigungspolitik hat ausschließlich *defensiven Charakter; sie dient der Entspannungspolitik.* Das westliche Verteidigungsbündnis ist auf absehbare Zeit der einzige Rahmen, in dem die Bundesrepublik ihre eigene wie auch die europäische Sicherheit gewährleistet. Sie muß einen entsprechenden Beitrag leisten.

205. Die allgemeine *Wehrpflicht* muß beibehalten werden, um vor allem im Spannungs- und im Konfliktfall die notwendigen Verteidigungsleistungen zu erbringen. Die Struktur der Bundeswehr wird sich aber verändern müssen: Die Streitkräfte sollen aus einer Präsenzarmee (überwiegend Freiwillige) und einer größeren Wehrpflichtkomponente bestehen. Qualifizierte Bewerber werden durch bessere finanzielle Anreize, durch ein neues Ausbildungs- und Bildungssystem und durch eine neue Personalstruktur gewonnen.

206. Weil die Geburtenjahrgänge stärker werden, können wir die Wehrdienstzeit stufenweise herabsetzen.

Die allgemeine Wehrpflicht wird unglaubwürdig, wenn nicht alle Dienstfähigen entweder zum Wehrdienst oder zum Zivildienst (Ersatzdienst) herangezogen werden. Wir wollen das Recht auf Kriegsdienstverweigerung erhalten. Wir werden dafür sorgen, *daß alle Dienstfähigen herangezogen werden,* ohne den Gesamtumfang der Bundeswehr zu erhöhen und ohne ihre Kampfkraft zu mindern. Dazu muß die Wehrpflicht nach Ablauf und Dauer umgestaltet werden.

207. Wir streben eine durchschnittliche Steigerung der staatlichen Aufwendungen für die Sicherheit nach außen (Tz. 204—206) von 4,8 v. H. an mit einer Bandbreite von 4,1 v. H. bis 5,8 v. H. (Die Berechnung der Aufwendungen nach dem Funktionsplan — wie sie hier angewendet wird — ist nicht die gleiche wie bei den in der NATO verwandten statistischen Angaben über Verteidigungslasten.)

Demokratie: Information, Kontrolle, Mitbestimmung

208. Die *demokratische Ordnung,* die in unserem Grundgesetz verankert ist, hat sich bewährt. Sie wird von der großen Mehrheit der Bevölkerung bejaht und unterstützt. Wir wollen diese Ordnung sichern und weiterentwickeln. Um die Forderung nach dem sozialen Rechtsstaat durchzusetzen, geht es jetzt darum, das Erreichte zu sichern und die sozialen Grundrechte zu verwirklichen.

209. *Der Bürger soll auf die Entscheidungen Einfluß nehmen können,* die ihn betreffen. Im staatlichen Bereich ist dieser Einfluß weitgehend gesichert. Im unmittelbaren Umkreis des Einzelnen, so in Schule, Hochschule und Betrieb und in anderen gesellschaftlichen Bereichen ist er zu stärken.

210. Wir wollen *Souveränitätsrechte* an demokratisch organisierte supranationale Gemeinschaften *übertragen. Das europäische Parlament wird frei, geheim und direkt gewählt und mit ausreichenden Befugnissen ausgestattet.* Es kontrolliert die Exekutivorgane der Europäischen Gemeinschaft.

Parlament, Regierung, Parteien

211. Das *Parlament* ist der Ort politischer Orientierung, Auseinandersetzung und Entscheidung. Es kontrolliert die Regierung. Parlament und Regierung ergänzen sich in ihren politischen Führungsfunktionen. Um diese Aufgaben zu erfüllen, müssen sie sich auf die Entscheidung relevanter Fragen konzentrieren und sich von Kleinarbeit weitgehend entlasten. Die technische Ausstattung und die Organisation müssen dem Rang und den Schwierigkeiten der Aufgaben entsprechen. Expertengruppen und Planungsgremien sind Hilfsinstrumente und dürfen daher keine der demokratischen Kontrolle entzogene Eigenständigkeit gewinnen. Über ihre Ergebnisse muß in den Parlamenten diskutiert und entschieden werden.

212. Unser parlamentarisches System kennt eine enge Verzahnung und *Kooperation zwischen Regierung und Parlamentsmehrheit.* Dem ist in der Organisation des Parlaments stärker Rechnung zu tragen:

— die Stellung des Parlamentarischen Staatssekretärs und seine Aufgaben müssen geklärt werden,

— die Stellung des Oppositionsführers wird institutionalisiert, und die Minderheitsrechte werden verbessert.

213. Bei der Nutzung eines elektronischen *Datenverarbeitungssystems* sind die Bedürfnisse des Parlaments gleichrangig mit denen der Regierung. Das Parlament hat den für die Erfüllung seiner Aufgaben erforderlichen Zugang zu den von der Exekutive eingegebenen Daten.

214. Das *Petitionswesen* und die Befugnisse von *Enquête-Kommissionen* müssen ausgebaut und gesetzlich geregelt werden. Das parlamentarische *Untersuchungsrecht* soll ausgebaut werden.

215. Ein ständige *Rechtsbereinigungskommission* unter Beteiligung der Richterschaft soll das Parlament auf Lücken und Widersprüche im geltenden Recht hinweisen.

216. Bei einer *Reform der Rechnungshöfe* sollten folgende Ziele angestrebt werden:

Im Mittelpunkt der Arbeit der Rechnungshöfe stehen Fragen der Wirtschaftlichkeit und Effizienz in den Behörden. Sie werden in doppelter Hinsicht bearbeitet: Rückschauend als Managementkontrolle, vorausschauend als entscheidungsorientierte Analyse und Managementberatung.

Der Rechnungshof berät die Behörden zu Fragen der Aufbau- und Ablauforganisation, besonders bei der Entwicklung und Einführung geeigneter Systeme und Verfahren der Information, Planung und Kontrolle.

Die staatliche Haushalts- und Wirtschaftsführung wird nach rechtlichen Gesichtspunkten (Formalkontrolle) in den Behörden selbst geprüft. Der Rechnungshof nimmt nur noch Stichproben vor.

217. *Parteien erfüllen eine öffentliche Aufgabe.* Die Kosten einer modernen Parteiorganisation können nur zu einem Teil aus Beiträgen und Spenden gedeckt werden. Ein völliger Verzicht auf öffentliche Zuschüsse ist unrealistisch. Diese Zuschüsse müssen jedoch Zuschüsse bleiben, d. h. sie müssen in einem angemessenen Verhältnis zu den Mitgliedsbeiträgen der Partei stehen. Die *Unabhängigkeit* der Parteien vom Staat muß unbedingt gewahrt bleiben.

218. Die politische Auseinandersetzung mit *rechts- und linksradikalen Kräften* ist dem verfassungsrechtlichen Verbot vorzuziehen.

Massenmedien

219. Die Sozialdemokratische Partei Deutschlands hat auf ihrem a. o. Parteitag 1971 die Reformpolitik auf dem Gebiet der Massenmedien festgelegt[1]). Die *Beschlüsse des Parteitages* gelten für dieses Programm. Die wesentlichen Punkte der Entschließung sind:

220. *Staatliche Eingriffe dürfen nur dem Schutz der Informations- und Meinungsfreiheit dienen.* Das publizistische Gleichgewicht zwischen dem

---

[1]) Siehe Anlage 4.

privatrechtlich organisierten Pressewesen (Zeitungen, Zeitschriften, Magazine) und dem öffentlich-rechtlichen Rundfunkwesen (Rundfunk, Fernsehen) muß gewahrt bleiben. Dieses Gleichgewicht gewährleistet am ehesten eine gewissenhafte Information und eine weitgehend unabhängige an den verschiedenen Quellen orientierte Meinungsbildung.

221. Durch Staatsvertrag zwischen Bund und Ländern ist eine *Kommission* einzurichten, die darüber zu wachen hat, daß der freie Fluß der Information nicht durch wirtschaftliche Vormachtstellungen behindert wird.

222. Es soll künftig mehr lokale und regionale *Rundfunk- und Fernsehsendungen* geben. Dadurch dürfen den lokalen Zeitungen jedoch keine Werbeeinnahmen entzogen werden. Rundfunk und Fernsehen sollen sich überwiegend aus Gebühren finanzieren.

223. Für die Regionen ist zusätzlich eine *Mißbrauchsaufsicht* einzurichten, etwa in Form von *Landespresseausschüssen*, in denen die gesellschaftlich relevanten Gruppen angemessen vertreten sind. Werden Mißbräuche und Mißstände oder Monopolbildungen auf dem Vertriebssektor bekannt, so werden sie in den betroffenen Zeitungen veröffentlicht. Die Eigentumsverhältnisse an Verlagen müssen in regelmäßigen Zeitabständen offengelegt werden.

224. *Rundfunk und Fernsehen bleiben öffentlich-rechtlich.* Wir lehnen privaten Rundfunk und privates Fernsehen ab. Dennoch ist es möglich, daß Programme privat produziert werden. Die Entscheidung über die Programmgestaltung ist jedoch Sache der Anstalt.

225. Die publizistischen Aufgaben und Belange der Journalisten müssen in Einklang mit den wirtschaftlichen Interessen der jeweiligen Inhaber gebracht werden. Die Verleger müssen verpflichtet werden, die Grundsätze der publizistischen Haltung ihres Presseorgans im Zusammenwirken mit der Redaktion festzustellen und zum Bestandteil der Anstellungsverträge der Mitarbeiter zu machen. Die Grundsätze sind zu veröffentlichen.
Die tägliche *Arbeit der Redaktion* muß grundsätzlich *frei von Einzelanweisungen* durch den Verleger bleiben. Kein Redakteur darf gezwungen werden, etwas gegen seine Überzeugung zu schreiben oder presserechtlich zu verantworten. Der Redakteur muß jedoch seiner journalistischen Pflicht zur umfassenden Information nachkommen.
Das *Zeugnisverweigerungsrecht* der Journalisten ist auch strafrechtlich zu sichern.

226. Kollegiale Leitungs- und Verantwortungsprinzipien sind hierarchischen Systemen vorzuziehen. Generell ist die Mitbestimmung in Tendenzbetrieben zu erweitern. Für Massenmedien sind *spezifische Beteiligungsrechte für Redakteure* zu entwickeln, ohne daß die Zuständigkeiten des Betriebsrates beeinträchtigt werden.

227. Zur besonderen Unterstützung des gesellschaftskritischen und künstlerisch wertvollen Films ist das System der *Filmförderung*, einschließlich der

Wirtschaftsförderung, zu ändern und zu ergänzen. Die Förderung darf nicht vom Einspielergebnis abhängig gemacht werden. Vielmehr sollen förderungswürdige Filmstoffe die Chance erhalten, ihr Publikum zu finden. Jede staatliche Zensur wird abgelehnt. Innerhalb der Europäischen Gemeinschaft sollen die Bedingungen, unter denen die Filmwirtschaft tätig ist, harmonisiert werden.

Mitbestimmung

228. Der Begriff Mitbestimmung wird in verschiedenen gesellschaftlichen Bereichen verwendet. Die Forderung nach Mitbestimmung ist der Ausdruck des Strebens der Menschen nach mehr Freiheit und Selbstverantwortung. Mitbestimmung will erreichen, daß überall dort, wo über andere Menschen Herrschaft ausgeübt wird, die davon Betroffenen an der Ausübung und Kontrolle dieser Herrschaft soweit wie möglich beteiligt werden. Dieses Prinzip gilt auch und vor allem für das Arbeitsleben. Es konkretisiert sich hier in doppelter Weise: Einmal erhalten die Arbeitnehmer oder ihre Repräsentanten Mitberatungs- und Mitgestaltungsrecht am Arbeitsplatz und in den sonstigen Fragen des betrieblichen Alltags und zum anderen werden *die Arbeitnehmer gleichberechtigt neben den Kapitaleignern* an der Legitimation und Kontrolle der Unternehmensleitungen beteiligt.

229. Arbeitnehmer und Anteilseigner sind gleichermaßen daran interessiert, die Stellung ihres Unternehmens am Markt zu erhalten und zu verbessern. Trotzdem gibt es in unternehmenspolitischen Fragen *Interessengegensätze.* Diese sollen weder geleugnet noch unterdrückt werden. Die Mitbestimmung will jedoch erreichen, daß die gegensätzlichen Interessen offen und fair ausgetragen werden. Eine so verstandene Mitbestimmung wird die wirtschaftliche Leistungsfähigkeit der Unternehmen nicht beeinträchtigen, sondern kann sie durch die Verminderung innerer Widerstände erhöhen.

230. Die Verwirklichung der *Mitbestimmung beseitigt nicht die ungerechte Vermögensverteilung* in unserer Wirtschaft. Sie ersetzt deshalb nicht die Forderung nach einer stärkeren Beteiligung der Arbeitnehmer am Produktivvermögen.

231. Die SPD tritt für einen weiteren Ausbau der Mitbestimmung ein. Sie hat maßgeblich und nachdrücklich die *Reform des Betriebsverfassungs- und des Personalvertretungsrechts* vorangetrieben. Diese Fortschritte haben jedoch bisher die Unternehmensverfassung grundsätzlich unberührt gelassen. Sie durch ein eigenes Gesetz umzugestalten, bleibt unser Ziel[1]). Dabei geht es darum, in der Unternehmensordnung die Vertreter der Arbeitnehmer neben den Vertretern des Kapitals gleichberechtigt zu beteiligen. Zu diesem Zweck sind die Aufsichtsräte paritätisch zu besetzen, durch die Unternehmensleitungen eingesetzt, kontrolliert und abberufen werden. Darüber hinaus muß in den Unternehmensleitungen das *Sozial- und Personalressort* seiner Bedeutung entsprechend und eigenständig vertreten sein.

---

[1]) Siehe Anlage 5.

232.   Die Entscheidungen der Unternehmensorgane haben häufig erhebliche Auswirkungen für das allgemeine Interesse — etwa in bezug auf Schaffung von Arbeitsplätzen oder die Gestaltung der Umweltbedingungen. Im Hinblick darauf könnten *Vertreter des öffentlichen Interesses* neben den Repräsentanten der Kapitaleigner und der Arbeitnehmer eine wichtige Aufgabe in den Kontrollorganen der Unternehmen erfüllen.

233.   Die Forderung nach Mitbestimmung in den Unternehmensorganen erstreckt sich auf alle Wirtschaftsunternehmen von einer bestimmten Größe an. Diese Mitbestimmung ist nicht geeignet für *kleine und mittlere Unternehmen,* bei denen Eigentümer und Unternehmer identisch sind und deren Kreditwürdigkeit meist allein durch die Person des Eigentümers verkörpert wird. Für die Einführung der Mitbestimmung kann es dagegen keine Rolle spielen, ob die Unternehmen im *privaten oder öffentlichen Besitz* sind. Allerdings können für öffentliche Versorgungsunternehmen mit *Monopolcharakter* besondere Regelungen erforderlich sein.

234.   In der Frage der *institutionellen Ausgestaltung* der Mitbestimmung auf Unternehmensebene ist die SPD nicht festgelegt. Dabei geht es ausschließlich um die zweckmäßigsten und wirksamsten Formen für eine gleichberechtigte Beteiligung der Arbeitnehmer. Die Erfahrungen aus der Montanindustrie sind zu verwerten.

235.   In die Mitbestimmung sind die gewerkschaftlichen Organisationen einzubeziehen. Eine solche Aufgabenerweiterung wird jedoch nicht ohne Einfluß auf das Selbstverständnis der Gewerkschaften bleiben. Ihnen wachsen stärkere Verantwortungen zu. Es muß sichergestellt werden, daß außerbetriebliche Arbeitnehmervertreter in den Aufsichtsräten das *Vertrauen der Arbeitnehmer* des Betriebs oder ihrer Repräsentanten haben. Die Vertreter der Gewerkschaften haben besonders die Aufgabe der Kommunikation und Koordination zwischen Betrieb und gesamter Wirtschaft zu leisten.

236.   Die Arbeitnehmer bestimmen über ihre Organisationen auch im *gesamtwirtschaftlichen Bereich* mit: Die Koalitionen normieren durch Tarifverträge die Arbeitsbedingungen. Weitere Beratungs- und Einflußmöglichkeiten können nützlich sein, so im Bereich der Berufsausbildung. Ansätze zu einer Kooperation zwischen Staatsorganisation und Koalitionen (Konzertierte Aktion) könnten weiterentwickelt, Entscheidungsprozeß und Informationsaustausch verbessert werden. Die Entscheidungsbefugnisse der Parlamente dürfen jedoch nicht berührt werden.

237.   Wir fordern und unterstützen neue Formen, die verschiedene Gruppen *in besonderen sozialen Gebilden* mit speziellen Funktionen wie Hochschulen, Schulen, Massenmedien und Verbänden an den Entscheidungen beteiligen.

238.   In einem künftigen *europäischen Unternehmensrecht* muß das Prinzip der Mitbestimmung verankert werden. Die Auffassungen der Beteiligten, vor allem auch der Gewerkschaften der Mitgliedsländer der Gemeinschaft, weichen aber noch erheblich voneinander ab.

Wissenschaft und Technologie

239.   Die Anwendung wissenschaftlicher Erkenntnisse, besonders der Naturwissenschaften, hat zu großen Erleichterungen des menschlichen Lebens geführt.

Neben diesem offenkundigen Fortschritt treten aber immer deutlicher auch negative Tendenzen hervor:

1. In den Industriegesellschaften führt die quantitative Wirtschaftsexpansion zunehmend zu einer Verminderung der Qualität des menschlichen Lebens.
2. Die Kluft zwischen den entwickelten und den nichtentwickelten Ländern reißt weiter auf.

Wissenschaft und Technologie werden diese Tendenzen zunehmend zu berücksichtigen haben. Auch sie *müssen den allgemeinen gesellschaftlichen Zielen dienen.*

240.   *Forschungsfreiheit* bedeutet das Recht auf freie wissenschaftliche Meinungsäußerung, nicht aber das Recht, auf öffentliche Mittel zur Förderung jedes Forschungsvorhabens.

In ihrem Streben nach Erkenntnis steht die Wissenschaft zwar *außerhalb* der Grenzen parteipolitischer Überzeugungen. Die Bildung wissenschaftlicher Schwerpunkte, die Verteilung der Finanzmittel und des Potentials an Forschern hängt aber von politischen Entscheidungen ab und liegt damit *innerhalb* politischer Zielsetzungen. Es gibt zwar keine *„sozialdemokratische Wissenschaft"* — aber es muß eine sozialdemokratische *Wissenschaftspolitik* geben.

241.   Sachliche Schwerpunkte für die *Forschungsförderung* ergeben sich daher aus politischen Zielen. Die künftige Förderung der Forschung muß sich an folgenden *Kriterien* orientieren:

1. Beitrag der Forschung zur Lösung konkreter öffentlicher Aufgaben,
2. Erhaltung der Forschungschancen für Minderheitsmeinungen und Außenseiter; sie sind wesentlich für den wissenschaftlichen Fortschritt,
3. Bedeutung des Forschungsgegenstandes für andere Forschungs- und Anwendungsbereiche,
4. Steigerung und Sicherung der wirtschaftlichen Leistungsfähigkeit im internationalen Wettbewerb,
5. Sicherung der qualitativen Verbesserung des Wachstums,
6. Flankierung außenpolitischer Ziele.

242.   Ein solcher Katalog von Förderungskriterien erlaubt nur die Eingrenzung von *Schwerpunktbereichen*. Auch im Einzelfalle bleiben Prioritätenentscheidungen politische Entscheidungen.

Diese politischen Entscheidungen müssen in einer demokratischen Gesellschaft durch einen öffentlichen Dialog vorbereitet werden. Dieser Dialog wiederum setzt uneingeschränkte Öffentlichkeit der Information und eine entsprechende Organisation der Forschung voraus.

243.   Hierfür müssen die notwendigen *statistischen Grundlagen* geschaffen werden, so daß die Bereiche der öffentlich geförderten Forschung und der Forschung in der Wirtschaft datenmäßig erfaßt und transparent gemacht werden können.

Forschungsberichte der Regierungen sollen durch aufgaben- und zielorientierte Darstellung erkennbar machen, welche Mittel zur Erreichung welchen Zieles eingesetzt werden.

Die Haushalte der öffentlichen Forschungsorganisationen sowie der entsprechenden Ressorts sind deswegen als *Programm-Haushalte* zu gestalten, die den Zusammenhang zwischen Zielplanung und Forschungsprogramm für das kontrollierende Parlament und die Öffentlichkeit im einzelnen deutlich werden lassen.

244.   Unsere Forschungspolitik will die *organisatorischen Strukturen der Forschung* wie folgt gestalten:

1. Die *Vielfalt* voneinander unabhängiger Forschungsorganisationen ist zu erhalten. Sie müssen aber sowohl besser miteinander als auch mit der staatlichen Forschungspolitik und der industriellen Forschung koordiniert werden. Neben den Hochschulen, der Deutschen Forschungsgemeinschaft, der Max-Planck-Gesellschaft, der Fraunhofer-Gesellschaft, den Großforschungseinrichtungen etc. dienen auch Stiftungen dieser Vielfalt der Forschungsmöglichkeiten. Das Stiftungsrecht muß Anreize schaffen, Großvermögen in Stiftungen zu überführen, ohne dadurch die Verschleierung privatwirtschaftlicher Erbfolgeinteressen zu ermöglichen.

2. Öffentliche Forschung ist zielorientiert und kostengünstig zu organisieren. Wissenschaftliche Entwicklung und Reessortverantwortung dürfen nicht durch eine unzweckmäßige Zentralisierung der Forschungsmittel in einem Ressort voneinander getrennt werden. Die fachbezogene Verantwortung der Forschungsförderung ist einerseits durch Stärkung der *Ressortforschung* zu sichern, andererseits muß Koordinierung Überschneidungen vermeiden und den rationellen Einsatz der Mittel garantieren.

   Bei der *Vergabe von Forschungsaufträgen* ist sicherzustellen, daß Forschungsergebnisse, die mit öffentlichen Mitteln erarbeitet wurden, allgemein zugänglich gemacht werden.

3. Die Forschung in der Wirtschaft ist wettbewerbsorientiert und daher nur bedingt der Information und Koordinierung zugänglich. Förderungsmaßnahmen sind mit einer spürbaren *Risikobeteiligung* des Geförderten zu koppeln. Zunehmend werden der Wirtschaft schädliche Wirkungen von Produktion und Produkten angelastet werden. Im Rahmen der

Forschungsförderung sind mit der Mittelvergabe Auflagen für die Entwicklung umweltfreundlicher Technologien zu verbinden.

4. *Gemeinschaftsforschung* und organisatorische Hilfen zur Information auch kleiner Unternehmen über neue Entwicklungen in Wissenschaft und Technik sind zu fördern. Nationale Erfahrungen z. B. in der Bauforschung und internationale Modelle, nach denen Umlagen erhoben und ergänzt durch öffentliche Mittel für Forschungen bereitgestellt werden, sollten auch für andere Bereiche nutzbar gemacht werden.

245. Die *innere Organisation der Forschungsinstitute* muß Mitwirkung aller Wissenschaftler mit effizienter Planung und Durchführung verbinden.

246. Besondere *Forschungsaufgaben für die Beziehung zu den Entwicklungsländern* ergeben sich aus der Notwendigkeit, neben einer — dem Stand der Entwicklung angemessenen Förderung der Wirtschaft — eine entsprechende soziale Entwicklung vorzubereiten und zu steuern. Der soziale Reformprozeß in den Entwicklungsländern ist ein Forschungsgebiet von großer zukünftiger Bedeutung, auch für die Industrienationen.

Die Übertragung von Technologien auf die Entwicklungsländer muß unter Berücksichtigung der kulturellen Ausgangsstrukturen erfolgen. Der Übergangsprozeß ist ein bedeutsamer Forschungsgegenstand für beide Partner, Entwicklungsländer und Industrienationen.

247. Forschung und Technik beeinflussen in zunehmendem Umfang nationale Wettbewerbspositionen. Der daraus entstehenden Gefahr einer nationalen wissenschaftlichen, technologischen und in der Folge auch marktmäßigen Abkapselung muß durch frühzeitige *internationale Zusammenarbeit und Arbeitsteilung* begegnet werden. Dies gilt vor allem in solchen Bereichen, in denen die öffentliche Hand Hauptabnehmer technologieintensiver Produkte ist oder die technische Entwicklung überwiegend finanziert.

248. Ziel der Umsetzung wissenschaftlicher und technischer Ergebnisse ist es, neben quantitativen Verbesserungen vor allem auch qualitative Änderungen in allen Bereichen der Gesellschaftspolitik zu fördern. In der Wirtschaft ist eine rasche Umsetzung wissenschaftlicher und technischer Ergebnisse zur Erhaltung der Wettbewerbsfähigkeit und zur Förderung des Wirtschaftswachstums notwendig. Der Prozeß ständiger Neuerung setzt ein entsprechendes *Innovationsklima* und eine auf die rasche Umsetzung wissenschaftlicher und technischer Ereignisse bedachte Einstellung voraus. In allen Bereichen, vor allem aber im öffentlichen Bereich ist die Organisation von Verantwortung und Entscheidung so zu gestalten, daß Anreize auch für die *Übernahme von Risiken* gegeben werden.

249. *Die staatlichen Ausgaben für Wissenschaft und Technologie sind in den staatlichen Aufwendungen für „Bildung und Wissenschaft" (Tz 109) enthalten.*

Unsere Prioritäten

250.   In diesem ökonomisch-politischen Orientierungsrahmen haben wir unsere wesentlichen Reformvorstellungen dargelegt. Viele dieser Reformen kosten Geld. Die Erhöhung der Ausgaben für einzelne Bereiche der öffentlichen Aufgaben ist *nicht das einzige Instrument* zu ihrer Durchsetzung. Qualitative Strukturveränderungen müssen hinzukommen. Wir haben gezeigt, in welche Richtung sie gehen müssen. Die Verstärkung der öffentlichen Ressourcen und ihre neue Verteilung auf die Aufgabenbereiche ist aber das *wichtigste Instrument zur Durchsetzung dieser Reformen:*

251.   Weil die Reformen im Bereich *Bildung und Wissenschaft* entscheidend sind für mehr Chancengleichheit, mehr Demokratie, mehr Wohlstand, streben wir eine durchschnittliche jährliche Steigerung der staatlichen Aufwendungen[1]) von 9,2 v. H. an (mit einer unteren Grenze der Bandbreite von 8,9 v. H. und einer oberen von 9,3 v. H.).

252.   Weil eine gute Verkehrsinfrastruktur die Voraussetzung für gesunde Städte, Erholung in der Freizeit und für regional ausgeglichenes wirtschaftliches Wachstum ist, streben wir eine durchschnittliche jährliche Zuwachsrate von 8,9 v. H. für die staatlichen Aufwendungen im Bereich *Verkehr* an (mit einer unteren Grenze der Bandbreite von 8,5 v. H. und einer oberen von 9,3 v. H.).

253.   Damit die Lebensbedingungen verbessert und die freie Entfaltung der Bürger gefördert werden, streben wir eine durchschnittliche jährliche Steigerung der staatlichen Aufwendungen für *Städtebau, Wohnungswesen und kommunale Gemeinschaftsdienste* um 6,5 v. H. an (mit einer unteren Grenze der Bandbreite von 6,0 v. H. und einer oberen von 6,8 v. H.).

254.   Für die Verbesserung der *Wirtschaftsstruktur* streben wir eine durchschnittliche jährliche Steigerung der staatlichen Aufwendungen in Höhe von 3,6 v. H. (mit einer Bandbreite von 3,1 v. H. bisher 3,8 v. H.) an.

255.   Überproportionale Zuwachsraten der staatlichen Aufwendungen gemessen am Zuwachs des Bruttosozialproduktes streben wir für die Maßnahmen der *Gesundheitspolitik* mit der durchschnittlichen jährlichen Steigerung von 5,4 v. H. an (mit einer Bandbreite von 4,2 v. H. bis 5,9 v. H.). Hinzu treten die Leistungen der gesetzlichen Krankenversicherung.

---

[1]) Hier und im folgenden in der Weise gerechnet, daß die gesamte Preisentwicklung konstant gehalten, Einzelpreise aber verändert werden — sog. relative Preise.

256. Viele staatliche Aufwendungen für die *soziale Sicherung* steigen ebenfalls überproportional. Weil jedoch die Aufwendungen für Wiedergutmachung und Kriegsopfer rückläufig sind, ergibt sich für die soziale Sicherung eine durchschnittliche jährliche Steigerung in Höhe von 4,7 v. H. (mit einer Bandbreite von 4,6 v. H. bis 4,8 v, H.). Dieses sind nur die *staatlichen* Aufwendungen einschließlich der Zuwendungen zur Sozialversicherung.

257. Die öffentliche Sicherheit und Ordnung muß durch überdurchschnittliche Aufwendungen verstärkt werden. Deshalb streben wir für die *Sicherung der Rechte* eine durchschnittliche jährliche Steigerung der staatlichen Aufwendungen von 5,4 v. H. an (mit einer Bandbreite von 4,8 v. H. bis 5,9 v. H.).

258. Für die Aufwendungen im Bereich *Kultur, Erholung und Sport* ergibt sich eine durchschnittliche jährliche Steigerung der staatlichen Aufwendungen in Höhe von 3,3 v. H. (mit einer Bandbreite von 3,3 v. H. bis 4,8 v. H.).

259. Die Aufwendungen für die *Sicherheit nach außen* werden eine durchschnittliche jährliche Steigerung der staatlichen Aufwendungen von 4,8 v. H. erfordern (mit einer Bandbreite von 4,1 v. H. bis 5,8 v. H.). In diesem Bereich ist allerdings die Ungewißheit groß. Welche Faktoren Einfluß auf die Entwicklung der Aufwendungen ausüben, ist in Tz. 266 ausgeführt.

260. Weil wir unseren Beitrag zur Entwicklung der Dritten Welt leisten wollen, streben wir eine durchschnittliche jährliche Steigerung der staatlichen Aufwendungen für die *Entwicklungshilfe* von 8,9 v. H. an (mit einer unteren Grenze der Bandbreite von 7,7 v. H.).

261. Für die Aufwendungen im Bereich der *zentralen Verwaltung* streben wir eine durschnittliche jährliche Steigerung der staatlichen Aufwendungen von 4,8 v. H. an (mit einer Bandbreite von 3,9 v. H. bis 5,3 v. H.). Diese Aufwendungen verlaufen in etwa parallel zum Wachstum des Bruttosozialproduktes. Überproportional steigenden Personalaufwendungen stehen Rationalisierungseffekte bei den Maßnahmen der Verwaltungsstruktur gegenüber.

262. Eine stärkere Finanzierung der öffentlichen Aufgaben über Kapitalaufnahme (vergl. Tz. 21) erfordert steigende Leistungen für den Kapitaldienst. So erwarten wir, daß der Bereich „*Sonstiges*" um 5,3 v. H. durchschnittlich jährlich steigt (mit einer Bandbreite von 5,2 v. H. bis 5,5 v. H.).

263. Es muß betont werden, daß die angegebenen Zuwachsraten der Bereiche *Durchschnittswerte* sind, deren Höhe für jedes einzelne Jahr nicht festgeschrieben werden kann.

264. Diese Wachstumsraten ergeben für das Jahr 1985 den von uns als notwendig erachteten Anteil der Gebietskörperschaften (in der Abgrenzung der Finanzstatistik) am Bruttosozialprodukt von rd. 34 v. H. Sie führen zu

einer beträchtlich veränderten *Gewichtung der öffentlichen Aufgabenbereiche.*
Die damit gesetzten Prioritäten verdeutlicht die folgende Übersicht:

265.   *Angestrebte Verwendung des Staatsanteils nach Funktionen in v. H.
des Bruttosozialproduktes 1985*

Funktion	1970 Istwert	1985 Zielwert	Bandbreiten
1. *Zentrale Verwaltung*	1,6	*1,6*	von 1,4 bis 1,7
2. *Entwicklungshilfe*	0,4	*0,7*	von 0,6 bis 0,7
3. *Sicherheit nach außen*	2,9	*2,9*	von 2,6 bis 3,3
4. *Sicherung der Rechte*	1,2	*1,3*	von 1,2 bis 1,4
5. *Bildung und Wissenschaft*	4,1	*7,6*	von 7,3 bis 7,7
6. *Soziale Sicherung*[1])	5,5	*5,4*	von 5,3 bis 5,5
7. *Gesundheit*[1])	1,2	*1,3*	von 1,1 bis 1,4
8. *Kultur, Erholung, Sport*	0,5	*0,4*	von 0,4 bis 0,5
9. *Städtebau und Wohnungswesen, kommunale Gemeinschaftsdienste*	2,2	*2,8*	von 2,6 bis 2,9
10. *Wirtschaftsstruktur*	3,1	*2,6*	von 2,4 bis 2,7
11. *Verkehr*	2,5	*4,4*	von 4,2 bis 4,7
12. *Sonstige (dar. Kapitaldienste)*	2,7	*2,9*	von 2,8 bis 3,0
Summe	27,9	*33,9*	

266.   *Diese Zielwerte wollen wir erreichen.* Sie basieren auf Annahmen
über das mögliche wirtschaftliche Wachstum und über den Finanzierungs-
spielraum für öffentliche Aufgaben an Eigen- und Fremdfinanzierung. Dieser Spielraum ist in gewissen Grenzen veränderlich und deshalb haben wir
einen vernünftigen Mittelwert zugrunde gelegt. Wir kennen aber die Unsicherheit langfristiger Prognosen. Deshalb müssen diese Werte variiert werden können, wenn sich herausstellt, daß trotz aller Anstrengungen das gewollte Wachstum nicht erreicht wird. Die Zielwerte für die Aufgaben „Wirtschaftsstruktur", „Städtebau und Wohnungswesen, kommunale Gemeinschaftsdienste" sowie „Verkehr" werden sich bei schwächerem Wachstum als
vorgesehen eher an der oberen Grenze der jeweiligen Bandbreite bewegen
müssen. Die übrigen Bereiche werden dann entsprechend näher an der unteren
Grenze ihrer Bandbreite liegen. Möglicherweise würde bei geringerem Wachstum der Staatsanteil zurückgehen müssen. Einige Vorhaben müßten dann ge-
streckt werden. Wenn man Prioritäten quantifiziert, muß man zugleich auch
sagen, daß sie nur so weit erfüllt werden können und sollen, wie es in künftigen Situationen bei Berücksichtigung heute noch nicht absehbarer Umstände *dann* sinnvoll oder möglich ist.

267.   Wir kämpfen um weitere Fortschritte auf dem Wege zu mehr Sicherheit in Europa. Eine *ausgewogene gegenseitige Reduzierung der Truppen*

---

[1]) Nur Aufwendungen aus den Haushalten der Gebietskörperschaften. Einschließlich der Aufwendungen der Sozialversicherung werden sich die Gesamtausgaben des öffentlichen Sektors
auf voraussichtlich 45,2 v. H. des Bruttosozialprodukts (in der Abgrenzung der volkswirtschaftlichen Gesamtrechnung) erhöhen.

könnte möglich werden. Wenn wir darin Erfolg hätten, dann könnten die Steigerungsraten für die Verteidigungskosten wahrscheinlich sinken und sich an der unteren Grenze der Bandbreite bewegen. Andere Aufgabenbereiche könnten finanziell gestärkt werden.

Aber die Lasten für die Verteidigung des Friedens in Europa und in der Welt könnten auch größer werden, als wir es für wahrscheinlich und wünschenswert halten. Die Ausgaben für die Verteidigung müßten dann im oberen Grenzbereich der Bandbreite liegen, zu Lasten von anderen Aufgaben.

268.   Wir wollen die gesellschaftlichen Verhältnisse ändern. Darum muß dieses Programm *nach dem tatsächlichen Verlauf der Entwicklung* fortgeschrieben werden. Mit neuen Ideen, die durchgerechnet werden müssen. Mit scharfer Kritik, die Irrtümer ausräumt. Durch Mitarbeit im Planungsprozeß, die uns weiterhilft. Und nicht zuletzt mit einem wissenschaftlichen Apparat, der die Tätigkeit der politischen Mitglieder der Programmkommission berät, ergänzt und unterstützt.

269.   Sozialdemokratische Politik fordert die freie Erörterung der langfristigen Interessen der Menschen in unserem Lande. Diese Diskussion wird sich in der Partei, in den Parlamenten und in der breiten Öffentlichkeit vollziehen. Sozialdemokraten wollen überzeugen und nicht manipulieren. Wir streben auf der Grundlage dieses Konzepts ein *Bündnis für Fortschritt und Erneuerung* in der Bundesrepublik und in Europa an.

270.   „Die Hoffnung der Welt ist eine Ordnung, die auf den *Grundwerten des demokratischen Sozialismus* aufbaut, der eine menschenwürdige Gesellschaft, frei von Not und Furcht, frei von Krieg und Unterdrückung schaffen will, in Gemeinschaft mit allen, die guten Willens sind" (Godesberger Programm).

Daran mitzuarbeiten, sind alle Bürger aufgerufen.

Anlagen

Anlage 1: Entschließung des SPD-Parteitages in Saarbrücken 1970

Der Parteitag beauftragt den Parteivorstand eine Kommission einzusetzen, die auf der Grundlage des Godesberger Grundsatzprogramms ein langfristiges gesellschaftspolitisches Programm erarbeitet, das konkretisiert und quantifiziert sein muß. Der Entwurf dieses Programms ist so rechtzeitig vorzulegen, daß es nach einer gründlichen Diskussion in den Parteigliederungen vom nächsten ordentlichen Parteitag 1972 verabschiedet werden kann. Im Entwurf des Programms sind Alternativen erkennbar zu machen.

Um dem Parteitag 1972 die Möglichkeit einer fundierten Debatte und Willensbildung zu ermöglichen und die spätere Formulierung oder Neuformulierung sicherzustellen, schlägt der Parteitag dem Parteivorstand vor:

1. Für die ständige Überarbeitung des Aktionsprogramms ist eine ständige Kommission einzurichten, deren Mitglieder ab 1972 auf dem Parteitag zu wählen sind;

2. beim Parteivorstand einen ständigen Planungsstab einzurichten, der die gesellschaftspolitischen Zielvorstellungen sachverständig und allgemeinverständlich in Aktionsvorschläge umsetzen kann;

3. den ständigen Planungsstab so zu organisieren, daß den Bezirken auf Wunsch für die Bearbeitung ihrer Entschließungen eine gewisse, festzulegende Arbeitskapazität des Planungsstabes zur Verfügung gestellt werden kann;

4. bereits für den Parteitag 1972 den Versuch zu machen, Anträge aus der Organisation, soweit sie wirtschaftliche Folgen haben, zu quantifizieren;

5. aus den Erfahrungen dieses Parteitages und der Planungsarbeit auf den Parteitagen 1971 und 1972 Schlußfolgerungen und Empfehlungen für die zukünftige Verfahrensweise eines demokratischen und sachverständigen Planungssystems vorzulegen.

Anlage 2: Bevölkerung, Erwerbspersonen und Bruttosozialprodukt bis zum Jahre 1985

Bevölkerungsentwicklung

Jahr	Wohnbevölkerung insgesamt in 1 000	Altersgruppen[2]						Erwerbspersonen	
		0—15	Anteil v.H.	15—65	Anteil v.H.	65 und mehr	Anteil v.H.	insgesamt in 1 000	Anteil an der Wohnbevölkerung v.H.
1950[1]	47 674	11 304	23,7	31 969	67,1	4 401	9,2	21 577	45,3
1955[1]	50 013	10 752	21,5	34 295	68,6	4 965	9,9	23 758	47,5
1960[1]	52 330	11 329	21,6	35 448	67,7	5 553	10,6	25 036	47,8
1960	55 585	11 859	21,3	37 697	67,8	6 029	10,8	26 511	47,7
1965	59 012	13 312	22,6	38 666	65,5	7 034	11,9	27 300	46,3
1970	61 558	14 382	23,4	39 143	63,6	8 033	13,0	27 301	44,4
1975									
obere Variante	63 252	14 834	23,5	39 622	62,6	8 796	13,9	27 450	43,4
untere Variante	63 031	14 809	23,5	39 426	62,6	8 796	13,9	27 266	43,3
mittlere Variante	63 142	14 821	23,5	39 525	62,6	8 796	13,9	27 358	43,3
1980									
obere Variante	64 679	14 729	22,8	40 918	63,2	9 032	14,0	28 286	43,7
untere Variante	64 122	14 665	22,9	40 425	63,0	9 032	14,1	27 822	43,4
mittlere Variante	64 402	14 697	22,8	40 673	63,2	9 032	14,0	28 055	43,6
1985									
obere Variante	66 323	15 116	22,8	43 107	65,0	8 100	12,2	29 294	44,2
untere Variante	65 405	15 010	22,9	42 295	64,7	8 100	12,4	28 529	43,6
mittlere Variante	65 863	15 063	22,9	42 700	64,8	8 100	12,3	28 911	43,9

[1] ohne Saarland und Berlin (West)
[2] von ... bis unter ... Jahre

Quelle: Perspektiven des Wirtschaftswachstums in der Bundesrepublik Deutschland bis zum Jahre 1985 in: BMWI, Vierteljahresbericht III/70

Entwicklung der Erwerbspersonen
(Inländerkonzept)[2]

Jahr	insgesamt	Arbeitslose		Erwerbspersonen davon Erwerbstätige insgesamt		davon Selbständige und Mithelfende		Abhängige		darunter Gastarbeiter	Arbeitslosenquote[3]
	1 000	1 000	v.H.	1 000	v.H.	1 000	v.H.	1 000	v.H.	1 000	v.H.
1950[1]	21 577	1 580	7,3	19 997	92,7	6 323	31,6	13 674	68,4	—	10,4
1955[1]	23 758	928	3,9	22 830	96,1	5 990	26,2	16 840	73,8	77	5,2
1960[1]	25 036	235	0,9	24 801	99,1	5 811	23,4	18 990	76,6	263	1,2
1960	26 511	271	1,0	26 240	99,0	5 988	22,8	20 252	77,2	279	1,3
1965	27 300	147	0,5	27 153	99,5	5 312	19,6	21 841	80,4	1 119	0,7
1970	27 301	149	0,5	27 152	99,5	4 802	17,7	22 350	82,3	1 746	0,7
1975											
obere Variante	27 450	162	0,6	27 288	99,4	4 363	16,0	22 925	84,0	2 180	0,7
untere Variante	27 266	249	0,9	27 017	99,1	4 363	16,1	22 654	83,9	1 996	1,1
mittlere Variante	27 358	206	0,8	27 152	99,2	4 363	16,1	22 789	83,9	2 088	0,9
1980											
obere Variante	28 286	170	0,6	28 116	99,4	3 964	14,1	24 152	85,9	2 513	0,7
untere Variante	27 822	260	0,9	27 562	99,1	3 964	14,4	23 598	85,6	2 049	1,1
mittlere Variante	28 055	217	0,8	27 838	99,2	3 964	14,2	23 874	85,8	2 282	0,9
1985											
obere Variante	29 294	180	0,6	29 114	99,4	3 620	12,4	25 494	87,6	2 843	0,7
untere Variante	28 529	271	0,9	28 258	99,1	3 620	12,8	24 638	87,2	2 078	1,1
mittlere Variante	28 911	228	0,8	28 683	99,2	3 620	12,6	25 063	87,4	2 460	0,9

[1] ohne Saarland und Berlin (West)
[2] nach der Definition der Volkswirtschaftlichen Gesamtrechnung
[3] Arbeitslosenzahl in v. H. der abhängig Beschäftigten und der Arbeitslosen
Quelle: Perspektiven des Wirtschaftswachstums in der Bundesrepublik Deutschland bis zum Jahre 1985, in: BMWI, Vierteljahresbericht III/70

Entwicklung des Bruttosozialprodukts
— in Preisen von 1962 —
Jahresdurchschnittliche Veränderungen in v.H.

Zeitraum	Bruttosozial-produkt	Brutto-anlage-investitionen	Investitions-quote[3]	Investitions-elastizität	Erwerbs-tätige[4]	Bruttosozial-produkt je Erwerbs-tätigen	Arbeitszeit je Erwerbs-tätigen	Bruttosozial-produkt je Erwerbs-tätigen-stunde
1955/1950[1]	9,4	13,0	21,2	1,4	2,7	6,6	0,1	6,5
1960/1955[1]	6,6	7,4	23,9	1,1	1,7	4,8	—1,0	5,9
1965/1960	5,0	6,8	26,3	1,4	0,7	4,3	—1,0	5,4
1970/1965	4,7	4,1	25,2	0,9	—0,0	4,7	—0,6	5,3
1975/1970								
obere Variante	5,0	6,0	26,7	1,2	0,1	4,9	—0,5	5,4
untere Variante	4,0	4,0	26,0	1,0	—0,1	4,1	—0,7	4,8
mittlere Variante	4,5	5,0	26,4	1,1	±0,0	4,5	—0,6	5,1
1980/1975								
obere Variante	5,5	6,6	28,0	1,2	0,6	4,9	—0,4	5,3
untere Variante	4,5	4,5	26,0	1,0	0,4	4,1	—0,6	4,7
mittlere Variante	5,0	5,5	27,0	1,1	0,5	4,5	—0,5	5,0
1985/1980								
obere Variante	5,5	6,6	29,5	1,2	0,7	4,8	—0,5	5,3
untere Variante	4,5	4,5	26,0	1,0	0,5	4,0	—0,7	4,7
mittlere Variante	5,0	5,5	27,6	1,1	0,6	4,4	—0,6	5,0
1970/1955[2]	5,4	6,1	25,1	1,1	0,8	4,4	—0,8	5,4
1985/1970								
obere Variante	5,3	6,3	28,1	1,2	0,5	4,8	—0,5	5,3
untere Variante	4,3	4,4	26,0	1,0	0,3	4,1	—0,7	4,8
mittlere Variante	4,8	5,4	27,0	1,1	0,4	4,4	—0,6	5,0

[1] ohne Saarland und Berlin (West); vorläufig revidierte Ergebnisse
[2] vom Gebietssprung bereinigt
[3] Durchschnittswert für den jeweiligen Zeitraum
[4] Inländerkonzept
Quelle: Perspektiven des Wirtschaftswachstums in der Bundesrepublik Deutschland bis zum Jahre 1985, in: BMWI, Vierteljahresbericht III/70

Anlage 3: Die steuerpolitischen Beschlüsse des außerordentlichen Parteitages der SPD vom 18. und 19. November 1971 in Bonn

Die Ziele der SPD bei der Steuerreform[1])

Mit den Vorschlägen verfolgt die SPD vier Ziele:

— Insgesamt soll die Steuerreform eine bessere Versorgung unserer Bevölkerung mit Leistungen, die nur noch die öffentliche Hand erbringen kann, ermöglichen. Die Lebensqualität der menschlichen Umwelt soll verbessert werden.
— Das Steuersystem soll einer modernen Gesellschaft entsprechen. Neue Entwicklungen sollen — soweit das möglich und notwendig ist — vom Steuerrecht her erfaßt und gelenkt werden.
— Die Lasten sollen gerechter verteilt werden.
— Das Steuersystem soll einfacher werden.

Was dazu beiträgt, die Versorgung der Bevölkerung mit öffentlichen Leistungen zu verbessern . . .

Durch die Vorschläge der SPD soll das Steueraufkommen um 9,4 Milliarden Mark erhöht werden. Damit könnte 1974 — für diesen Zeitpunkt ist das Konzept gedacht — der Gesamtumfang der öffentlichen Leistungen um etwa 4 % höher liegen als ohne Steuerreform. Dies ist sicher keine überzogene Erhöhung. Im Gegenteil.

Was das Steuersystem moderner machen soll . . .

— die Abschaffung von Steuervergünstigungen, die in der Aufbauphase der Bundesrepublik z. T. angebracht waren, heute aber nicht mehr zeitgemäß sind.
— die Steuer auf Produkte, die die Umwelt verschmutzen.
— eine moderne Bodenwertzuwachssteuer.

Wodurch die Lasten gerechter verteilt werden sollen . . .

— durch Beseitigung von Steuervergünstigungen,
— durch die Entlastung der unteren Einkommensschichten und einen höheren Spitzensteuersatz,
— durch eine Anhebung der Vermögensteuer- und Erbschaftsteuer-Freibeträge und die höhere Besteuerung der großen Vermögen,
— durch die Änderung der Sonderausgabenregelung,
— durch die Streichung der Abzugsfähigkeit der Vermögensteuer bei der Einkommensteuer,
— durch ein neues Kindergeldsystem,
— durch die Begrenzung des Splittingvorteils bei der Ehegattenbesteuerung,
— durch die Beseitigung der Abzugsfähigkeit von Bewirtungsspesen und Geschenken.

---

[1]) Quelle: Steuerreform. Außerordentlicher Parteitag 1971, Bonn. Beschlüsse zur Steuerreform. Zahlen, Rechenbeispiele, Argumente. Bonn: Vorstand der SPD 1972. Seite 7.

Wodurch das Steuersystem einfacher würde ...

— durch ein neues Lohnsteuerverfahren,
— durch ein Kraftfahrzeugsteuersystem mit nur vier Klassen,
— durch eine vereinfachte Sparförderung,
— durch die Abschaffung vieler Steuervergünstigungen,
— durch die Ausdehnung der Proportionalzone bis 12 000 bei Ledigen und bis 24 000 Mark bei Verheirateten,
— durch Zusammenfassung aller Leistungen für den Kinderlastenausgleich in einem neuen Kindergeldsystem.

Die Beschlüsse des außerordentlichen Parteitags der SPD vom 18. und 19. November 1971 in Bonn[1])

Art der Steuerrechtsänderung	Steuermehreinnahmen (+) oder Mindereinnahmen (—) gegenüber geltendem Recht in Millionen DM[2])
1. Einkommensteuer	
1.1. Tarif/Grundfreibetrag	— 200
1. Der Grundfreibetrag wird von 1 680 auf 2 040 DM erhöht, Abzug mit 20 v. H. von der Steuerschuld.	
2. Die untere Proportionalzone wird beibehalten und bis zu einem zu versteuernden Einkommen von 12 000 DM bei Ledigen und 24 000 DM bei Verheirateten ausgedehnt. Der Steuersatz in der Proportionalzone beträgt 20 v. H.	
3. Die anschließende Progressionszone führt bis zu einem Spitzensteuersatz von 60 v. H. bei Einkommen von 200 000 DM, wobei sich bei Verheirateten die Einkommensteuerschuld um den Splittingvorteil von 5 000 DM ermäßigt.	
4. Die Ergänzungsabgabe fällt weg.	—1 400
1.2. Sonstige Freibeträge	
1. Der Arbeitnehmerfreibetrag wird von 240 DM auf 480 DM verdoppelt und mit 20 v. H. von der Steuerschuld abgezogen.	— 820
2. Der Weihnachtsfreibetrag wird von 100 DM auf 120 DM erhöht und mit 20 v. H. von der Steuerschuld abgezogen.	— 30
3. Der Freibetrag für Land- und Forstwirte wird in eine Freigrenze umgewandelt.	+ 230
4. Der steuerfreie Betrag bei Einkünften aus freiberuflicher Arbeit wird beseitigt.	
Übertrag	—2 220

---

[1]) Quelle: A.a.O., S. 37 ff.
[2]) Anmerkung: Alle Zahlen sind geschätzt und beziehen sich auf das Jahr 1974.

Übertrag   —2 220

1.3. *Sonderausgaben*

1. Aufwendungen für die Lebens- und Altersvorsorge, die nicht Kapitalansammlungscharakter haben, sind als Sonderausgaben abzugsfähig.   + 500

   Sie werden mit 20 v. H. von der Steuerschuld abgezogen.

   Die Höchstbeträge für diese Aufwendungen betragen 3 600 DM für Ledige und 7 200 DM für Verheiratete sowie 600 DM für jedes Kind.   — 30

   Außerdem wird für Ledige in Höhe von 1 200 DM und für Verheiratete in Höhe von 2 400 DM ein Zusatzbetrag für Versicherungsbeiträge gewährt, der bei Arbeitnehmern um den Arbeitgeberanteil zur Sozialversicherung zu kürzen ist.

2. Die Schuldzinsen sind nicht mehr als Sonderausgaben abzugsfähig.   + 70

3. Die Vermögensteuer ist ebenfalls nicht mehr als Sonderausgabe abzugsfähig.   + 530

4. Die steuerliche Begünstigung der Aufwendungen des Steuerpflichtigen für seinee Berufsausbildung oder Weiterbildung in einem nicht ausgeübten Beruf soll im Zusammenhang mit der Erweiterung des Ausbildungsförderungsgesetzes abgebaut werden.   ± 0

5. Soweit Sonderausgaben (und außergewöhnliche Belastungen) weiterhin zum Abzug kommen, werden sie mit 20 v. H. von der Steuerschuld abgezogen (Kirchensteuer, bestimmte Spenden, Zinsanteil der LA-Abgabe, Steuerberatungskosten).   (in 1.3.1. enthalten)

6. (Überprüfung durch Bundestagsfraktion.)

7. (Überprüfung durch Bundestagsfraktion.)

8. Prämien für Erbschaftsteuerversicherungen nicht mehr abzugsfähig.

1.4. *Familienlastenausgleich/Kindergeld*

Die bisherigen steuerlichen Kinderfreibeträge werden durch ein gestaffeltes Kindergeld ersetzt, und zwar in Höhe von monatlich 50 DM für das erste Kind, 70 DM für das zweite Kind, 90 DM für das dritte und jedes weitere Kind.   —3 510

Mit diesem Kindergeld werden der derzeitige steuerliche Kinderfreibetrag, das Kindergeld nach dem Bundeskindergeldgesetz, sowie die Kinderzuschläge in den Bereichen des öffentlichen Dienstes abgegolten. Finanzielle Nachteile, die für Beschäftigte im öffentlichen Dienst mit Kindern entstehen würden, sollen durch eine Verbesserung des Ortszuschlages ausgeglichen werden. Kinderzuschüsse aus der gesetzlichen Rentenversicherung und Kinderzulagen aus gesetzlichen Unfallversicherungen bleiben unberührt, Kindergeld wird in diesen Fällen nicht gewährt. Kindergeld erhalten auch diejenigen Kinder, die Waisen, oder Versorgungsrenten nach dem Bundesversorgungsgesetz beziehen.   — 430

Übertrag   —5 090

Art der Steuerrechtsänderung	Finanzielle Auswirkungen

Übertrag   —5 090

1.5. *Ehegattensplitting*

Der Splittingvorteil wird bis zu einem versteuerten Einkommen von 40 000 DM voll mit dem Divisor 2 gewährt. Bei darüber liegenden Einkommen wird der Splittingvorteil kontinuierlich verringert und ab Einkommen von 80 000 DM auf 5 000 DM begrenzt.

+ 550

1.6. *Lohnsteuerverfahren*

Das Lohnsteuerverfahren wird vereinfacht:

— Das Lohnsteuerermäßigungsverfahren wird eingeschränkt.

± 0

— Die Sozialversicherungsbeiträge sind vorab mit 20 v. H. von der Steuerschuld abzuziehen. Die anderen Sonderausgaben werden durch eine Pauschale berücksichtigt.

— Auf Lohnsteuererstattungen wird ein Zuschlag (Bonus) gewährt.

1.7. *Besteuerung von Aufwandsentschädigungen*

Die Diäten der Bundes- und Landtagsabgeordneten sind steuerpflichtig. Im übrigen bleiben Aufwandsentschädigungen unter den im Gesetz genannten Voraussetzungen steuerfrei.

± 0

1.8. *Schmier- und Bestechungsgelder*

Auch ins Ausland gezahlte Schmier- und Bestechungsgelder sind nicht mehr als Betriebsausgaben abzugsfähig.

+ 100

1.9. *Abzugsfähigkeit von Bewirtungsspesen, Geschenken und Mehraufwand für Verpflegung*

1. Ausgaben für die Bewirtung von Geschäftsfreunden und für Geschenke sind nicht mehr als Betriebsausgaben abzugsfähig.

+ 500

2. Die steuerliche Abzugsfähigkeit für den Mehraufwand an Verpflegung bei Geschäftsreisen im Inland wird auf 50 DM je Tag begrenzt.

+ 100

1.10. *Pensionsrückstellungen*

1. Rückstellungen für Pensionsanwartschaften können nur dann gewinnmindernd gebildet und damit steuerbegünstigt werden, wenn spätestens nach fünf Jahren Betriebszugehörigkeit die Unverfallbarkeit des Anspruchs bei grundsätzlichem Ausschluß von Widerrufsvorbehalten eintritt.

± 0

2. Durch Überprüfung und Erhöhung (um mindestens $1/2$-v.H.-Punkt) des Berechnungszinsfußes soll eine Überdotierung der Rückstellung verhindert bzw. abgebaut werden.

+ 200

3. Der Abzug von Zuwendungen an Unterstützungskassen ist auf ein angemessenes Maß zu begrenzen.

+ 150

1.11. *Besteuerung der Gewinne aus der Veräußerung bestimmter Anlagegüter*

Die steuerliche Begünstigung der Gewinne aus der Veräußerung bestimmter Anlagegüter wird beseitigt.

+ 125

Übertrag   —3 365

Übertrag   —3 365

1.12. *Degressive Abschreibung bei Gebäuden*

Die degressive Abschreibung für Abnutzung bei Gebäuden wird
beseitigt.   + 260

1.13. *Sonderabschreibung für Ein- und Zweifamilienhäuser sowie für Eigentumswohnungen*

Die Bestimmungen über Sonderabschreibungen für Ein- und
Zweifamilienhäuser sowie für Eigentumswohnungen (§ 7 b und
§ 54 EStG) werden wie folgt umgestaltet:

1. Sie gelten nur für *eigengenutzte* Ein- und Zweifamilienhäuser sowie für eigengenutzte Eigentumswohnungen.

2. Die Progressionswirkung der Förderung wird dadurch ausgeschaltet, daß 20 v. H. der nach § 7 b EStG zulässigen Abschreibung von der Steuerschuld abzugsfähig sind.

3. Die Höhe der berücksichtigungsfähigen Baukosten ist zu
   überprüfen.

4. Bei einer Neuregelung ist für die bislang gewählten Sonderabschreibungen eine Übergangsregelung zu treffen.   ± 0

1.14. *Besteuerung der Gewinne aus der Veräußerung wesentlicher Beteiligungen an Kapitalgesellschaften*

Gewinne aus der Veräußerung von Beteiligungen an Kapital-
gesellschaften werden bereits dann versteuert, wenn der Veräußerer zu mehr als 5 v. H. an der Kapitalgesellschaft beteiligt
war.   + 90

1.15. *Kilometer-Pauschale bei Fahrten zwischen Wohnung und Arbeitsstätte (Betrieb)*

Die derzeitige Kilometer-Pauschale für Fahrten zwischen Wohnung und Arbeitsstätte (Betrieb) mit einem eigenen Kraftfahr-
zeug in Höhe von 0,36 DM je Entfernungskilometer wird beibehalten.   ± 0

1.16. *Betriebsausgaben*

Der Reklameaufwand für Tabakwaren, alkoholische Getränke,
Arzneimittel und technisch weitgehend gleichartige Produkte
bleibt von einer bestimmten Höhe an bei der Ermittlung der
steuerlichen Gewinne unberücksichtigt.   + 200

1.17. *Absetzung für Abnutzung*

Wirtschaftsgüter sind nicht voll abzuschreiben, sondern mit
einem Restbestand in Höhe der letzten Abschreibungsrate bis
zum Ausscheiden aus dem Betriebsvermögen anzusetzen. Gering-
wertige Wirtschaftsgüter werden mit einem Durchschnittssatz
abgeschrieben.   + 100

1.18. *Werbungskosten*

Der Pauschbetrag für Werbungskosten bei Einkünften aus nichtselbständiger Tätigkeit (§ 9 a EStG) wird von 564 DM auf 600
DM erhöht.   — 100

Übertrag   —2 815

Übertrag   ⊢—2 815

1.19. *Verlustrücktrag*

Die Einführung eines Verlustrücktrags wird abgelehnt.   ±   0

1.20. *Besteuerung von Veräußerungsgewinnen*

1. Die Tarifbegünstigung für Veräußerungsgewinne (§ 34 Abs. 2 Ziff. 1 EStG) wird mit der Maßgabe gestrichen, daß die Freibeträge (§§ 14, 14 a, 16, 17, 18 Abs. 3 EStG) zu erhöhen sind.

2. Die Frist für die Besteuerung der Gewinne bei privaten Grundstücksveräußerungen (§ 23 EStG) ist zu überprüfen (Bundestagsfraktion).

1.21. *Besteuerung der Altersbezüge*

Bei Pensionsbezügen keine Änderung.

1.22. *Einkünfte aus Vermietung und Verpachtung*

1.23. *Soziale Freibeträge*

Erhöhung des Freibetrages für Alleinstehende mit Kind von 1 200 DM auf 2 400 DM.   — 120

1.24. *Steuerfreiheit der Zuschläge für Sonntags-, Feiertags- und Nachtarbeit (§ 34 a EStG)*

Beibehaltung der Steuerfreiheit derartiger Zuschläge, die auf gesetzlicher oder tariflicher Grundlage beruhen.

Die Einkommensgrenze von 24 000 DM fällt weg.   — 70

1.25. *Außergewöhnliche Belastungen*

1. Abzug von der Steuerschuld mit 20 v. H.

2. Beibehaltung der derzeitigen zumutbaren Einzelbelastung.

3. Für Unterhaltsaufwendungen keine Änderung, jedoch Abzug von der Steuerschuld mit 20 v. H.

1.26. *Sonstige Vorschläge auf dem Gebiete der Einkommenbesteuerung*

Ordnungsmäßigkeit der Buchführung als Voraussetzung für die Gewährung von Steuervergünstigungen bleibt bestehen.   ±   0

2. *Sparförderung*

1. Es wird ein einheitliches Sparprämiengesetz geschaffen mit

     a) einheitlichen Einkommensgrenzen für die Sparförderung von 24 000 DM bei Ledigen und 48 000 DM bei Verheirateten,

     b) bei einem einheitlichen Prämensatz in Höhe von 25 v. H. der erbrachten Sparleistung, zusätzlich 3 v. H. für jedes Kind,   + 850

     c) einem Höchstbetrag der geförderten Sparleistung von 800 DM für Ledige und 1600 DM für Verheiratete.

2. Sparleistungen sind nicht mehr als Sonderausgaben abzugsfähig.

Übertrag   −2 155

Übertrag —2 155

3. Die Förderung des Sparens durch Arbeitnehmer nach dem 3. Vermögensbildungsgesetz bleibt bestehen. Die nach diesem Gesetz begünstigten Anlageformen sollen mit denen nach dem Prämiengesetz vereinheitlicht werden.

4. Keine Präferenz des Bausparens.

3. *Körperschaftsteuer*

1. Die Kommission hält eine Änderung des derzeitigen Körperschaftsteuersystems nicht für geboten und überdies für schwer durchführbar. Eine Änderung des Systems könnte allenfalls im Zusammenhang mit einer breiteren Vermögensbildung erwogen werden.

2. Der allgemeine Steuersatz soll — unter Beibehaltung der ermäßigten Tarife — auf 56 v. H. erhöht werden, wobei die Bundestagsfraktion zu prüfen hat, ob der Abstand von 4 v. H. zwischen Einkommen- und Körperschaftsteuer unter ökonomischen Gesichtspunkten möglich ist. +1 000

3. Bestimmte persönliche Steuerbefreiungen von Kreditinstituten mit Sonderaufgaben sollen beseitigt werden.

4. Keine Vollversteuerung der Sparkassen.

4. *Vermögensteuer*

1. Bei der Bewertung soll das Grundvermögen mit dem 1,4-fachen der Einheitswerte 1964 angesetzt werden, bis eine zeitnahe Ermittlung der Verkehrswerte möglich ist.

2. Die Steuersätze betragen für natürliche Personen 1 v. H. und für nicht natürliche Personen 1,2 v. H.

3. Die Freibeträge werden wie folgt erhöht: +1 870
Persönlicher Grundfreibetrag   60 000 DM
Altersfreibetrag   10 000 DM
Erhöhter Altersfreibetrag   50 000 DM
Der Kapitalfreibetrag von   10 000 DM
wird nicht erhöht.

4. Der Abzug dinglicher Belastungen wird nur bis Höhe des Wertansatzes des belasteten Grundstücks zugelassen. + 200

5. *Grundsteuer*

1. Zunächst werden die Einheitswerte 1964 mit dem Faktor 1,4 angewandt. Die Steuersätze bzw. -meßzahlen werden so vermindert, daß das Steueraufkommen 25 v. H. über dem jetzigen Aufkommen liegt. + 750

Auf lange Sicht soll die Grundsteuer auf der Basis möglichst zeitnaher Werte (Verkehrswerte) berechnet werden. Die Steuersätze sollen dann so verändert werden, daß insgesamt kein höheres Steueraufkommen erzielt wird als vorher.

2. Religionsgemeinschaften werden in die Grundsteuerpflicht einbezogen, soweit Grundvermögen nicht der Religionsausübung oder sozialen Zwecken dient.

Übertrag +1 665

Art der Steuerrechtsänderung

Übertrag   +1 665

3. Die zehnjährige Grundsteuerbefreiung für Neubauten des sozialen Wohnungsbaus wird beibehalten.

6. *Besteuerung der nicht realisierten Wertsteigerungen beim Grund und Boden (Bodenwertzuwachssteuer)*

Für die Besteuerung der Wertsteigerungen beim Grund und Boden gelten folgende Grundsätze:

1. Sowohl der realisierte als auch der nicht realisierte Wertzuwachs beim Grund und Boden soll besteuert werden.

2. Die Besteuerung soll durch eine selbständige Steuer (Bodenwertzuwachssteuer) erfolgen.

3. Besteuert werden soll der Wertzuwachs bei bebauten und unbebauten Grundstücken.

4. Dabei soll von Verkehrswerten ausgegangen werden.

5. Die Verkehrswerte sollen aufgrund einer zeitnahen Bewertung der Grundstücke ermittelt werden.

6. Es sollen nur außergewöhnliche Wertsteigerungen erfaßt werden.

7. *Gewerbesteuer*

1. Das derzeitige System der Gewerbesteuer wird beibehalten.

2. Bei der Gewerbeertragsteuer für natürliche Personen werden der Freibetrag auf 12 000 DM und die Staffelbeträge in der Eingangsprogression auf 3 600 DM erhöht.   — 550

3. Bei der Gewerbekapitalsteuer wird die Freigrenze auf 12 000 DM erhöht.

4. Die Steuermeßzahl bei der Gewerbekapitalsteuer beträgt 3 v. T.   + 550

5. Die Beteiligung des Bundes und der Länder am Gewerbesteueraufkommen wird beibehalten.

6. Die Gewerbesteuerumlage soll auf 50 v. H. erhöht werden. Die Gemeinden erhalten einen höheren Anteil an der Einkommensteuer.

8. *Kraftfahrzeugsteuer*

Die Besteuerung von Personenkraftfahrzeugen erfolgt:

1. durch die Erhebung der Jahressteuer in einem Betrag und Nachweis durch eine Plakette;

2. unter Zugrundelegung der PS-Zahl in vier Steuerklassen;

3. das derzeitige Steueraufkommen wird nicht verändert;

4. Elektro-Kraftfahrzeuge sollen nach einem festzusetzenden Termin (Erscheinen auf dem Markt) für einen Zeitraum von mindestens fünf Jahren steuerbegünstigt werden.

9. *Erbschaftsteuer*

1. Die Zahl der Steuerklassen wird verringert:
Steuerklasse I — Ehegatten, Kinder und Kinder verstorbener Kinder,

Übertrag   +1 665

Übertrag +1 665

Steuerklasse II — die übrigen näheren Verwandten,
Steuerklasse III — alle sonstigen Erwerber.

2. Die Freibeträge werden erhöht. Der Ehegatte hat einen Freibetrag von 250 000 DM, jedes Kind 50 000 DM. Wenn ein ± 0
Kind vom Erblasser unterhalten wurde oder seine Ausbildung
noch nicht beendet hat, erhöht sich der Freibetrag je nach
Alter um weitere 10 000 DM bis 50 000 DM.

3. Der Erwerb von auf gesetzlicher Grundlage beruhenden Hin-
terbliebenenbezügen und der Erwerb von Ansprüchen aus
privaten Versorgungsverträgen, soweit es sich um laufende,
den gesetzlichen Ansprüchen entsprechende Bezüge handelt,
sind erbschaftsteuerfrei.

4. Der neue Tarif beginnt in der Steuerklasse I bei steuerpflichtigen Erwerben ab 50 000 DM mit 3 v. H., beträgt bei
1 000 000 DM 12 v. H. und erreicht bei
25 Millionen DM 40 v. H.
Die Steuerklasse II beginnt mit 6 v. H. und steigt auf 60 v. H. + 230
an. Der Spitzensteuersatz der Steuerklasse III beträgt 75
v. H.

5. Das Grundvermögen wird mit dem 1,4fachen der Einheitswerte 1964 angesetzt, bis eine zeitnahe Ermittlung der Verkehrswerte möglich ist.

6. Die zahlreichen Umgehungsmöglichkeiten des geltenden
Rechts sind auszuschließen.

10. *Steuerflucht*

Der Parteitag unterstützt die Bemühungen der Bundesregierung
bei der Schaffung eines Gesetzes zur Bekämpfung der Steuerflucht und fordert die Bundestagsfraktion auf, den Regierungs-
entwurf dahingehend zu überprüfen, ob der Umfang der Basis-
gesellschaften (zu denen auch Personengesellschaften u. a. gehören) ausreichend umgrenzt, alle Gewinnverlagerungsmöglich-
keiten erfaßt sind und die vorgesehene Freigrenze nicht zu hoch
ist.

11. *Besteuerung umweltfeindlicher Produkte*

Das Steuerrecht ist in verstärktem Maße für die Bekämpfung der
Umweltverschmutzung einzusetzen. Produkte, deren Beseitigung
als Abfall nicht ohne eine unverhältnismäßig hohe Belastung
der Umwelt oder nur unter unverhältnismäßig hohem Aufwand
möglich ist, werden — wo ein Verbot unzweckmäßig ist — besteuert. Die Steuer wird beim Produzenten oder für Importwaren
beim Importeur erhoben werden. Die Steuer ist so zu bemessen,
daß mindestens die Kosten der Beseitigung der Schäden gedeckt
und umweltfreundliche Konkurrenzprodukte gefördert werden. + 200

12. *Branntweinsteuer*

1. Der Steuersatz für Trinkbranntwein wird von 1 200 DM/hl
auf 1 500 DM/hl erhöht.

Übertrag +2 095

Art der Steuerrechtsänderung	Finanzielle Auswirkungen

Übertrag +2 095

2. Der Steuersatz für Körperpflegemittelbranntwein wird von 600 DM/hl auf 750 DM/hl erhöht. +1 000

3. Propyl- und Isopropylalkohol werden besteuert.

13. Tabaksteuer

Die Tabaksteuer für Zigaretten wird um ca. 20 v. H. erhöht. +1 800

14. Mineralölsteuer

1. Die Mineralölsteuer wird in zwei Stufen erhöht:
   — ab 1. 1. 1972 um 7 Pfennig; davon erhalten die Gemeinden 3 Pfennige;
   — ab 1. 1. 1974 um 4 Pfennige; davon erhalten die Gemeinden 1 Pfennig. +4 000

2. Die zusätzlichen Steuereinnahmen sind für den Straßenbau und für Aufgaben des Verkehrs zu verwenden.
   Dabei sind die Mehreinnahmen zu 50 v. H. für Maßnahmen des öffentlichen Nahverkehrs bereitzustellen, soweit sie in den gemeindlichen Sektor gehen.

3. Die öffentlichen Nahverkehrsbetriebe werden von der Mineralölsteuer befreit.

4. Der Steuersatz für Dieseltreibstoffe ist der Höhe des Satzes für Benzin anzugleichen.

15. Verkehrs- und Verbrauchsteuern

1. Bei der Gesellschaftsteuer wird der Steuersatz von 2,5 v. H. auf 1 v. H. herabgesetzt. — 150

2. Die Kinosteuer und die Speiseeissteuer werden abgeschafft. — 10

16. Steuervergünstigungen

1. a) *Bewertungsabschlag für Importwaren* mit wesentlichen Preisschwankungen (§ 80 EStDV).
   b) *Steuerfreie Rücklage* für Preissteigerungen (§ 74 EStDV).
   c) *Bewertungsabschlag für Importwaren* des volkswirtschaftlich vordringlichen Bedarfs. + 47
   Diese Vergünstigungen sind zu streichen.

2. *Sonderabschreibung für Schutzräume* etc.
   Die Förderung sollte, wenn notwendig durch Zulagen erfolgen. ± 0

3. a) *Bewertungsfreiheit für Fabrikgebäude*, Lagerhäuser und landwirtschaftliche Betriebsgebäude bei Vertriebenen, Flüchtlingen und Verfolgten (§ 7 e EStG).
   b) *Begünstigung des nichtentnommenen Gewinnes* für Vertriebene, Flüchtlinge und Verfolgte (§ 10 a EStG). + 3
   Vorschriften streichen.

4. *Pauschbeträge für Hinterbliebene von Körperbehinderten* (§ 65 Abs. 4 EStDV).
   Vorschrift streichen. + 40

Übertrag +8 825

Art der Steuerrechtsänderung

Übertrag   +8 825

5. *Bewertungsfreiheit für private Krankenanstalten*
(§ 75 EStDV).
Nicht verlängern.   + 9

6. *Bewertungsfreiheit* für
— Abwässerbehandlungsanlagen
— Luftreinigungsanlagen
— Wirtschaftsgüter, die der Verhinderung von Lärm und Er-
schütterung dienen (§§ 79, 82 und 82 e EStDV).
Vergünstigungen zum vorgesehenen Termin (31. 12. 1974)
auslaufen lassen. Die bestehenden außersteuerlichen Auf-
lagen sollten verschärft werden.   + 160

7. *Bewertungsfreiheit* für Wirtschaftsgüter, die der *Forschung
und Entwicklung* dienen (§ 82 d EStDV).
Die Vergünstigungen sollten zum vorgesehenen Termin 31. 12.
1974 auslaufen.   + 145

8. *Steuerfreiheit für Kreditinstitute* mit Sonderaufgaben (§ 4
Abs. 1 Ziff. 2 und 3 KStG).
Steuerfreiheit soll nur noch die Bundesbank genießen. Die
Bundesregierung sollte prüfen, ob bei der Kreditanstalt für
Wiederaufbau Steuerfreiheit noch gerechtfertigt ist.   + 45

9. *Steuerfreiheit bestimmter Zinsen* (§ 3 a EStG).
Die Bundesregierung wird aufgefordert, durch geeignete Maßnahmen dafür zu sorgen, daß die Emissionsinstitute die
steuerfreien festverzinslichen Wertpapiere vorzeitig auslosen.

10. *Sonderabschreibung bei Seeschiffen,* Schiffen, die der See-
fischerei dienen, und bei Luftfahrzeugen im internationalen
Verkehr (§ 82 f EStDV).
Die Sonderabschreibung ist zu streichen. Falls eine Förderung
nach wie vor für notwendig gehalten wird, sollte sie über
Zulagen erfolgen.   + 60

11. *Begünstigung bestimmter Investitionen* in der Land- und
Forstwirtschaft (§§ 76—78 EStDV).
Steuerbegünstigungen streichen. Eventuell durch Investitions-
zulagen ersetzen.   ± 0

12. *Begünstigung für Vollzuchtbetriebe* (§ 82 c EStDV).
Vergünstigung streichen.   + 1

13. *Ermittlungen des Gewinns aus Land- und Forstwirtschaft
nach Durchschnittssätzen (GDL).*
Das Gesetz über die Ermittlung der Gewinne aus Land- und
Forstwirtschaft nach Durchschnittssätzen sollte nicht verlängert werden. Es müßte jedoch eine praktikable Lösung für die
Gewinnermittlung durch die Nebenerwerbslandwirte geschaffen werden.   ± 0

14. *Steuervergünstigung* zur Förderung des Baus von *Landarbei-
terwohnungen* (VO vom 16. 7. 1958).
Die Förderung über die Steuerbegünstigung sollte auslaufen.

Übertrag   +9 245

Art der Steuerrechtsänderung	Finanzielle Auswirkungen
Übertrag	+9 245

Wohnungsbau für Landarbeiter sollte erforderlichenfalls durch offene Subvention gefördert werden. ± 0

15. *Steuerliche Begünstigung von Wasserkraftwerken.*
Vergünstigung streichen. + 15

16. *Gesetz zur Förderung der Verwendung von Steinkohle* in Kraftwerken. Steuerfreie Rücklage (vom 12. 8. 1965).
Falls eine Verlängerung der Förderungsmaßnahmen für erforderlich gehalten wird, sollte sie als offene Subvention erfolgen. ± 0

17. *Bergmannsprämie*
Umwandlung in offene Subventionen. ± 0

18. *Begünstigung von Veräußerungsgewinnen* bei Bergwerksunternehmen (§ 10 des Gesetzes vom 15. 5. 1968).
Vergünstgiung — wie vorgesehen — am 31. 12. 1971 auslaufen lassen. ± 0

19. *Verlustausgleichsrücklage bei der Ruhrkohle AG* (Art. 8 § 4 Abs. 2 StÄndG 1969).
Vergünstigung auslaufen lassen. ± 0

20. *Bewertungsfreiheit für bestimmte Investitionen im Kohlenbergbau* (§ 81 EStDV).
Die Bewertungsfreiheit sollte — wenn Förderung weiter notwendig ist — durch Investitionszulagen oder zinslose Darlehen ersetzt werden. ± 0

21. *Investitionszulagen* und Investitionsprämien für die Errichtung einer Betriebsstätte im *Steinkohlenbergbaugebiet* (Investitionszulagegesetz und § 32 des Gesetzes vom 19. 9. 1968).
Die Doppelbegünstigung wrid beseitigt. ± 0

22. *Investitionszulagen* und Sonderabschreibungen für Investitionen im *Zonenrandgebiet* und anderen förderungsbedürftigen Gebieten (Investitionszulagegesetz und Zonenrandförderungsgesetz).
Die derzeitige Doppelförderung von Investitionszulagen und Sonderabschreibungen wird beseitigt, die Förderung erfolgt ausschließlich über offene Investitionszulagen. ± 0

23. *Berlinförderung* (Berlin-Förderungsgesetz).
Die Berlinpräferenzen in der gegenwärtigen Form müssen geprüft werden, sobald die Lage in und um Berlin dies zuläßt. ± 0

24. Gesetz über steuerliche Maßnahmen bei *Auslandsinvestitionen* (vom 18. 8. 1969).
Vorschrift streichen. + 200

25. *Entwicklungshilfe* (Entwicklungshilfe-Steuergesetz i. d. F. vom 15. 3. 1968).
Das Gesetz in seiner gegenwärtigen Form wird nicht verlängert. Bei einer möglichen Novellierung oder bei Ersatzmaßnahmen sollten folgende Grundsätze beachtet werden. Die Begünstigung soll auf solche Entwicklungsländer be-

Übertrag	+9 460

schränkt werden, die noch besonderer Investitionsanreize bedürfen. Dabei ist die Möglichkeit von Mißbräuchen auszuschließen. Der Übergang von Steuervergünstigungen zu Investitionsprämien wird empfohlen.

26. *Umsatzsteuergesetz*
   1. Schriftsteller sind von der Umsatzsteuer zu befreien.
   2. Die öffentlichen Nahverkehrsbetriebe sind von der Umsatzsteuer zu befreien.
   3. Die Investitionssteuer (§ 30 UStG) ist in eine Vermögensbildungsabgabe umzuwandeln.

27. *Allgemein*
   1. Insofern Steuervergünstigungen verbleiben, muß die Bundesregierung die Bevölkerung über alle Möglichkeiten der Steuerersparnis aufklären.
   2. Begrenzung von Verlustzuweisungen bei Beteiligungsgesellschaften.
   3. Ordnungsmäßigkeit der Buchführung als Voraussetzung der Gewährung von Steuervergünstigungen und Subventionen.

Summe der Steuermehreinnahmen   9 460

Davon: — *Mehreinnahmen aus direkten Steuern*   2 660
        — *Mehreinnahmen aus Verbrauchssteuern*   6 800

17. *Veranlagungsverfahren*
   1. In den Finanzverwaltungen der Länder soll für die Durchführung der Massenverfahren bei der Veranlagung der Einsatz von elektronischen Datenverarbeitungsanlagen verstärkt und dabei bundeseinheitliche Systeme und Programme verwendet werden.
   2. Zur Verkürzung des Zeitraums zwischen Entstehung und Zahlung der Einkommen- und Körperschaftsteuer ist für alle Steuerpflichte die Selbstveranlagung einzuführen. Ausgenommen sind Steuerpflichtige mit niedrigem Einkommen und Arbeitnehmer, die überwiegend Einkünfte aus nichtselbständiger Tätigkeit haben.
   3. Zum Ausgleich der Vor- und Nachteile vorzeitiger und nachträglicher, zu hoher und zu niedriger Steuerzahlungen ist zum nächstmöglichen Zeitpunkt, spätestens jedoch bis zur nächsten Legislaturperiode, für alle Ertragsteuern die Vollverzinsung für Steuerschulden und Erstattung einzuführen.

18. *Grunderwerbsteuer*
   Die kommunalen Körperschaften (Gemeinden, Gemeindeverbände usw.) sind auch nach der Neuordnung der Grunderwerbsteuer von dieser Steuer zu befreien.

19. *Steuerermittlungs- und Erhebungsverfahren*

1. Dem Bundestag und den Länderparlamenten sollte jährlich eine Liste der größeren *Steuererlaßfälle* (ab 10 000 DM) vorgelegt werden.

2. Das *Steuergeheimnis* wird bei einer Neuregelung dahingehend geändert, daß ein Mißbrauch vermieden wird.

3. Die seitherigen *Verjährungsfristen* für Steuerforderungen sind beizubehalten.

4. Die *Finanzverwaltung* muß personell und sachlich verbessert ausgestattet werden. Vor allem die Betriebsprüfungen sind zu verstärken.

5. Der *Motorflugsport* darf nicht als besonders förderungswürdiger gemeinnütziger Zweck anerkannt werden.

6. *Steuerrecht, Formulare der Finanzverwaltungen* (z. B. Steuererklärungen), Verwaltungsvorschriften und Erläuterungen zum Steuerrecht usw. sind in einer Sprache abzufassen, die auch von der großen Mehrheit unserer Bürger verstanden wird, die wirtschaftlich nicht dazu in der Lage sind, Steuerfachleute für ihre Angelegenheiten zu bezahlen. Soziale Gerechtigkeit in der Steuergesetzgebung ist auch davon abhängig, daß die Sprache der Gesetzgebung nicht zum Privileg von Eingeweihten und damit Bevorteilten wird.

20. *Sonstiges*

1. *Vermögensstatistik*

Die Bundestagsfraktion der SPD wird aufgefordert, dem Bundestag Gesetzentwürfe vorzulegen, mit dem Ziel, die statistischen Informationen über die Verteilung der Einkommen und Vermögen in der BRD so zu verbessern, daß eine vollständige und genügend aktuelle Darstellung der Verteilung und ihrer Veränderungen möglich wird.

Die Statistik der Einkommens-/Vermögensverteilung sollte Angaben enthalten über

— die Einkommen/Vermögen nach Einkommens-/Vermögensschichten,

— die Einkommen/Vermögen in den sozialen Schichten,

— die Einkunfts-/Vermögensarten.

Jährlich sollte eine auch Steuerermäßigungsgründe umfassende Statistik der Einkommen- (und Lohn-), Körperschaft- und Vermögensteuer erstellt werden.

2. *Indirekte Steuern*

a) Die Bundesregierung darf nicht zulassen, daß die besonders auf indirekten Steuern beruhenden Steuersysteme Frankreichs und Italiens zum Vorbild für die Steuerharmonisierung innerhalb der Gemeinschaft gemacht werden.

b) Die Umsatzsteuer ist grundsätzlich im Rahmen der Steuerreform nicht zu erhöhen. Sollte das aus finanzpolitischen Gründen oder wegen der Harmonisierung im Rahmen der

EWG unvermeidbar sein, so müssen die Güter des täglichen Grundbedarfs von einer Anhebung ausgenommen sein.

21. *Steuerlastquote*

1. Keine dogmatische Festlegung, bei wachsendem Bedarf auch nach oben flexibel bleiben.

2. Die Einwirkungsmöglichkeiten steuerpolitischer Maßnahmen auf den Konjunkturablauf dürfen nicht durch eine fixierte Steuerlastquote beeinträchtigt werden.

3. Die Steuerlastquote ist dem für die gesellschaftlichen Reformen notwendigen Finanzbedarf anzupassen.

22. *Steuerpolitik zugunsten der Gemeinden*

I. Die Stärkung und Erhaltung der kommunalen Selbstverwaltung sowie die Verbesserung der Finanzausstattung der Gemeinden war von jeher ein wichtiges politisches Anliegen der Sozialdemokratischen Partei Deutschlands.

II. Der Parteitag versteht die Sorgen der Gemeinden, ihre Finanzierungsbasis durch die Steuerreform nicht beeinträchtigt zu sehen. Er bejaht auch die Notwendigkeit, die Finanzkraft, insbesondere die Investitionskraft der Gemeinden zu verstärken. Folgende Maßnahmen erscheinen dazu insbesondere als geeignet:

1. Gewerbesteuer

Der Parteitag begrüßt die Auffassung der Bundesregierung, eine grundlegende Änderung der Gewerbesteuer im jetzigen Zeitpunkt nicht durchzuführen. Die spürbare Erleichterung für kleinere und mittlere Gewerbetreibende durch Erhöhung des Freibetrages ist angemessen. Der Ausgleich für den dadurch entstehenden Steuerausfall kann in der Erhöhung der Steuermeßzahl für Gewerbekapitalsteuer von 2 auf 3 v. T. gesehen werden.

2. Gemeindeeinkommensteuer

Es ist nach wie vor das Ziel der Finanzreform, eine Gemeindeeinkommensteuer durch Einführung eines eigenen Hebesteuersatzes der Gemeinden bei der Einkommensteuer zu schaffen. Außerdem muß — insbesondere im Fall einer Erhöhung der Gewerbesteuerumlage — der Anteil der Städte und Gemeinden an der Einkommensteuer mit Vorrang fühlbar erhöht werden.

3. Grundsteuer

Der Parteitag sieht auch eine Verbesserung der kommunalen Finanzmasse in der von der Bundesregierung vorgesehenen Erhöhung des Aufkommens der Grundsteuer um insgesamt 25 Prozent. Er hält deswegen einen zeitnahen Einheitswert für erforderlich, der durch die Multiplikation des Einheitswertes 1964 mit dem Indikator 1,4 erreicht werden soll. Dadurch wird die Investitionskraft der Kommunen um 840 Millionen DM jährlich verbessert.

4. Kommunalwirtschaft

Der Parteitag schließt sich der Auffassung des Kommunalpolitischen Ausschusses beim Parteivorstand an, daß durch die Steuerreform die gemeinnützigen und kommunalen Wirtschaftsunternehmen, insbesondere die Sparkassen, in ihrer gemeinwirtschaftlichen Funktion durch eine höhere Steuerbelastung nicht beeinträchtigt werden dürfen.

5. Bodenrecht

Die Bodenpreise sind ein gesellschaftliches Ärgernis. Deswegen sind neben der notwendigen Reform des Planungs- und Bodenrechts durch Novellierung des Bundesbaugesetzes flankierende Reformen im Steuer- und Bewertungsrecht erforderlich. Diese sollten vor allem unverdiente Wertzuwächse erfassen. Die sich so ergebenden Mehreinnahmen müssen den Gemeinden zufließen, weil ein unmittelbarer Zusammenhang zwischen den Wertsteigerungen und den kommunalen Aufwendungen für die Infrastruktur besteht.

III. Im übrigen hat die Bundesregierung mit der Finanzreform 1969 das Finanzvolumen der Gemeinden um 2 Milliarden DM verbessert. Um die Gemeinden in den Stand zu setzen, ihre Aufgaben zu erfüllen, sind weitere Maßnahmen zur Verbesserung ihrer Finanzausstattung notwendig. Der Parteitag begrüßt, daß die Bundesregierung zu diesem Zweck weitere Schritte eingeleitet hat.

1. Von der vorgesehenen Erhöhung der Mineralölsteuer wird den Gemeinden jährlich 1 Milliarde DM zufließen. Diese Beträge sind für den Ausbau der Verkehrsanlagen in den Gemeinden und für den kommunalen Personennahverkehr bestimmt.

2. Das Krankenhausfinanzierungsgesetz hilft den Gemeinden beim Bau und der Unterhaltung der Krankenhäuser.

3. Das langfristige Wohnungsbauprogramm der Bundesregierung stellt erheblich mehr Mittel für den Wohnungsbau zur Verfügung. Beim sozialen Intensivprogramm sind es jährlich 250 Millionen DM zusätzlich; das regionale Strukturprogramm mit einer Planziffer von jährlich 50 000 Wohnungen zusätzlich wird allein vom Bund finanziert.

4. Mit dem Städtebauförderungsgesetz beteiligt sich der Bund erstmals an der Finanzierung städtebaulicher Sanierungs- und Entwicklungsmaßnahmen.

23. Vermögensbildung

Der Parteivorstand wird aufgefordert, einen umfassenden Vorschlag zum Thema Vermögensbildung durch eine Kommission wie die Steuerreformkommission erarbeiten zu lassen.

An diese zu berufende Kommission werden alle Anträge, die an diesen Parteitag zum Thema Vermögensbildung gerichtet worden sind, überwiesen.

Die Kommission hat ihren Vorschlag so rechtzeitig den Parteigremien zuzuleiten, daß auf dem nächsten Parteitag eine Beschlußfassung erfolgen kann.

Anlage 4: Entschließung zur Lage und Entwicklung der Massenmedien in der Bundesrepublik Deutschland des außerordentlichen Parteitages der SPD vom 18. und 19. November 1971 in Bonn

Das Grundgesetz für die Bundesrepublik Deutschland verbürgt die Meinungs- und Informationsfreiheit als Grundrecht (Art. 5 GG). Dieses Grundrecht wird seit Jahren durch eine fortschreitende Konzentration im Pressewesen, durch regionale oder lokale Monopolstellungen auf dem Zeitungsmarkt und durch Versuche, private Rundfunk- und Fernsehanstalten zu gründen und für kommerzielle und politische Zwecke zu nutzen, eingeschränkt. Die wirtschaftliche Abhängigkeit der Journalisten wird ausgenutzt. Private Kapitalinteressen versuchen aufgrund ihrer wirtschaftlichen Macht, neue elektronische Medien zu nutzen und sich auf diesem Sektor einen Marktvorsprung zu sichern. Diese Tendenzen verlangen schnelle und durchgreifende Gegenmaßnahmen.

Zwar wird anerkannt, daß einige Verleger das Verhältnis zwischen Verlag und Redaktion liberalisiert haben und Ansätze für eine Entwicklung und Festigung einer inneren Pressefreiheit erkennen lassen. Auch von den Tarifpartnern wurden in diesem Bereich wichtige Vorarbeiten eingeleitet. Diese Tendenzen reichen jedoch bei weitem nicht aus, die Meinungs- und Informationsfreiheit in der Bundesrepublik zu schützen. Die vorhandenen Anfänge sind weiterzuentwickeln und durch tarifvertragliche und gesetzliche Maßnahmen abzusichern.

Die wirtschaftliche Monopolbildung auf dem Pressesektor gefährdet die Meinungs- und Informationsfreiheit. Wirtschaftliche und politische Interessen einer immer kleiner werdenden Anzahl von Verlegern oder Herausgebern bestimmen die redaktionelle Tätigkeit. Der Konzentrationsprozeß verringert die Zahl der Informationsträger und beeinträchtigt die Meinungsvielfalt in den einzelnen Presseerzeugnissen.

Publizistisches Gleichgewicht

Eine Analyse der Massenmedien in der Bundesrepublik Deutschland zeigt, daß ihre gesellschaftliche Aufgabe allen Bürgern ein möglichst hohes Maß an Information über Tatsachen und Meinungen zu ermöglichen, zumindest in Teilbereichen nicht mehr gesichert ist.

Dies trifft auf die monopolähnliche Vormachtstellung einzelner Massenblätter bzw. einiger Pressekonzerne besonders zu. Daneben läßt sich eine zunehmende Monopolisierung auf dem regionalen und lokalen Pressemarkt feststellen, die deutliche Anzeichen der Konzentration in wenigen Multi-Media-Konzernen aufweist.

Angesichts dieser Entwicklung ist es notwendiger denn je, das publizistische Gleichgewicht zwischen Rundfunk (Fernsehen, Hörfunk) und Presse, wie sie das „Godesberger Programm" vorsieht, zu erhalten und unter Berücksichtigung neuer technischer Entwicklungen auszubauen. Im „Godesberger Programm" heißt es:

„Presse, Rundfunk, Fernsehen und Film erfüllen öffentliche Aufgaben. Sie müssen in Freiheit und Unabhängigkeit überall und unbehindert Informationen sammeln, bearbeiten, verbreiten und unter eigener Verantwortung Meinungen bilden und aussprechen dürfen. Rundfunk und Fernsehen müssen freiheitlich-demokratisch geleitet und gegen Interessentendruck gesichert sein."

Die unterschiedliche Organisations- und Finanzierungsform beider Medien muß erhalten bleiben: die privatrechtlich organisierte Presse einerseits und das öffentlich-rechtliche Rundfunkwesen andererseits.

Die Koexistenz dieser strukturell unterschiedlichen Kommunikationsträger hat entscheidend dazu beigetragen, die Verbreitung einer Vielfalt von Meinungen und ein umfassendes Informationsangebot zu gewährleisten. Wo dagegen diese Konkurrenz und damit die Erfüllung der öffentlichen Aufgabe der Massenmedien in Frage gestellt ist, sind die zur Erhaltung bzw. Wiederherstellung des publizistischen Gleichgewichts gesellschaftlich notwendigen und technisch bzw. ökonomisch geeigneten Maßnahmen zu ergreifen.

Journalistische Unabhängigkeit

Die publizistische Tätigkeit der Redaktion ist gegen Eingriffe, die aus den wirtschaftlichen und politischen Interessen des Verlegers resultieren, zu sichern.

Die Unabhängigkeit der journalistischen Arbeit muß institutionell gesichert werden; dabei sind die Kompetenzen von Verleger, Chefredaktion und Redakteuren voneinander abzugrenzen. Den Redakteuren sind spezifische Mitbestimmungsrechte einzuräumen, die den Grundsätzen einer einheitlichen Arbeitnehmervertretung nicht widersprechen dürfen. Sollte sich eine tarifvertragliche Regelung in angemessener Zeit nicht erreichen lassen, ist eine gesetzliche Regelung anzustreben.

Das bestehende Tarifvertragsgesetz soll so geändert werden, daß auch die freien Mitarbeiter von Zeitungen, Zeitschriften, Rundfunkanstalten und Nachrichtenagenturen tarifrechtlich gesichert sind, damit auch ihre Arbeitsbedingungen den Schutz des Tarifvertrages erfahren.

Die Mitbestimmung in Tendenzbetrieben ist auszuweiten.

Die Verleger von Zeitungen und Zeitschriften müssen verpflichtet werden, die allgemeine publizistische Haltung ihrer Presseerzeugnisse zum Bestandteil der Anstellungsverträge ihrer Mitarbeiter zu machen. Die tägliche Arbeit der Redaktion muß frei von Einzelanweisungen durch den Verleger bleiben, soweit die Haftung des Verlegers dies nicht anders erfordert.

Kein Redakteur darf gezwungen werden, etwas gegen seine Überzeugung schreiben oder presserechtlich verantworten zu müssen. Davon unberührt bleibt die journalistische Verpflichtung zur umfassenden Information.

Redaktionsmitglieder und ständige Mitarbeiter einer Zeitung wählen einen Redaktionsrat.

Gegen den Willen der Mehrheit des Redaktionsrates dürfen Versetzung oder Entlassung eines Redaktionsmitgliedes wegen journalistischer Äußerungen nicht erfolgen. Der Redaktionsrat hat bei der Ernennung des Chefredakteurs ein Vorschlagsrecht. Er muß bei der Abberufung des Chefredakteurs zustimmen.

Redaktionsstatute müssen Bestandteil des Arbeitsvertrages werden.

Das Zeugnisverweigerungsrecht der Journalisten und Verleger muß nicht nur in Pressegesetzen, sondern auch in der Strafprozeßordnung abgesichert werden.

Zur Stärkung der freien Meinungsäußerung und Berichterstattung, aber auch zur Sicherung etwaiger Verletzter, ist für alle Redaktionsmitglieder eine Haftpflichtversicherung mit Selbstbeteiligung einzuführen.

Um bei der Informationsverbreitung einem Mißbrauch durch die Alleinstellung einer Zeitung oder eines Konzerns in einer Region entgegenzuwirken, ist eine Mißbrauchsaufsicht einzurichten. Dies kann in Form von Landespresseausschüssen geschehen. Sie müssen vom Staat unabhängig sein. In ihnen müssen die gesellschaftlich relevanten Kräfte angemessen repräsentiert werden. Die Gruppen benennen ihre Vertreter selbst. Eine so konstruierte Mißbrauchsaufsicht sollte folgende Aufgaben und Rechte haben:

— Beobachtung der Entwicklung und Veröffentlichung von Stellungnahmen zu festgestellten Mißständen;

— Beurteilung von Beschwerden und Veröffentlichung eigener Stellungnahmen dazu;

— Abdruck solcher Stellungnahmen in den betroffenen Zeitungen;

— Beobachtung und Veröffentlichung von Monopolbildungen auf dem Vertriebssektor.

Äußere Pressefreiheit und Konzentration

Wirtschaftliche und publizistische Macht ist zu kontrollieren und zu begrenzen, um Meinungsvielfalt im Pressewesen zu erhalten.

Die wirtschaftliche Macht der Verleger und der Verlage ist durch presserechtliche und kartellgesetzliche Maßnahmen zu kontrollieren.

Die allgemeine publizistische Haltung von Zeitungen und Zeitschriften und die Eigentumsverhältnisse an Verlagen sind in regelmäßigen Zeitabständen offenzulegen. Die Finanzierung der Verlagsobjekte durch Verkauf oder Spenden und die Auflagenhöhe sind vierteljährlich offenzulegen.

Unternehmenszusammenschlüsse von Zeitungs- oder Zeitschriftenverlagen unterliegen der Meldepflicht. Diese Zusammenschlüsse können untersagt werden, wenn die Informations- und Meinungsfreiheit durch diese Fusion gefährdet oder beeinträchtigt, der Wettbewerb beschränkt oder die Entstehung marktbeherrschender Unternehmen begünstigt wird.

Allen Verlagen ist ein gleichmäßiger Zugang zu den Vertriebswegen zu sichern.

Die Unabhängigkeit der Nachrichtenagenturen ist zu sichern.

Wegen der großen Bedeutung, die die allgemeinen Nachrichtenagenturen für die tägliche Arbeit der Redaktionen haben, müssen sie so organisiert sein, daß eine möglichst ausgewogene Darstellung verfügbarer Nachrichten garantiert ist.

Die publizistische Vielfalt vor allem auf lokalem und regionalem Gebiet soll erhalten bzw. wiederhergestellt werden.

Um eine größere Mobilität der Journalisten zu gewährleisten, ist ein einheitliches Versorgungswerk für den gesamten Medienbereich zu schaffen. Eine einheitliche Altersversorgung für alle Journalisten, einschließlich der freiberuflich Tätigen, zählt zu den wesentlichen Bedingungen einer freien, unabhängigen Publizistik.

Die wachsenden Ansprüche an die Journalisten erfordern eine Verbesserung der Aus- und Vorbildung und eine systematische Förderung der Fort- und Weiterbildung.

Die Verpflichtung der staatlichen Organe zur Auskunft über Tätigkeiten und Entscheidungen muß umfassender und klarer als bisher gesetzlich geregelt werden. Darüber hinaus sollten auch nichtstaatliche Einrichtungen, soweit deren Tätigkeit von öffentlichem Interesse ist, diese Verpflichtung für sich anerkennen.

Hörfunk und Fernsehen

Die öffentlich-rechtliche und föderalistische Struktur, in der Hörfunk und Fernsehen in der Bundesrepublik organisiert sind, entspricht der Forderung des Grundgesetzes nach Meinungsfreiheit und nach Freiheit der Information. Diese Struktur hat sich bewährt.

Die Privatisierung und Kommerzialisierung des Rundfunks müssen verhindert werden. Dazu notwendige Änderungen von Gesetzen, Staatsverträgen und gegebenenfalls des Grundgesetzes sind unter Berücksichtigung neuer Kommunikationssysteme anzustreben.

Presse, Hörfunk und Fernsehen können wegen ihrer weitreichenden Wirkungen und der Gefahr des Mißbrauchs zum Zwecke einseitiger Einflußnahme auf die öffentliche Meinung nicht dem freien Spiel der wirtschaftlichen Kräfte überlassen werden.

Gesellschaftliche Meinungsvielfalt und kultureller Standard der Programmgestaltung dürfen nicht den Profitinteressen kommerzieller Veranstalter geopfert werden. Aus diesem Grund ist die Überlassung von Hörfunk- und Fernsehsendern an private Wirtschaftsgruppen ausgeschlossen. Dies gilt auch für freiwerdende zusätzliche Frequenzen. Nach Erreichung der Vollversorgung der Bevölkerung mit den bestehenden Programmen sollen freie Frequenzen vorrangig Zwecken der Bildung zugeführt werden.

Angesichts zunehmender Pressekonzentration auch im lokalen und regionalen Bereich fällt den Medien Hörfunk und Fernsehen eine wichtige Aufgabe zu. Das publizistische Gleichgewicht in diesem Bereich kann durch zeitliche Ausweitung, regional und lokal gezielte Streuung von Hörfunk- und Fernsehsendungen bzw. durch Vorbereitung und Einführung neuer Regional- und Lokalprogramme erhalten bzw. wieder hergestellt werden. Die wirtschaftliche Lage der Zeitungen darf dabei nicht durch Inanspruchnahme lokaler und regionaler Werbekapazität für derartige Hörfunk- und Fernsehprogramme gefährdet werden. Daher sollten weitere lokale Kommunikationsträger nicht als selbständige Einrichtungen (als Lokalsender) neu geschaffen, sondern bestehenden Rundfunkanstalten als zusätzliche, ausschließlich aus Teilnehmergebühren zu finanzierende Leistung übertragen werden. Eine solche Entwicklung wird auch Minderheitengruppen in der Gemeinde neue Ausdrucksmöglichkeiten geben. In den kommenden Jahren wird der Ausbau des Kabelnetzes neue und wirtschaftlich realisierbare Möglichkeiten für lokale Kommunikation bringen.

Die Finanzausstattung der Rundfunkanstalten muß durch Gebühren und in begrenztem Maße durch Werbeeinnahmen ihrer Aufgabenstellung entsprechen.

Ebenso wichtig wie die Unabhängigkeit des Rundfunkwesens von Staat, Parteien und allen gesellschaftlichen Gruppen ist der innere demokratische Aufbau der Sendebetriebe.

Rundfunkgesetze und Staatsverträge sichern den Anspruch auf Unabhängigkeit nach außen. Sie vernachlässigen hingegen die Sicherung der unabhängigen Meinung der Journalisten im Innern. Mit der alleinigen Verantwortung für die Programmgestaltung wurde dem Intendanten auch ein uneingeschränktes Weisungsrecht in redaktionellen Fragen übertragen. Zugunsten der Stärkung der Mitverantwortung der programmgestaltenden Journalisten muß dieses Weisungsrecht des Intendanten eingeschränkt werden.

Um Raum für die Entscheidungsbefugnis und die Eigenverantwortung des Journalisten im Rundfunkprogramm zu schaffen, muß der hierarchische Aufbau im Redaktionsbereich durch Formen des Kollegialprinzips ersetzt werden.

Der demokratische Aufbau eines Sendebetriebes ist durch eine Neuerung der Entscheidungsbefugnis und Verantwortlichkeit zwischen den Intendanten, den Mitarbeitern, dem Verwaltungs- und Rundfunkrat unter den Gesichtspunkten redaktioneller Unabhängigkeit und öffentlicher Verantwortlichkeit zu sichern. Das Weisungsrecht des Intendanten ist einzuschränken. Dazu ist es erforderlich, in den einzelnen Anstalten rechtlich gesicherte Redaktionsstatute durchzusetzen. Diese müssen folgenden Mindestbedingungen genügen:

1. Die festangestellten Redakteure und ständigen Mitarbeiter bilden eine Redaktionsversammlung, die einen Redaktionsausschuß zur Vertretung ihrer Interessen gegenüber den Organen und Instanzen der Anstalt wählt.

2. Der Redaktionsausschuß hat dafür Sorge zu tragen, daß keinem Redakteur Nachteile aus der von ihm geäußerten Meinung erwachsen können.

3. Der Redaktionsausschuß hat bei allen Entscheidungen, die die Grundlinie und Struktur des Programms und Änderungen in der Redaktion betreffen, ein Mitspracherecht.

4. Alle Sitzungen von Rundfunkräten sind öffentlich.

5. Jede Rundfunkanstalt berichtet jährlich über den Gesamtumfang ihrer Tätigkeit sowie der ihrer Tochtergesellschaften (Produktionsfirmen, Werbegesellschaften usw.) und ihrer Beteiligungen, mindestens entsprechend den aktienrechtlichen Vorschriften.

Es sind die gesetzlichen Voraussetzungen dafür zu schaffen, daß in den Verwaltungsräten der Rundfunkanstalten mindestens zwei Vertreter der Arbeitnehmer der Rundfunkanstalten Sitz und Stimme haben.

Neue elektronische Medien

Für den Bereich der neu entstehenden Kassettenproduktion sind von Anfang an den privaten Interessen öffentliche und gemeinnützige Formen der Kassettenproduktion und der Kassettenverbreitung gegenüberzustellen. Der bisher öffentlich-rechtlich geschützte Bildungsbereich darf auf keinen Fall noch mehr privatwirtschaftlich ausgehöhlt werden. Weitere Möglichkeiten für gemeinnützige Auswertungsformen sind der Vertrieb von Kassetten z. B. über sogenannte kommunale Mediotheken.

Neue Kommunikationstechniken eröffnen Möglichkeiten privatwirtschaftlicher Nutzung, wie Konferenzsysteme, Datenfernverarbeitung, Übermittlung faksimilierter Zeitungen. Planung, Betrieb und Beaufsichtigung der dazu notwendigen Verteilernetze sind Angelegenheit der öffentlichen Hand.

Die audio-visuellen Aufzeichnungs- und Wiedergabesysteme (z. B. Video-Kassette und Bildplatte) werden weitreichende Bedeutung erlangen. Sie stehen privatwirtschaftlicher Initiative — insbesondere der Verlage — offen; Mißbrauch publizistischer und wirtschaftlicher Macht ist — entsprechend den für die Presse vorgesehenen Regelungen — auszuschließen.

Im Bereich der Bildung sollen neue Informations- und Unterrichtstechniken öffentlich gefördert werden (z. B. das Fernstudium im Medienverbund). Sofern die bestehenden öffentlich-rechtlichen Einrichtungen zusätzliche Aufgaben nicht übernehmen können, müssen neue Träger auf öffentlich-rechtlicher Grundlage organisiert werden. Für den Gebrauch privatwirtschaftlich produzierter Bildungsprogramme in öffentlich geförderten Bildungseinrichtungen sind Zulassungskriterien zu schaffen. Es muß sichergestellt werden, daß die Rundfunkanstalten in diesem Bereich auch als Produzenten auftreten können.

Eine Beteiligung der Bundesrepublik Deutschland an der Planung und am Betrieb zukünftiger Verteiler- und Sendesatelliten ist sicherzustellen. Durch internationale Verträge muß der begrenzte Bestand an nutzbaren Frequenzen optimal auf die verschiedenen Kommunikationsbedürfnisse (aktuelle Informationen, kultureller Austausch, Bildungsprogramme) und die beteiligten nationalen bzw. übernationalen Träger aufgeteilt werden.

Die Bundesrepublik Deutschland sollte international dafür eintreten, daß alle Staaten Ansprüche auf den Gebrauch solcher Frequenzen auch verwirklichen können.

Film

Die Filmindustrie in der Bundesrepublik steht in einer wirtschaftlichen und künstlerischen Krise.

Zur besonderen Unterstützung des gesellschaftskritischen und künstlerisch wertvollen Films ist das bestehende System der Filmförderung (einschließlich Wirtschaftsförderung) zu ändern und zu ergänzen. Diese Förderung darf nicht davon abhängig gemacht werden, welche Einspielergebnisse ein Film erzielt hat. Förderungswürdigen Filmstoffen muß die Chance gegeben werden, das Publikum zu erreichen.

Entwicklung und Förderung kooperativer, gemeinwirtschaftlicher und gemeinnütziger Einrichtungen für Produktion, Vertrieb und Vorführung sind zu entwickeln und zu fördern (kommunales Kino).

Filmzensur-Einrichtungen (FSK, Zensur des Bundesamtes für gewerbliche Wirtschaft) sind zu beseitigen. Jede staatliche Zensur wird abgelehnt.

Der Nachwuchs, die Filmforschung und die Filmerziehung sind mehr als bisher zu fördern. Im Interesse der Qualität und der internationalen Geltung des deutschen Films müssen auch Voraussetzungen für eine bessere Ausbildung des künstlerischen und technischen Nachwuchses für diesen Bereich geschaffen werden.

Filmexport und internationale Zusammenarbeit sind zu unterstützen. Die Bedingungen, unter denen die Filmwirtschaft tätig ist, müssen im Rahmen der EWG harmonisiert werden.

Alle Maßnahmen zur Filmförderung müssen von Bund, Ländern und Kommunen gemeinsam unternommen werden.

Bundeskommission für Kommunikationswesen

Rundfunk und Presse sind keine öffentliche Gewalt. Ihre Aufgabe besteht in erster Linie darin, dem Bürger ein Urteil über alle gesellschaftlich relevanten Fragen zu ermöglichen. In diesem Zusammenhang haben sie eine gesellschaftliche Aufgabe.

Zur Beratung staatlicher Organe bei der Entscheidung im Bereich des Kommunikationswesens und zur öffentlichen Verdeutlichung von kommunikationspolitischen Zusammenhängen wird entweder durch Staatsvertrag oder auf der Grundlage einer Erweiterung des Katalogs der Gemeinschaftsaufgaben (Art. 91 a GG) eine Bundeskommission für das Kommunikationswesen eingerichtet. Sie hat darüber zu wachen, daß der freie Fluß der Information, der zur Urteilsbildung aller Bürger notwendig ist, nicht durch Mißbrauch publizistischer und wirtschaftlicher Macht gehindert werden kann.

Die Kommission wird durch den Bundespräsidenten auf Vorschlag von Bundestag und Bundesrat berufen und ist unabhängig von der jeweiligenRegierung. Die Amtszeit ihrer Mitglieder soll deshalb nicht mit den Legislaturperioden des Bundestages nicht zusammenfallen. Zu dem Aufgabengebiet der Bundeskommission für das Kommunikationswesen sollen im einzelnen u. a. gehören:

— Herausgabe eines jährlichen Berichtes über die Situation und die Entwicklung der Massenmedien in der Bundesrepublik Deutschland;
— Ausführung einer gesetzlich geregelten Statistik der Massenmedien;
— Förderung der Kommunikationsforschung;
— Gutachten zu Wirtschaftsförderungsmaßnahmen im Pressewesen;
— Festsetzung der Teilnehmergebühren des öffentlich-rechtlichen Rundfunks;
— Aufgaben der Kartellbehörde bei der vorbeugenden Fusionskontrolle im Pressewesen;
— Mißbrauchsaufsicht bei überregionalen Zeitungsmonopolen;
— Gutachten zur Abgrenzung zwischen öffentlich-rechtlichen Rundfunk und privater Nutzung neuer Kommunikationstechniken.

Bürgerrecht auf Information und Meinungsfreiheit

1. Jeder Bürger hat ein Recht auf Information über alle gesellschaftlich relevanten Vorgänge. Soll der Bürger politische Entscheidungen treffen, muß er umfassend informiert sein, aber auch die Meinungen kennen und gegeneinander abwägen können, die andere sich gebildet haben. Der Staat muß dieses Recht sichern.

2. Er darf aber in Freiheitsrechte wie Presse- oder Pressegewerbefreiheit nicht eingreifen, es sei denn, daß dies notwendig ist, um die Bürger gegen die Einschränkung ihrer Informations- und Meinungsfreiheit zu schützen. Bürokratische Gängelei und obrigkeitsstaatliche Patronage sind mit dem Geist des Grundgesetzes nicht zu vereinbaren. Keine staatliche Institution hat darüber zu befinden, was gute oder schlechte Presse ist und ob die jeweilige Zeitung eine „öffentliche Aufgabe" erfüllt oder nicht. Eingriffe staatlicher Exekutivorgane in Herstellung und Verbreitung (Beschlagnahme) von Presseerzeugnissen dürfen nur aufgrund einer richterlichen Ermächtigung möglich sein.

3. Leser, Hörer und Zuschauer dürfen nicht nur als passive Adressaten von Informationen und Meinungen verstanden werden. Sie müssen sich in einem gewissen Rahmen aktiv beteiligen, vor allem aber gegen Fehldarstellungen mit Erfolg zur Wehr setzen können.

Der Anspruch auf Gegendarstellung und seine sinnvolle Durchsetzbarkeit sind deshalb zur Sicherung des Bürgerrechts auf Informations- und Meinungsfreiheit außerordentlich bedeutsam. Beides muß in allen Landespressegesetzen, in den Rundfunkgesetzen und den entsprechenden Staatsverträgen garantiert werden. Dasselbe gilt für die Verpflichtung der Redaktionen in Presse und Rundfunk, ihre Leser, Hörer und Zuschauer in fairer Weise selbst zu Wort kommen zu lassen.

Beschluß

Diese Entschließung zur Lage und Entwicklung der Massenmedien in der Bundesrepublik Deutschland ist Grundlage der sozialdemokratischen Kommunikationspolitik und verpflichtet alle Sozialdemokraten, die Verantwortung im Bereich der Massenmedien tragen.

Die Bundesregierung wird aufgefordert, von den Gesetzgebungsbefugnissen im Pressewesen (u. a. Presserechtsrahmengesetz, Kartellgesetz, Medienstatistikgesetz) unverzüglich entsprechenden Gebrauch zu machen.

Der Parteitag erwartet von der Sozialdemokratischen Bundestagsfraktion, daß sie alles unternimmt, um den Gesetzgebungsgang nach Kräften zu beschleunigen.

Die sozialdemokratisch geführten Landesregierungen und Landtagsfraktionen werden aufgefordert, alle in Länderkompetenz fallenden gesetzgeberischen Maßnahmen (u. a. Pressegesetze, Rundfunkgesetze und Staatsverträge) im Sinne und nach Maßgabe dieser Entschließung einzuleiten und zu verwirklichen.

Anlage 5: Entwurf eines Gesetzes über die Unternehmensverfassung in Großunternehmen und Konzernen

Von der SPD-Fraktion am 18. Dezember 1968 im Deutschen Bundestag eingebracht

Erster Teil: Allgemeine Vorschriften

§ 1 Geltungsbereich

(1) Dieses Gesetz gilt für Großunternehmen und Konzerne, die in der Rechtsform einer Aktiengesellschaft, einer Kommanditgesellschaft auf Aktien, einer Gesellschaft mit beschränkter Haftung, einer Genossenschaft, einer bergrechtlichen Gewerkschaft mit eigener Rechtspersönlichkeit oder eines Versicherungsverein auf Gegenseitigkeit betrieben werden.

(2) Dieses Gesetz findet auch auf Unternehmen Anwendung, die unter das Gesetz über Mitbestimmung der Arbeitnehmer in den Aufsichtsräten und Vorständen der Unternehmen des Bergbaus und der Eisen und Stahl erzeugenden Industrie vom 21. Mai 1951 (Bundesgesetzbl. I S. 347) in der Fassung des Einführungsgesetzes zum Aktiengesetz vom 6. 9. 1965 (Bundesgesetzbl. I S. 1185) sowie unter das Gesetz zur Ergänzung des Gesetzes über die Mitbestimmung der Arbeitnehmer in den Aufsichtsräten und Vorständen der Unternehmen des Bergbaus und der Eisen und Stahl erzeugenden Industrie vom 7. August 1956 (Bundesgesetzbl. I S. 707) in der Fassung des Änderungsgesetzes vom 27. April 1967 (Bundesgesetzbl. I S. 505) fallen.

§ 2 Begriff des Großunternehmens

(1) Großunternehmen im Sinne von § 1 Abs. 1 sind Unternehmen und Konzernunternehmen mit

    a) mindestens zweitausend Arbeitnehmern und einer Bilanzsumme von mindestens fünfundsiebzig Millionen Deutsche Mark;

    b) mindestens zweitausend Arbeitnehmern und mit einem Jahresumsatz von mindestens einhundertfünfzig Millionen Deutsche Mark oder

    c) einer Bilanzsumme von mindestens fünfundsiebzig Millionen Deutsche Mark und einem Jahresumsatz von mindestens einhundertfünfzig Deutsche Mark.

(2) Bilanzsumme nach Absatz 1 ist die Bilanzsumme der Jahresbilanz. Für die Ermittlung der Bilanzsumme und der Umsatzerlöse gelten §§ 149 und 151 bis 158 des Aktiengesetzes. Umsatzerlöse in fremder Währung sind nach dem amtlichen Kurs in Deutsche Mark umzurechnen. Die Zahl der Arbeitnehmer nach Absatz 1 ist der zwölfte Teil der Summe, die sich ergibt, wenn man die Anzahl der am Ende eines jeden Monats beschäftigten Arbeitnehmer (einschließlich der zu ihrer Berufsausbildung und der im Ausland beschäftigten Arbeitnehmer) innerhalb eines Geschäftsjahres zusammenzieht.

(3) Auf ein Kreditinstitut kommen die Vorschriften dieses Gesetzes abweichend von Absatz 1 zur Anwendung, wenn die Bilanzsumme in der Jahresbilanz zuzüglich der den Kreditnehmern abgerechneten eigenen Ziehungen im Umlauf, der Indossamentsverbindlichkeiten aus weitergegebenen Wechseln und der Verbindlichkeiten aus Bürgschaften, Wechsel- und Scheckbürgschaften und Gewährleistungsverträgen sowie aus den Rücknahmeverpflichtungen für weitergegebene Wertpapiere, Schuldscheindarlehen und Kreditforderungen jeder Art 180 Millionen Deutsche

Mark übersteigt. Absatz 2 Satz 1 gilt sinngemäß. An die Stelle des Jahresumsatzes tritt die Summe der Jahresbruttoeinnahmen aus Zinsen, Dividenden, Diskonten, Provisionen und Gebühren sowie Erträgen aus Beteiligungen.

(4) Auf ein Versicherungsunternehmen kommen die Vorschriften dieses Gesetzes abweichend von Absatz 1 zur Anwendung, wenn seine Einnahmen aus Versicherungsprämien in den zwölf Monaten vor dem Abschlußstichtag 375 Millionen Deutsche Mark übersteigen. Einnahmen aus Versicherungsprämien sind die Einnahmen aus dem Erst- und Rückversicherungsgeschäft einschließlich der in Rückdeckung gegebenen Anteile.

§ 3   *Begriff des Konzerns*

(1) Konzerne im Sinne dieses Gesetzes sind Konzerne mit

    a) mindestens zweitausend Arbeitnehmern und mit einer Konzernbilanzsumme von mindestens fünfundsiebzig Millionen Deutsche Mark oder

    b) mindestens zweitausend Arbeitnehmern und mit einem Jahresumsatz von mindestens einhundertfünfzig Millionen Deutsche Mark oder

    c) einer Konzernbilanzsumme von mindestens fünfundsiebzig Millionen Deutsche Mark und mit einem Jahresumsatz von mindestens einhundertfünfzig Millionen Deutsche Mark.

(2) Arbeitnehmer des Konzerns sind die Arbeitnehmer der Konzernunternehmen, die ihren Sitz im Inland haben. Die Konzernbilanzsumme wird ermittelt nach § 331 des Aktiengesetzes. Jahresumsatz des Konzerns ist der Jahresumsatz im Sinne von § 332 Abs. 1 Nr. 1 des Aktiengesetzes. § 2 Abs. 2 bis 4 ist entsprechend anzuwenden.

§ 4   *Feststellung der Größenmerkmale*

(1) Ist streitig oder ungewiß, ob die Voraussetzungen der §§ 2 oder 3 erfüllt sind, ist das Unternehmen, Konzernunternehmen oder der Konzern verpflichtet, eine Abschlußprüfung zu erstellen.

(2) Der Abschlußprüfer hat im Falle des Absatzes 1 zu ermitteln, ob die in den §§ 2 und 3 aufgestellten Voraussetzungen erfüllt sind. Hat das Unternehmen, das Konzernunternehmen oder der Konzern nicht nach den Vorschriften des Aktiengesetzes Rechnung zu legen, dann ist von einem in entsprechender Anwendung der §§ 163 und 164 des Aktiengesetzes zu bestellenden Prüfer festzustellen, ob die Voraussetzungen für die Anwendung dieses Gesetzes erfüllt sind. Der Prüfer hat über das Ergebnis seiner Ermittlungen dem zur gesetzlichen Vertretung berufenen Organ und dem Aufsichtsrat vor Ablauf von acht Monaten nach dem Ende eines jeden Geschäftsjahres schriftlich zu berichten.

(3) Der Prüfer hat, soweit dies für seine Ermittlungen erforderlich ist, gegenüber sämtlichen Konzernunternehmen und abhängigen Unternehmen die ihm nach § 165 des Aktiengesetzes zustehenden Rechte. § 168 des Aktiengesetzes ist anzuwenden.

(4) Ist streitig oder ungewiß, nach welchen gesetzlichen Vorschriften der Aufsichtsrat zusammenzusetzen ist, so entscheidet darüber auf Antrag ausschließlich das Landgericht (Zivilkammer), in dessen Bezirk das Unternehmen seinen Sitz hat. §§ 98 und 99 des Aktiengesetzes gelten entsprechend.

§ 5   *Anwendbarkeit des Gesetzes*

Dieses Gesetz ist erst anzuwenden, wenn ein Unternehmen, Konzernunternehmen oder Konzern die in den §§ 2 oder 3 bezeichneten Voraussetzungen in zwei aufeinanderfolgenden Geschäftsjahren erfüllt hat. Es ist nicht mehr anzuwenden, wenn diese Voraussetzungen in zwei aufeinanderfolgenden Geschäftsjahren nicht erfüllt sind.

§ 6 Bildung von Unternehmensversammlungen der Arbeitnehmer und von Aufsichtsräten

Bei Großunternehmen und Konzernen im Sinne dieses Gesetzes sind eine Unternehmensversammlung der Arbeitnehmer und, soweit noch nicht vorhanden, ein Aufsichtsrat zu bilden.

Zweiter Teil: Die Großunternehmen

Erster Abschnitt: Die Unternehmensversammlung der Arbeitnehmer
§ 7 Rechte und Aufgaben der Unternehmensversammlung der Arbeitnehmer

(1) Die Unternehmensversammlung der Arbeitnehmer hat die Vertreter der Arbeitnehmer im Aufsichtsrat zu wählen.

(2) Die Unternehmensversammlung der Arbeitnehmer hat Anspruch, durch das zur gesetzlichen Vertretung berufene Organ und den Aufsichtsratsvorsitzenden über die wirtschaftlichen Angelegenheiten des Unternehmens unterrichtet zu werden, insbesondere über

    a) die Verwendung des Bilanzgewinns;

    b) die Entlastung der Mitglieder des zur gesetzlichen Vertretung berufenen Organs und des Aufsichtsrats;

    c) die Bestellung der Abschlußprüfer;

    d) Satzungsänderungen;

    e) Maßnahmen der Kapitalbeschaffung und der Kapitalherabsetzung;

    f) die Bestellung von Prüfern zur Prüfung von Vorgängen bei der Gründung oder der Geschäftsführung;

    g) die Auflösung der Gesellschaft.

Den Mitgliedern der Unternehmensversammlung der Arbeitnehmer sind der Jahresabschluß und der Geschäftsbericht zu übersenden.

(3) Die Unternehmensversammlung der Arbeitnehmer kann Empfehlungen zur Unternehmenspolitik aussprechen, insbesondere zu

    a) der wirtschaftlichen Entwicklung des Unternehmens und seiner Betriebe,

    b) der personal- und sozialwirtschaftlichen Entwicklung des Unternehmens und seiner Betriebe,

    c) der Fabrikation und den Arbeitsmethoden,

    d) dem Unternehmensprogramm,

    e) sonstigen Vorgängen oder Maßnahmen, deren Durchführung die Interessen der Arbeitnehmer des Unternehmens wesentlich berühren.

§ 8 Größe der Unternehmensversammlung

Die Unternehmensversammlung besteht bis zu 5000 Beschäftigten aus 50 Mitgliedern. Bei einer Beschäftigungszahl ab 5000 entfällt auf je 200 Beschäftigte ein weiteres Mitglied.

§ 9 Wahl der Unternehmensversammlung

(1) Die Unternehmensversammlung der Arbeitnehmer wird von den Beschäftigten der zum Unternehmen gehörenden Betriebe in geheimer, gleicher und unmittelbarer Wahl gewählt.

(2) Zur Wahl der Unternehmensversammlung der Arbeitnehmer können die Wahlberechtigten Wahlvorschläge machen. Jeder Wahlvorschlag muß mindestens von einem Zehntel der Wahlberechtigten der zum Unternehmen gehörenden Betriebe,

mindestens jedoch fünfzig Wahlberechtigten unterschrieben sein. Es ist unzulässig, mehr als einen Wahlvorschlag zu unterzeichnen. Im übrigen finden auf die Wahl die Vorschriften der §§ 10 Abs. 1 und 4, 13 und 14 des Betriebsverfassungsgesetzes sinngemäß Anwendung.

(3) Die Bundesregierung erläßt mit Zustimmung des Bundesrates Rechtsverordnungen zur Regelung der Wahlen zur Unternehmensversammlung der Arbeitnehmer über

   a) die Vorbereitung der Wahl, insbesondere die Aufstellung der Wahlvorschläge und die Errechnung der Mitgliederzahl;
   b) die Frist für die Einsichtnahme in die Wahlvorschläge und die Erhebung von Einsprüchen gegen sie;
   c) die Wahlvorschläge und die Frist für ihre Einreichung;
   d) die Wahlausschreibung und die Fristen für ihre Bekanntgabe;
   e) die Stimmabgabe;
   f) die Feststellung des Wahlergebnisses und die Fristen für seine Bekanntmachung;
   g) die Anfechtung der Wahl;
   h) die Aufbewahrung der Wahlakten.

§ 10 *Aktives und passives Wahlrecht*

(1) Wahlberechtigt sind alle Beschäftigten des Unternehmens, die das 18. Lebensjahr vollendet haben.

(2) Wählbar sind alle Beschäftigten des Unternehmens, die das 21. Lebensjahr vollendet haben.

(3) Weder wahlberechtigt noch wählbar sind die Mitglieder des Organs, das zur gesetzlichen Vertretung der juristischen Person berufen ist.

§ 11 *Amtszeit*

Die Unternehmensversammlung der Arbeitnehmer wird zusammen mit dem Betriebsrat für die Dauer von drei Jahren gewählt. Die Amtszeit beginnt mit dem Tage der Wahl, oder, wenn die laufende Wahlperiode noch nicht beendet ist, mit deren Ablauf.

§ 12 *Erlöschen der Mitgliedschaft*

(1) Die Mitgliedschaft in der Unternehmensversammlung der Arbeitnehmer erlischt

   a) mit Ablauf der Wahlperiode,
   b) durch Niederlegung des Amts,
   c) durch Beendigung der Beschäftigung des Arbeitnehmers im Unternehmen,
   d) durch Verlust der Wählbarkeit.

(2) An die Stelle des ausscheidenden Mitglieds tritt für den Rest der Wahlperiode das Ersatzmitglied. Die Ersatzmitglieder werden der Reihe nach aus den Wahlvorschlägen entnommen, denen die ausgeschiedenen Mitglieder angehören.

§ 13 *Einberufung*

(1) Die Unternehmensversammlung der Arbeitnehmer wird einberufen

   a) zur Wahl der Vertreter der Arbeitnehmer im Aufsichtsrat;
   b) in zeitlichem Zusammenhang mit der Versammlung der Anteilseigner;
   c) auf Verlangen eines Viertels der Mitglieder;
   d) auf Verlangen der Mehrheit der Mitglieder des Aufsichtsrats.

(2) Die Unternehmensversammlung der Arbeitnehmer wird von dem zur gesetzlichen Vertretung berufenen Organ des Unternehmens unter Mitteilung der Tagesordnung einberufen.

(3) Der Vorsitzende des Aufsichtsrats nimmt an der Unternehmensversammlung der Arbeitnehmer teil. Die Vorsitzenden der Betriebsräte des Unternehmens sind einzuladen.

(4) Die Unternehmensversammlung der Arbeitnehmer wählt aus ihrer Mitte einen Vorsitzenden und dessen Stellvertreter.

Zweiter Abschnitt: Der Aufsichtsrat

§ 14 Rechtsstellung des Aufsichtsrats

Für die Zusammensetzung des Aufsichtsrats sowie seine Rechte und Pflichten galten die §§ 90 Abs. 3, 4, 5 Satz 1 und 2, 95 bis 114, 116, 118 Abs. 2, 125 Abs. 3, 171, 288 Abs. 2 des Aktiengesetzes sinngemäß, soweit sich aus den nachfolgenden Bestimmungen nichts anderes ergibt.

§ 15 Zahl der Aufsichtsratsmitglieder

(1) Die Satzung regelt, ob der Aufsichtsrat aus elf, fünfzehn oder einundzwanzig Mitgliedern besteht.

(2) Der Aufsichtsrat muß aus einundzwanzig Mitgliedern bestehen, wenn
mindestens zwanzigtausend Arbeitnehmer beschäftigt und eine Bilanzsumme von mindestens siebenhundertundfünfzig Millionen Deutsche Mark ausgewiesen
oder
mindestens zwanzigtausend Arbeitnehmer beschäftigt und ein Jahresumsatz von mindestens eineinhalb Milliarden Deutsche Mark ausgewiesen
oder
eine Bilanzsumme von mindestens siebenhundertfünfzig Millionen Deutsche Mark und ein Jahresumsatz von mindestens eineinhalb Milliarden Deutsche Mark ausgewiesen werden.
Für die Feststellung der Größenmerkmale gelten §§ 2 und 3 entsprechend.

§ 16 Zusammensetzung des Aufsichtsrats

(1) Besteht der Aufsichtsrat aus elf Mitgliedern, dann setzt er sich zusammen aus:
    a) vier Vertretern der Anteilseigner und einem weiteren Mitglied;
    b) vier Vertretern der Arbeitnehmer und einem weiteren Mitglied;
    c) einem weiteren Mitglied.

(2) Besteht der Aufsichtsrat aus fünfzehn Mitgliedern, dann setzt er sich zusammen aus:
    a) sechs Vertretern der Anteilseigner und einem weiteren Mitglied;
    b) sechs Vertretern der Arbeitnehmer und einem weiteren Mitglied;
    c) einem weiteren Mitglied.

(3) Gehören dem Aufsichtsrat einundzwanzig Mitglieder an, dann besteht er aus:
    a) acht Vertretern der Anteilseigner und zwei weiteren Mitgliedern;
    b) acht Vertretern der Arbeitnehmer und zwei weiteren Mitgliedern;
    c) einem weiteren Mitglied.

(4) Die weiteren Mitglieder dürfen nicht
    a) Repräsentanten einer Vereinigung der Arbeitnehmer oder Arbeitgeber oder einer Spitzenorganisation dieser Vereinigungen sein oder zu diesen in einem ständigen Dienst- oder Geschäftsbesorgungsverhältnis stehen;

b) im Laufe des letzten Jahres vor der Wahl eine unter Buchstabe a bezeichnete Stellung innegehabt haben;

c) in dem Unternehmen oder in einem mit diesem verbundenen Unternehmen aufgrund Arbeits- oder Dienstvertrags oder als Inhaber, geschäftsführender Gesellschafter oder Mitglied des zur gesetzlichen Vertretung berufenen Organs tätig sein;

d) an dem Unternehmen oder an einem mit diesem verbundenen Unternehmen wirtschaftlich wesentlich interessiert sein.

§ 17 Wahl der Mitglieder des Aufsichtsrats

(1) Die Vertreter der Anteilseigner im Aufsichtsrat werden durch das nach Gesetz oder Satzung zur Bestellung von Aufsichtsratsmitgliedern berufene Organe gewählt.

(2) Die Vertreter der Arbeitnehmer im Aufsichtsrat werden von der Unternehmensversammlung gewählt.

(3) Die Vertreter der Anteilseigner und der Arbeitnehmer im Aufsichtsrat wählen auf Vorschlag der Vertreter der Anteilseigner die in § 16 Abs. 1, 2 und 3 unter Buchstabe a bezeichneten weiteren Mitglieder.

(4) Die Vertreter der Anteilseigner und der Arbeitnehmer im Aufsichtsrat wählen auf Vorschlag der Vertreter der Arbeitnehmer die in § 16 Abs. 1, 2 und 3 unter Buchstabe b bezeichneten weiteren Mitglieder.

(5) Das in § 16 Abs. 1, 2 und 3 unter Buchstabe c bezeichnete weitere Mitglied wird von den Vertretern der Anteilseigner und den Vertretern der Arbeitnehmer mit $^2/_3$ Mehrheit gewählt.

§ 18 Vertreter der Arbeitnehmer im Aufsichtsrat

(1) Unter den Vertretern der Arbeitnehmer im Aufsichtsrat müssen sich zu gleichen Anteilen Personen, die im Unternehmen beschäftigt sind und Personen, die im Unternehmen nicht beschäftigt sind, befinden.

(2) Unter den im Unternehmen beschäftigten Vertretern der Arbeitnehmer im Aufsichtsrat müssen Arbeiter und Angestellte angemessen vertreten sein.

§ 19 Ersatzmitglieder der Vertreter der Arbeitnehmer

(1) Für die Vertreter der Arbeitnehmer im Aufsichtsrat können Ersatzmitglieder bestellt werden.

(2) Die Ersatzmitglieder werden der Reihe nach aus den nicht gewählten Vertretern derjenigen Wahlvorschläge entnommen, denen die zu ersetzenden Mitglieder angehören.

(3) Ist ein Vertreter der Arbeitnehmer im Aufsichtsrat zeitweilig in der Ausübung seines Amtes behindert oder erlischt seine Mitgliedschaft, tritt an seine Stelle das Ersatzmitglied.

§ 20 Wahlvorschläge für die Vertreter der Arbeitnehmer im Aufsichtsrat

(1) Die Beschäftigten und die Betriebsräte des Unternehmens können Wahlvorschläge für die Vertreter der Arbeitnehmer im Aufsichtsrat, die im Unternehmen beschäftigt sind, einreichen. Sie sollen doppelt so viele Bewerber enthalten, wie auf die im Unternehmen beschäftigten Vertreter der Arbeitnehmer im Aufsichtsrat entfallen. Die Wahlvorschläge der Beschäftigten müssen von 100 oder mindestens einem Zehntel der wahlberechtigten Arbeitnehmer, der zum Unternehmen gehörenden Betriebe unterschrieben sein. Es ist unzulässig, mehr als einen Wahlvorschlag zu unterzeichnen.

(2) Die Spitzenorganisation der in den Betrieben des Unternehmens vertretenen Gewerkschaften haben für die Vertreter der Arbeitnehmer im Aufsichtsrat, die nicht im Unternehmen beschäftigt sind, nach Beratung mit den Betriebsräten das Vorschlagsrecht. Die Vorschläge sollen doppelt so viele Bewerber enthalten, wie auf die nicht im Unternehmen Beschäftigten entfallen.

(3) Bei der Einreichung der Wahlvorschläge ist eine Erklärung der Vorgeschlagenen beizufügen, daß sie bereit sind, eine Wahl als Vertreter der Arbeitnehmer im Aufsichtsrat anzunehmen.

§ 21   Wahlverfahren

(1) Die Wahl der Vertreter der Arbeitnehmer im Aufsichtsrat ist geheim und nach Wahlvorschlägen getrennt durchzuführen.

(2) Gewählt ist, wer die Mehrheit der abgegebenen Stimmen erhält.

§ 22   Abberufung

(1) Die Vertreter der Arbeitnehmer im Aufsichtsrat können vor Ablauf ihrer Wahlzeit von der Unternehmensversammlung abberufen werden.

(2) Die Abberufung erfolgt auf Antrag der Mehrheit der Mitglieder der Unternehmensversammlung. Über den Antrag entscheidet die Unternehmensversammlung. Die Abberufung erfolgt in geheimer Abstimmung; sie bedarf einer Mehrheit, die mindestens dreiviertel der abgegebenen Stimmen umfaßt.

(3) Für die Abberufung der in § 16, Abs. 1, 2 und 3 unter Buchstaben a, b und c genannten weiteren Mitglieder gilt § 103, Abs. 3 des Aktiengesetzes entsprechend mit der Maßgabe, daß der Beschluß über die Antragstellung der Mehrheit der Vertreter der Anteilseigner und der Arbeitnehmer im Aufsichtsrat bedarf.

§ 23   Erlöschen der Mitgliedschaft

Die Amtszeit der Vertreter der Arbeitnehmer im Aufsichtsrat erlischt

a) mit Ablauf der Wahlzeit,
b) durch Niederlegung des Amtes,
c) durch Abberufung,
d) bei im Unternehmen beschäftigten Vertretern der Arbeitnehmer durch Beendigung der Beschäftigung im Unternehmen.

Dritter Abschnitt: Organe zur gesetzlichen Vertretung

§ 24   Organe zur gesetzlichen Vertretung

(1) Das zur gesetzlichen Vertretung des Unternehmens berufene Organ muß aus mindestens drei Mitgliedern bestehen. Die Mitglieder werden mit Zweidrittelmehrheit vom Aufsichtsrat bestellt.

(2) Ein Mitglied des zur gesetzlichen Vertretung des Unternehmens bestellten Organs muß, unbeschadet seiner sonstigen Aufgaben, vorwiegend für Personal- und Sozialangelegenheiten zuständig sein.

Dritter Teil: Die Konzerne

§ 25   Aufgaben und Rechte der Konzernversammlung der Arbeitnehmer

Die Konzernversammlung der Arbeitnehmer hat die gleichen Rechte wie die Unternehmensversammlung der Arbeitnehmer. Die in § 7 Absatz 2 und 3 aufgeführten Rechte erstrecken sich auch auf alle Konzernunternehmen.

§ 26 Größe und Wahl der Konzernversammlung

(1) Die Unternehmensversammlungen der Konzernunternehmen wählen aus ihrer Mitte entsprechend ihrem Anteil an der Gesamtzahl der Arbeitnehmer die Mitglieder der Konzernversammlung der Arbeitnehmer. Die Größe der Konzernversammlung bestimmt sich nach § 8.

(2) Soweit in einem Konzernunternehmen keine Unternehmensversammlungen bestehen, wählen die Beschäftigten dieses Unternehmens den auf sie entfallenden Anteil von Mitgliedern der Konzernversammlung nach den Bestimmungen über die Wahl der Unternehmensversammlung der Arbeitnehmer. Bei einer Beschäftigtenzahl bis zu 5000 entfällt auf je 100 Beschäftigte ein Mitglied; bei einer Beschäftigtenzahl ab 5000 entfällt auf je 200 Beschäftigte ein Mitglied.

§ 27 Entsprechende Anwendung der Vorschriften über Großunternehmen

Für Konzerne gelten im übrigen die Vorschriften des Zweiten Teils entsprechend.

Vierter Teil: Schlußvorschriften

§ 28 Behinderungsverbot

(1) Die Wahlberechtigten dürfen in der Ausübung des aktiven oder passiven Wahlrechts nicht behindert oder beschränkt werden.

(2) Die Wahlen dürfen nicht durch Zufügung oder Androhung von Nachteilen oder durch Gewährung oder Versprechen von Vorteilen beeinflußt werden.

(3) Die Mitglieder der Unternehmensversammlung und der Konzernversammlung der Arbeitnehmer dürfen in der Ausübung ihrer Tätigkeit nicht behindert werden. Sie dürfen wegen ihrer Tätigkeit nicht benachteiligt oder begünstigt werden.

§ 29 Bekanntmachungspflicht

(1) Die Vorsitzenden der Unternehmensversammlung und der Konzernversammlung der Arbeitnehmer sind verpflichtet, die Namen der von der Versammlung gewählten Vertreter der Arbeitnehmer im Aufsichtsrat in den Gesellschaftsblättern sowie durch Aushang in sämtlichen Betrieben des Unternehmens und des Konzerns unverzüglich bekanntzumachen. Die Kosten der Bekanntmachung trägt das Unternehmen.

(2) Für die Bekanntmachung über die Zusammensetzung des Aufsichtsrats gilt § 97 des Aktiengesetzes entsprechend.

§ 30 Kosten der Wahlen

Die Kosten der Wahlen trägt das Unternehmen. Notwendige Versäumnisse von Arbeitszeit infolge der Ausübung des Wahlrechts, der Teilnahme an Unternehmensversammlungen und Konzernversammlungen der Arbeitnehmer dürfen nicht zur Minderung des Arbeitsentgelts führen.

§ 31 Berlin-Klausel

Dieses Gesetz gilt nach Maßgabe des § 13 Abs. 1 des Dritten Überleitungsgesetzes vom 4. Januar 1952 (Bundesgesetzbl. I S. 1) auch im Land Berlin. Rechtsverordnungen, die auf Grund dieses Gesetzes erlassen werden, gelten im Land Berlin nach § 14 des Dritten Überleitungsgesetzes.

§ 32 Inkrafttreten

Dieses Gesetz tritt am Tage nach seiner Verkündung in Kraft.
Quelle: Bundestagsdrucksache V/3657

Sachregister[1])

---

[1]) Die Zahlen bedeuten Textziffern, nicht Seitenzahlen.

Stellungnahme des Parteivorstandes

Der Vorstand der SPD hat zu dem „Entwurf eines ökonomisch-politischen Orientierungsrahmens 1973—1985" am Freitag, dem 2. Juni 1972, wie folgt Stellung genommen:

1. Der Saarbrücker Parteitag 1970 hat den Parteivorstand beauftragt, „eine Kommission einzusetzen, die auf der Grundlage des Godesberger Programms ein langfristiges, gesellschaftspolitisches Programm erarbeitet, das konkretisiert und quantifiziert sein muß". Diesem Auftrag entsprechend hat der Parteivorstand am 14. September 1970 eine Kommission (sogenannte Langzeitprogramm-Kommission), bestehend aus Helmut SCHMIDT (Vorsitzender), Hans APEL und Joachim STEFFEN (beide als Stellvertreter) sowie Klaus Dieter Arndt, Rudi Arndt, Hans Bardens, Holger Börner, Volkmar Gabert, Wilhelm Haferkamp, Friedrich Halstenberg, Gerda Hesse, Gerd Muhr, Martin Neuffer, Konrad Porzner, Philip Rosenthal und Carl-Christian von Weizsäcker berufen. Diese Kommission hat heute nach 1¹/₂jähriger Arbeit den „Entwurf eines ökonomisch-politischen Orientierungsrahmens 1973 bis 1985" vorgelegt.

2. Der Parteivorstand dankt den Mitgliedern der Kommission und vielen Mitarbeitern aus der Verwaltung, der Wissenschaft, den Gewerkschaften und der Partei für ihre umfangreiche Arbeit, die eine gute Grundlage für die politische und wissenschaftliche Diskussion darstellt.

3. Der vorgelegte Entwurf ist der erste Versuch, politische Aussagen unserer Partei mit quantifizierendem Planungsdenken zu verbinden. Er entspringt der Notwendigkeit, über eine Legislaturperiode hinaus konkrete Vorstellungen für einen längeren Zeitraum zu entwickeln. Damit wagen wir, dem kritischen Bürger und Wähler eine Orientierung über unsere längerfristigen Vorhaben zu geben.

   Der Entwurf versucht im besonderen, die Aufgaben der Gesellschaft und ihre Lösungsmöglichkeiten in der Zukunft darzustellen und zu diesem Zweck die Anteile des Sozialprodukts zu quantifizieren, die dafür verwandt werden müssen. Die wichtigste Voraussetzung für die spätere Verwirklichung ist eine relativ hohe Wachstumsrate des Sozialprodukts, die vor allem durch Produktivitätsfortschritt erreicht werden muß.

4. Der Entwurf wird umgehend den Parteigliederungen und einer breiten Öffentlichkeit zur Diskussion übergeben. Der Parteivorstand hat die Absicht, den Entwurf für eine erste Beratung auf die Tagesordnung des

ordentlichen Parteitages 1972 zu setzen. Er behält sich vor, dem Parteitag rechtzeitig einen Vorschlag für einen materiell-richtungsweisenden
Beschluß zu machen. Er geht dabei davon aus, daß der Entwurf jedenfalls
alle zwei Jahre der Korrektur sowie der Fortschreibung bedarf; er wird
deshalb eine ständige Arbeitsgruppe mit dieser Aufgabe beschäftigen, die
auch für Anfragen aus der Parteiorganisation zur Verfügung steht.

Stellungnahme des Parteirates

Der Parteivorstand, der Parteirat und die Kontrollkommission haben in ihrer gemeinsamen Sitzung am 24. Juni 1972 in Berlin im Zusammenhang mit dem Beschluß über die vorläufige Tagesordnung des nächsten Ordentlichen Parteitages den „Entwurf eines ökonomisch-politischen Orientierungsrahmens für die Jahre 1973—1985" diskutiert und folgende Entschließung zum weiteren Verfahren gefaßt:

„1. Der ‚Entwurf eines ökonomisch-politischen Orientierungsrahmens für die Jahre 1973—1985' wurde zur ausführlichen Beratung auf die vorläufige Tagesordnung des nächsten Ordentlichen Parteitages gesetzt.

2. Die Gliederungen der Partei wollen den ‚Entwurf eines ökonomisch-politischen Orientierungsrahmens für die Jahre 1973—1985' intensiv diskutieren und Stellungnahmen erarbeiten; deshalb kann der Parteitag ihn nicht beschließend oder abschließend behandeln. Der Parteitag kann aber einen richtungsweisenden Beschluß fassen, um damit Akzente und Gewichtungen für die weitere Diskussion in der Partei zu setzen.

3. Der ‚Orientierungsrahmen' muß den tatsächlichen Entwicklungen jeweils angepaßt, und er muß fortgeschrieben werden. Die Stellungnahmen der Gliederungen und Fachgremien der Partei müssen berücksichtigt und eingearbeitet werden.

4. Dafür sollte der nächste Ordentliche Parteitag eine neue Kommission einsetzen, die aus je einem Vertreter der Bezirke bzw. Landesverbände und vom Parteivorstand zu benennenden Mitgliedern besteht.

5. Für die Arbeit der Kommission ist das bereits bestehende Sekretariat materiell und personell zu verstärken; es soll als ständige Arbeitsgruppe auch der Parteiorganisation für Anfragen und wissenschaftliche Arbeiten zur Verfügung stehen."

Teil II:

Vorschläge zur Reform der Bodenordnung

**vorgelegt von der Kommission
für Bodenrechtsreform
beim Parteivorstand der SPD**

Vorwort der Kommission

Die Kommission für Bodenrechtsreform beim Parteivorstand der SPD hat innerhalb der ihr vom Saarbrückener Parteitag 1970 gesetzten Frist ein Vorschlagspapier zur Bodenreform vorgelegt und der Partei zur Diskussion überstellt. Diese Frist ergab sich aus der ursprünglichen Terminplanung für den nächsten ordentlichen Parteitag der SPD, der im Spätherbst 1972 stattfinden sollte und nun wegen der angestrebten Neuwahlen von den zuständigen Gremien der SPD wahrscheinlich auf das Frühjahr 1973 verschoben werden muß.

Der Parteivorstand wird zu diesem Papier Stellung nehmen.

Es ist Tradition der Sozialdemokraten, daß sie zu den vorrangigen gesellschaftspolitischen Problemen nicht nur Lippenbekenntnisse abgeben.

Die Kommission stellt sich heute einer überragend wichtigen gesellschaftspolitischen Aufgabe mit einem konkreten Konzept, das dem nächsten Parteitag zur Beschlußfassung übergeben wird.

Sie stellt sich damit zugleich der von den Unionsparteien und den sie stützenden Verbänden längst angedrehten Kampagne gegen eine wirksame Reform der Bodenordnung.

Sie tut das, weil sie sich zum Ziel gesetzt hat, ein Ärgernis allergrößten Ausmaßes anzugehen, das sich seit Kriegsende durch die bodenpolitische Enthaltsamkeit der Unionsparteien dramatisch zugespitzt hat.

Sie tut es aber auch, um den vielfach restlos verzerrten Meinungsstand in der Öffentlichkeit über die wahren Ziele und Maßnahmen dieser Konzeption richtigzustellen und damit eine Fortsetzung der Angstkampagne der Opposition unmöglich zu machen.

Sie weiß, daß mit der Verwirklichung dieser Vorschläge wirtschaftliche Interessen einiger weniger betroffen werden.

Sie weiß, daß es diese konservative Minderheit bisher immer verstanden hat, die Masse der Eigenheimer und Kleineigentümer gegen eine Reform der Bodenordnung zu mobilisieren.

Die Dringlichkeit des Bodenproblems läßt jedoch keinen Raum für einseitige Interessenpolitik. Jeder muß wissen, daß er mit einem weiteren Beharren auf überkommenen Regelungen nicht nur die anderen, sondern auch sich selbst schädigt.

Dieses Papier soll das klarmachen und konstruktive Diskussionen dazu in Gang bringen.

Hans Koschnick
1. Vorsitzender

Mitglieder der Kommission für Bodenrechtsreform beim PV der SPD

Vorsitzender:

Bürgermeister Hans Koschnick

Stellv. Vorsitzender:

Bundesminister Dr. Lauritz Lauritzen

Mitglieder:

Vom Parteivorstand benannt:

Bundesminister Gerhard Jahn
Staatssekretär Dr. Detlev Rohwedder
Dr. R. Martin Schmidt, MdB
Oberbürgermeister a. D. Dr. Hans Jochen Vogel

Vertreter der Bezirke:

Schleswig-Holstein	Bodo Richter
Hamburg	Dr. Gottfried Scholz
Bremen	Ernst Waltemathe
Nord-Niedersachsen	Karl Ravens, MdB — Parl. Staatssekretär
Weser-Ems	Walter Polkehn
Hannover	Dr. Karl Ahrens, MdB
Braunschweig	Bernhard Liess
Ostwestfalen-Lippe	Dr. Eberhard Munzert
Westl. Westfalen	Hermann Heinemann
Niederrhein	Friedrich Kinnigkeit
Mittelrhein	Erich Henke, MdB
Hessen-Nord	Hans Otto Weber
Hessen-Süd	Alexander Schubart
Baden-Württemberg	Peter Conradi
Franken	Hans Batz, MdB

Niederbayern/Opf.	Dr. Andreas Schlittmeier, MdL
Südbayern	Werner Veigel
Rheinland-Hessen-Nassau	Peter Paul Jost, MdL
Rheinhessen	Dr. Willi Fischer, MdB
Pfalz	Willi Rothley
Saar	Dr. Winfried Brandenburg
Berlin	Adolf Blasek

Beratende Mitglieder:

Prof. Karl Becker
Jörg Jordan
Hans-Georg Lange
Albrecht Müller
Ulrich Pfeiffer
Erich Schumann
Dr. Louis Storck

Mitarbeiter:

Heinz Gottschalk
Gerd Brengelmann
Henning von Borstell
Volker Riegger

Motto

1. „Der Boden ist zum Schaden der Städte und ihrer Bürger noch immer Spielball von Spekulationsinteressen. Die Gemeinden müssen oft ohnmächtig zusehen, wie rein profitorientierte Investitionsprojekte städtebaulich wertvolle Gebäude und Anlagen verdrängen. Wer das verhindern will, muß sich für ein wirksames Planungsrecht, für Maßnahmen im Steuer- und Bodenrecht, gegen die Spekulation mit Grund und Boden sowie für ein Eigentumsverständnis einsetzen, das ein neues Gleichgewicht zwischen Interessen des einzelnen und denen der Allgemeinheit herstellt."

> Hans Koschnick
> Bürgermeister
> Präsident des Senats der
> Freien Hansestadt Bremen

2. „Die geltende Bodenordnung ist ein Ärgernis. Tag für Tag werden einigen wenigen Eigentümern leistungslose Millionengewinne zugeschwemmt, die Mieter, Verbraucher und Steuerzahler belasten. Das widerspricht den Prinzipien unserer Gesellschaftsordnung. Der Bodenmarkt darf deshalb nicht länger einem Glückspielautomaten gleichen, der Gewinne nach dem Zufallsprinzip verteilt. Gute Planungskonzepte für unsere Städte dürfen nicht immer wieder im Nadelöhr der Bodenordnung hängenbleiben."

> Dr. Lauritz Lauritzen
> Bundesminister für Verkehr
> und für das Post- und Fernmelde-
> wesen und
> Bundesminister für Städebau
> und Wohnungswesen

3. „Noch immer wird so getan, als ob Grund und Boden eine beliebig reproduzierbare Ware sei. Diesem Anachronismus, der beispielsweise beim Wasser schon lange überwunden ist — seine Entschließung, Entnahme und sein Verbrauch unterliegt strengen öffentlichen Kontrollen — wird bei Grund und Boden immer noch gehuldigt. Keiner darf Trinkwasser zum Gegenstand spekulativer Manipulationen machen. Aber beim Grund und Boden ist nahezu alles erlaubt."

> Dr. Hans-Jochen Vogel
> Oberbürgermeister der
> Landeshauptstadt München

Gliederung

A. Analyse

1.   Das geltende Bodenrecht geht in seinen Ursprüngen auf Grundzüge des römischen Rechts zurück, die im 19. Jahrhundert vom Liberalismus übernommen wurden. Es behandelt den Grund und Boden im Prinzip wie jede andere Ware, läßt den Preis nach Marktgrundsätzen durch Angebot und Nachfrage bestimmen und beläßt Bodenwert und Bodenrente im wesentlichen dem jeweiligen Privateigentümer. In den Grenzen des Bundesbaugesetzes ist auch die Entscheidung über die Nutzung des Grundstücks Sache des Eigentümers.

2.   Diese Regelung ist bereits im Ansatz fehlerhaft. Grund und Boden ist keine beliebig vermehrbare Ware. Er ist vielmehr als nahezu einziges Gut unvermehrbar, unverzichtbar und unzerstörbar. Die daraus resultierende starke Stellung von Eigentümern in Gebieten mit hoher Grundstücksnachfrage hat schon in der Vergangenheit zu mühelosen Gewinnen größten Ausmaßes geführt und insbesondere den Großgrundbesitzern eine unangemessene, die Interessen der Gemeinschaft beeinträchtigende Machtposition verschafft.

3.   Der Marktmechanismus vermochte diese Entwicklung nicht zu steuern. Er wurde nicht zuletzt dadurch pervertiert, daß der Grund und Boden als spekulationsträchtiges Anlageobjekt Kapital auf sich zog, das sich weniger in der Nutzung des Bodens als an der maximalen Wertsteigerung orientierte. Dieses Verhalten wird durch das geltende Steuersystem erleichtert und begünstigt.

4.   Bei den gegenwärtigen Bodenmarktverhältnissen haben Nachfrager, die kein großes Vermögen einsetzen können, nur geringe Chancen, zum Zuge zu kommen — auch wenn sie ertragreiche oder mit den Zielen der Stadtentwicklung vereinbarte Projekte planen. Der Bodenpreis stellt nämlich ein im voraus geleistetes Entgelt für zukünftige — im Regelfall steigende — Erträge dar. Dadurch sind vermögende Bodennachfrager bevorzugt, die anfängliche Verlustphasen, die im Grundstücksbereich fast regelmäßig auftreten, durchstehen können bzw. in der Lage sind, hohe Finanzierungskosten zu tragen. Dieser Tatbestand fördert die Konzentration des Grundvermögens — steht also einer breiten Eigentumsstreuung entgegen.

5.   Durch die Beschleunigung des Verstädterungsprozesses und den wachsenden Bedarf an Stadtfläche — er stieg zwischen 1930 und 1960 von 80 auf 140 qm pro Einwohner — haben sich die negativen Auswirkungen unseres Bodenrechts weiter verschärft. Das sind die wesentlichen Krisensymptome:

Der Bodenwert steigt im Normalfall als Folge der laufenden Verknappung ohne eigene Leistungen der Eigentümer rasch an. Dabei konzentriert sich die Masse der Wertsteigerungen in wenigen Händen. Zwar beträgt die Zahl der Grundstückseigentümer in der Bundesrepublik gegenwärtig rd. 10 Mio., 8 Mio. davon sind jedoch Kleineigentümer, darunter 6,5 Mio. Inhaber von Eigenheimen und Eigentumswohnungen. Außerdem gibt es rd. 1,2 Mio. Landwirte. Der Wert ihrer landwirtschaftlich genutzten Fläche stagniert in der überwiegenden Zahl der Fälle oder sinkt sogar wegen des allgemeinen Agrarstrukturwandels in den Industriegesellschaften.

Man kommt somit auf eine Zahl von allerhöchstens 0,8 Mio. Bodeneigentümern, denen beträchtliche Werte ohne entsprechende eigene Investitionen zuwachsen.

Der Gesamtzuwachs wird von der amtlichen Statistik bisher nicht ermittelt, doch werden allein die Wertsteigerungen beim Übergang von Ackerland zu Bauland in den letzten zehn Jahren auf über 50 Milliarden DM geschätzt (zum Vergleich: Die gesamten Darlehen für den sozialen Wohnungsbau seit Ende des Krieges betragen ebenfalls nur rd. 50 Milliarden). Der entsprechende Wertzuwachs für die schon bebauten Gebiete ist mit Sicherheit weit höher.

Einzelbeispiele machen den Mißstand noch deutlicher.

In einem normalen Wohngebiet Stuttgarts stieg der Anteil der Grundstückskosten an den Gesamtkosten einer Wohneinheit von 1958 bis 1969 von 6 auf 24 v. H.

Mit der Entscheidung zum Bau einer Universität in Bielefeld entstanden — über Nacht — in einem Falle Wertsteigerungen von 76,9 v. H., in einem anderen sogar 146,1 v. H.; d. h.: allein durch diese Entscheidungen mußte die öffentliche Hand an zwei Eigentümer mehr als 10 Mio. DM zahlen.

Am 31. 12. 1971 betrugen die Durchschnittswerte für Bauland in den Landkreisen von NRW 28,80 DM/qm, die für reines Ackerland rund 2,63 DM. Das heißt, daß Planungs- und Erschließungsmaßnahmen der öffentlichen Hand, die den Übergang von Ackerland zu Bauland besorgen und vom Steuerzahler zu tragen sind, zu einer Wertsteigerung von mehr als 1000 v. H. geführt haben.

In München stiegen die Bodenpreise von 1950 bis Ende 1971 im Durchschnitt um 2830 v. H.

Bei Nutzungskonflikten, d. h. beim Wettbewerb mehrerer Nutzungen um dasselbe Grundstück, setzt sich in aller Regel diejenige Nutzung durch, die aus dem Grundstück den höchsten Ertrag für den privaten Eigentümer herausholt und deshalb den höchsten Kaufpreis tragen kann. Ob diese Nutzung dann auch den Interessen der Gemeinschaft entspricht oder auch nur die der Gemeinschaft erwachsenden Folgekosten deckt, spielt keine Rolle. Deshalb setzt sich in schon bebauten Gebieten zumeist das Bürohaus gegen das Wohnhaus, das Konzerngebäude oder Kaufhaus gegen das kommunale Kommunikationszentrum durch. Greift die Stadt kraft ihrer Planungshoheit ein, muß sie den Verkehrswert entschädigen, und der richtet sich wiederum nach der Nutzung mit dem höchsten Ertrag. Die Verödung unserer Innenstädte, die Verdrängung der Wohnbevölkerung aus den Innenstadtgebieten, die Zerstörung schutzwürdiger alter Bausubstanz haben hier ihre Wurzel.

B. Ziele der Reform

Eine Industriegesellschaft, in der sich immer mehr Menschen, Produktions-
anlagen und Infrastrukturinvestitionen auf engem Raum zusammendrängen
und in der immer mehr großstädtische Bürger auf freien Zugang zur Natur
angewiesen sind, kann die Verfügung über Grundstücke nicht der vom Eigen-
nutz geprägten Entscheidung bestimmter Eigentümergruppen überlassen bleiben.

Wir brauchen eine sachgerechte Balance zwischen den Ansprüchen der Gemeinschaft und den Interessen des einzelnen Investors oder Eigentümers.
Diese Balance ist heute empfindlich gestört.

Die Vorschläge der Kommission zur Reform der Bodenordnung haben zum
Ziel:

1.   Bodenpreise, die einen fairen Gegenwert für tatsächlich in Anspruch
genommene Nutzungen darstellen.

   Keine schwindelerregenden Preise als Folge monopolartiger Machtposi-
   tionen.

2.   Eine ausreichende Verfügungsmacht der Gemeinden, damit nicht der
höchste private Gewinn, sondern Wirtschaftlichkeit und soziale Rücksicht-
nahme, Schönheit und Funktionsfähigkeit gleichermaßen im städtischen In-
vestitionsprozeß zur Geltung kommen.

   Keine Planungsämter, die mit unzureichenden Rechten ausgestattet, müh-
   sam die schwersten Fehlentwicklungen verhindern.

   Keine „Bodensperre" für dringende öffentliche und private Projekte.

3.   Eine angemessene Beteiligung der öffentlichen Hand an den Wertsteigerungen von Grund und Boden zur Finanzierung der Infrastrukturinvestitionen.

   Keine glücksspielähnlichen Millionen- und Milliardengewinne auf einem
   funktionslos gewordenen Markt zu Lasten der Mieter, Bausparer und
   Steuerzahler.

4.   Offenhalten der Natur durch die Gemeinschaft für alle Bürger.
   Keinen Ausverkauf der letzten freien Seeufer, schönen Aussichtsplätze
   oder ruhigen Waldrandlagen.

5.   Ein Steuerrecht, das die Bevorzugung des Bodens als Vermögensanlage aufhebt.

Keine steuerbegünstigte Spekulation einiger weniger zu Lasten aller.

6.   Erweiterter Zugang zum Erwerb von Nutzungsmöglichkeiten an Grund und Boden für alle Bürger zur Befriedigung ihrer Wohnbedürfnisse.

Keine Marktsperre für Bausparer und andere Interessenten, die sich heute nicht gegen übermäßig steigende Bodenpreise wehren können.

7.   Ein geläutertes, dem Grundgesetz entsprechendes Eigentumsverständnis, das die soziale Bindung des Eigentums verwirklicht.

Keine Eigentumsordnung, die zu gemeinschaftsschädlicher Bodennutzung einlädt.

C. Maßnahmen

I. Vorschläge zur Reform des Planungsrechts

1. Problemaufriß

1.1. Das Bundesbaugesetz wurde nach langen Beratungen im Jahre 1960 verabschiedet. Es ist geprägt von einem unzureichenden und eingeengten Planungsverständnis. Eine aktive Stadtentwicklungspolitik galt damals noch nicht als notwendig. Dementsprechend ermöglicht das Gesetz den Gemeinden nur, bestehende Investitionspläne privater Investoren in eine räumliche Ordnung zu bringen. Es fehlen

— Handhaben, um eine zügige Bebauung neu erschlossener Gebiete durchzusetzen.

— Kompetenzen, um öffentliche und private Investitionen sachlich und zeitlich ausreichend zu koordinieren und miteinander zu verzahnen.

— Rechte, um unerwünschte Nutzungsänderungen oder Verdrängungsprozesse zu unterbinden.

— Instrumente, die erlauben, in städtebaulich bedeutsamen Zonen bestimmte Nutzungen zu erhalten oder bei Neubauungen durchzusetzen.

Die Gemeinden müssen deshalb vielfach ohnmächtig zusehen, wie kapitalkräftige Konzerne sich gerade in den traditionsreichsten und reizvollsten Vierteln ausbreiten und mit einförmigen Bauprojekten die Individualität und auch Attraktivität unserer Städte Schritt für Schritt zerstören und sie in austauschbare Versorgungsmaschinen umwandeln. Ganz abgesehen davon, daß der für Einzelunternehmen kostengünstige Standort noch lange nicht kostengünstig für die Allgemeinheit sein muß, die für die Infrastruktur und sonstige Folgelasten aufzukommen hat.

1.2. Wir sind sicherlich noch weit davon entfernt, für die Aufgaben der Stadtentwicklungspolitik und Stadtplanung vollkommene, allen Ansprüchen genügende Lösungen anbieten zu können.

— Es fehlen technisch ausgefeilte und anwendbare Massenverkehrssysteme, die die Vorteile des Autos aufweisen, ohne zugleich dessen Schäden hervorzurufen.

— Es fehlt an ausreichenden Finanzmitteln, um den anschwellenden Bedarf öffentlicher Einrichtungen rasch genug befriedigen zu können, und

— es fehlt an gesicherten Erkenntnissen der Stadt- und Wohnforschung für den Bau humaner Städte.

Alle diese Lücken und Mängel, die durch jahrelanges Warten, Zögern, durch die Angst vor einflußreichen Interessen, die am gegenwärtigen Zustand verdienen, durch eine ideologisch bedingte Ablehnung öffentlicher Planung oder durch eine konservativ romantische Stadtblindheit oder -feindschaft entstanden sind, können sicherlich nicht von heute auf morgen überwunden werden. Der Mangel an Geld oder vollbefriedigendem Wissen ist jedoch kein Grund, Städte und Ballungsgebiete auch in Zukunft ungeordnet und unrationell weiterwuchern zu lassen, ohne ausreichende Rücksicht und Sorge um die Bedürfnisse ihrer Bewohner.

Wir müssen deshalb das Bundesbaugesetz rasch in ein wirksames Instrument der Stadtentwicklungspolitik umwandeln. Dann werden zumindest bessere Lösungen als heute möglich sein. Wir stehen am Anfang einer Periode, in der wir uns verstärkt den Problemen und Sorgen unserer Städte und ihrer Bürger widmen werden. Die Novellierung des Bundesbaugesetzes ist dabei ein wichtiger Schritt. Die folgenden Vorschläge enthalten zentrale Elemente zu seiner Verbesserung.

2. Das Instrumentarium

Durch die Verabschiedung des Städtebauförderungsgesetzes wurde den Gemeinden für Sanierungs- und Entwicklungsmaßnahmen ein leistungsfähiges Instrumentarium zur Verfügung gestellt, das eine ausreichende Steuerung unter städtebaulichen und sozialen Gesichtspunkten ermöglicht. Diese Pioniereigenschaft des Städtebauförderungsgesetzes hat auf die Dauer jedoch zur Folge, daß im geltenden Städtebaurecht eine Disparität entsteht, weil entsprechende Regelungen im Bundesbaugesetz nicht oder nur unter sehr engen Voraussetzungen anwendbar sind. Auf die Dauer ist dieser Zustand rechtspolitisch unbefriedigend und verfassungspolitisch nicht unbedenklich. Allein das wäre Grund genug, eine allgemeine Reform des Städtebaurechts in Angriff zu nehmen.

Vorschlag (A)	Begründung (B)
2.1. Ausweitung der Kompetenzen der Gemeinden zur Festlegung von Nutzungen einzelner Grundstücke	
Die Gemeinden erhalten das Recht, die Art und Weise der Nutzung der Grundstücke im Bebauungsplan konkreter, detaillierter und differenzierter auszuweisen, als es gegenwärtig der Fall ist. (Beispiel: Vorschriften über Mischnutzungen von Gebäuden in bestimmten Zonen, Reservierung eines Mindestanteils für Wohnnutzungen in einzelnen Gebäuden.)	Entsprechende Handhaben fehlen bisher.

| (A) | (B) |

2.2. Baugebot

Alle im Geltungsbereich eines Bebauungsplanes liegenden Grundstücke können mit einem Baugebot belegt werden, falls ihre zügige Bebauung zur Verwirklichung eines Bebauungsplanes notwendig ist. Der Eigentümer wird durch das Baugebot innerhalb einer Frist zur plangerechten Nutzung verpflichtet. Gegenüber der Gemeinde erhält er gleichzeitig den Anspruch auf Übernahme des Grundstücks, falls er zur Durchführung des Baugebots nicht in der Lage ist. Für die Ermittlung des Bodenwertes gelten dabei die Grundsätze der Enteignungsentschädigung.

Nach dem Bundesbaugesetz besteht bisher lediglich die Möglichkeit, im Rahmen einer Umlegung unter engen Voraussetzungen ein Baugebot zu erlassen (§ 59 Abs. 4 Bundesbaugesetz, vgl. § 20 Städtebauförderungsgesetz).

2.3. Modernisierungsgebot

Falls der Zustand erneuerungswürdiger Gebäude die erfolgreiche Durchführung eines Bebauungsplanes verhindert, können die Gemeinden ein Modernisierungsgebot erlassen.

Entsprechende Vorschriften fehlen bisher im Bundesbaugesetz. Ein Modernisierungsangebot bringt den Vorteil, daß nicht nur im Rahmen einer Umplanung zugleich mit der Neubebauung eine gezielte Modernisierung alter Gebäude vorgenommen werden könnte (vgl. § 21 Städtebauförderungsgesetz), sondern sie verhindert auch das Absinken ganzer Stadtteile in Sanierungsgebiete.

2.4. Abbruchgebot

Ein Abbruchgebot kann zur Durchsetzung von Bebauungsplänen erlassen werden,

— falls bauliche Anlagen den Festsetzungen eines Bebauungsplanes widersprechen,

— falls sie dem Mindeststandard für gesundes Wohnen nicht entsprechen oder

— falls sie in der Substanz so geschädigt sind, daß sie durch Modernisierungsarbeiten nicht mehr an einen zeitgerechten Standard angepaßt werden können.

Das Bundesbaugesetz kennt bisher nur ein Abbruchgebot durch förmliche Enteignung (§ 86 Abs. 1 Nr. 5 Bundesbaugesetz). Wegen der rechtlich schwierigen Konstruktion wird die Vorschrift in der Praxis kaum angewendet. (Die entsprechenden Vorschriften des § 19 Städtebauförderungsgesetz sollen ins Bundesbaugesetz übernommen werden.)

Ihrem Auftrage entsprechend hat sich die Kommission in ihrer Arbeit auf die bodenrechtlichen Fragen einer Novellierung des Städtebaurechts beschränkt. Themen wie die Demokratisierung der Planung oder die Koordinierung der Bauleitplanung mit der Landesplanung wurden nicht behandelt.

II. Vorschläge zur Reform des Enteignungs- und Entschädigungsrechts

1. Problemaufriß

Das Bundesbaugesetz kennt als Möglichkeiten kommunalen Grunderwerbs die Enteignung und das gemeindliche Vorkaufsrecht. Beide Formen sind nur bei Vorlage enger rechtlicher Voraussetzungen anwendbar. Hinzu kommt, daß als Entschädigung der Verkehrswert mitsamt den planungsbedingten Werterhöhungen gezahlt werden muß. Beim Vorkaufsrecht muß die Gemeinde in den Kaufpreis eintreten, den der Verkäufer mit einem Dritten ausgehandelt hat.

Das Bundesbaugesetz anerkennt zwar in Ausfüllung des Grundgesetzes in der Theorie die Notwendigkeit von Enteignungen, aber in der Praxis blieb das vom Gesetzgeber schon 1960 gewollte Recht jedoch weithin unwirksam, weil bei der Entschädigung auch planungsbedingte Wertsteigerungen abgegolten werden mußten und weil sich die Verfahren als unnötig kompliziert und zeitraubend herausstellten. Die Bestimmungen über die Möglichkeit von Enteignungen blieben also weithin unwirksame Deklamation. Die Gemeinden mußten Flächen für öffentliche Zwecke deshalb oft zu überhöhten Preisen erwerben, wenn sie nicht unzumutbare Verzögerungen beim Bau von Schulen, Straßen oder sonstigen öffentlichen Einrichtungen hinnehmen wollten. Ihre Rechte waren gerade dann am wenigsten wert, wenn Projekte am dringendsten waren, weil die Anbieter oder Spekulanten wußten, jeder Tag Verzögerung bringt Ärger, Belästigungen oder gar Schaden für die Allgemeinheit. Eine solche Bereicherung auf Kosten des Allgemeinwohls ist durch wirksame Enteignungsmöglichkeiten zu unterbinden.

Das Städtebauförderungsgesetz hat in seinem § 18 als neue Möglichkeit das kommunale Grunderwerbsrecht eröffnet. Es kann jedoch nur ausgeübt werden, nachdem eine Veräußerung untersagt worden war. Den Gemeinden fehlen also wirksame Handhaben des Grunderwerbs. Die folgenden Vorschläge sollen ihnen ausreichende Möglichkeiten schaffen.

2. Neuregelung des Enteignungsverfahrens

2.1. Vorverlegung der Einleitung des Verfahrens

(A)

Das Enteignungsverfahren kann eingeleitet werden, bevor ein Bebauungsplan aufgestellt wurde. Es ge-

(B)

Nach dem Bundesbaugesetz ist die Einleitung des Verfahrens erst nach *endgültiger* Verabschiedung eines

nügt, wenn der Entwurf des Bebauungsplanes vom Rat beschlossen ist. Enteignungsbeschlüsse können jedoch erst ergehen, wenn ein rechtsverbindlicher Bebauungsplan endgültig vorliegt. Angemessen ist ein freihändiges Angebot zum selbstveranlagten Wert.

rechtsverbindlichen Bebauungsplanes möglich (§ 85) und *nach* Abgabe freihändiger Angebote (§ 87 Abs. 2 Ziff. 2). Solche freihändigen Angebote sind aber nur gültig, wenn diese *nach* dem schon verabschiedeten Bebauungsplan abgegeben wurden, so daß jahrelange Vorverhandlungen nichts nützen und die Einleitung einer Enteignung nicht beschleunigen. Außerdem gelten *vorherige* Angebote auch nicht für den Ausschluß von Wertsteigerungen im Sinne des § 95 Abs. 2 Ziff. 2. Die bisherige Praxis verzögert und verteuert deshalb eine Enteignung.

Die Neuregelung, die dem § 22 Abs. 2 StfG entspricht, soll — bei Wahrung der demokratischen Mitwirkungsmöglichkeit zur Aufstellung eines Bebauungsplanes — das Enteignungsverfahren beschleunigen und verbilligen.

2.2. Ausweitung der Enteignungszwecke

Über die bisherigen Möglichkeiten hinaus sollte eine Enteignung zur Durchsetzung eines Bebauungsplanes möglich sein:

— wenn trotz angemessener Preisangebote die Durchsetzung eines Bebauungsplanes an der Verkaufsbereitschaft eines Eigentümers scheitert und Investoren bereit sind, den Bebauungsplan zu erfüllen.

— wenn ein Grundstück mit einem Baugebot belegt wurde und die Ausführungsfrist verstrichen ist, ohne daß der Eigentümer das Baugebot erfüllte (vgl. § 20 Abs. 7 StfG).

Entsprechende Regelungen fehlen bisher im Bundesbaugesetz.

2.3. Verbindung von Enteignungsverfahren

Die Gemeinde kann beantragen, daß Enteignungsverfahren für mehrere

Das Bundesbaugesetz gibt nur die Möglichkeit, solche Verfahren zu

(A)	(B)

Grundstücke miteinander verbunden werden.

verbinden, bei denen mehrere Grundstücke von einer Enteignung für ein zusammenhängendes Bauvorhaben betroffen sind. (Vgl. § 22 Abs. 4 StfG.)

2.4. Trennung von Entschädigungs- und Enteignungsprozeß

Das Verfahren über den Grund der Enteignung wird vom Verfahren über die Höhe der Entschädigung getrennt. Dadurch wird sichergestellt, daß Auseinandersetzungen über die Entschädigungshöhe den Fortgang der Planung nicht behindern können.

Das Bundesbaugesetz sieht diese Trennungsmöglichkeit bisher nicht vor. (Vgl. § 22 Abs. 5 StfG.)

3. Neuregelung der Entschädigungsbestimmungen

3.1. Höhe der Entschädigung

Die Höhe der Entschädigung des Grund und Bodens orientiert sich an dem durch Selbstveranlagung ermittelten Steuerwert (vgl. Vorschläge zur Reform der Bewertungsprinzipien und Bewertungsverfahren). Da sich u. U. die Verkehrswerte innerhalb kurzer Fristen schnell von den selbst eingeschätzten Steuerwerten entfernen können, müssen Eigentümer und Kommune eine nachträgliche amtliche Überprüfung beantragen können, um den jeweiligen Wert zum Enteignungszeitpunkt ermitteln zu können.

Durch die Einführung neuer Bewertungsverfahren sollten zeitnahe Verkehrswerte ermittelt werden, die bei der Grundsteuer, Vermögensteuer, Wertzuwachssteuer und Erbschaftsteuer als Bemessungsgrundlage dienen. Da bei Enteignungsverfahren von den gleichen Bewertungsgrundsätzen ausgegangen wird, sind auch die für die Steuerzwecke ermittelten Werte heranzuziehen.

Planungsbedingte Werterhöhungen, die im Zusammenhang mit der Aufstellung eines Bebauungsplanes durch die Aussicht auf eine zukünftige bessere Ausnutzung entstehen, werden von der Entschädigung ausgeschlossen.

Durch generelle Heranziehung aller planungsbedingten Wertsteigerungen zur Finanzierung öffentlicher Leistungen kann im Enteignungsfalle eine planungsbedingte Werterhöhung nicht berücksichtigt werden, weil sonst die entsprechenden Eigentümer gegenüber allen übrigen begünstigt wären. Es ist verfahrenstechnisch möglich, bei der Entschädigung zunächst vom Verkehrswert auszugehen und davon die Planungswertausgleichsabgaben sofort einzubehalten oder nachträglich in einem getrennten Verfahren zu erheben.

(A)	(B)

3.2. Formen der Entschädigung

Die Entschädigung ist grundsätzlich in Geld festzusetzen. Die Entschädigung kann auch gewährt werden in Form von

1. Miteigentum an einem Grundstück, grundstücksgleichen Rechten oder Rechten nach dem Wohnungseigentumsgesetz oder

2. sonstigen dinglichen Rechten oder

3. Immobilienfondsanteilen.

Wird eine Entschädigung in Ersatzland gefordert, so kann diese Entschädigung statt in Ersatzland in grundstücksgleichen Rechten festgesetzt werden, soweit diese Rechte der Art nach ebenso zur Sicherung der Berufs- oder Erwerbstätigkeit geeignet sind.

Die Kommission ist der Auffassung, daß die gegenwärtige Regelung des § 100 BBauG zu extensiv zur Übertragung vom Volleigentum des Ersatzgeländes führen kann. Nach der Verabschiedung des Städtebauförderungsgesetzes sollte die Regelung des § 22 Abs. 3 generell vorgesehen werden.

4. Einführung eines preislimitierenden Vorkaufsrechts

Zur Durchsetzung von Bebauungsplänen und zur Verhinderung spekulativer Bodenkäufe erhalten die Gemeinden ein preislimitierendes Vorkaufsrecht. Das preislimitierende Vorkaufsrecht kann geltend gemacht werden für Grundstücke im Geltungsbereich eines Bebauungsplanes, Grundstücke, die einer Satzung über eine Veränderungssperre unterliegen, oder alle im Verfahren über eine Bodenordnung einbezogenen Grundstücke. Bei Ausübung des preislimitierenden Vorkaufsrecht tritt an die Stelle des vereinbarten Kaufpreises der Betrag, der im Falle der Enteignung als Entschädigung zu gewähren wäre.

Zur Wertermittlung des Bodens wird der durch Selbstveranlagung ermittelte Steuerwert herangezogen. Falls sich die Wertverhältnisse seit Festsetzung des letzten Steuerwertes erheblich geändert haben, erhalten bei-

Das preislimitierende Vorkaufsrecht kann ein wirksames Instrument zur Verhinderung spekulativer Bodenpreisentwicklungen werden. So können z. B. Käufe von Unternehmungen, die in Wohngebieten andere Nutzungen durchsetzen wollen und die deshalb überhöhte Preise zahlen, unterbunden werden. Die Gemeinde gerät dann nicht unter den Druck solcher Käufer, die Gebäude erwerben, um sie anschließend verkommen zu lassen, damit die Voraussetzungen für Neuinvestition und Neuplanung möglichst schnell entstehen.

In ähnlicher Weise kann das preislimitierende Vorkaufsrecht eingesetzt werden, um die Durchführung und Erhebung des Planungswertausgleichs zu sichern.

(Vgl. Ziff. 3 Punkt 1)

de Seiten innerhalb einer gewissen
Frist das Recht, den Bodenwert durch
die amtlichen Bewertungsstellen neu
ermitteln zu lassen.

III. Einführung eines Planungswertausgleichs

1. Problemaufriß

In den Sachverständigen-Hearings zum Städtebauförderungsgesetz erklärte
Prof. Dr. Farenholtz:

„Durch den Flächennutzungsplan der Stadt Stuttgart 1970 werden etwa
600 ha neue Wohnbauflächen ausgewiesen. Bei einer Parzellengröße im Real-
teilungsgebiet in Stuttgart von ca. 1000 qm wächst der „Planungsgewinn"
etwa 6000 Eigentümern zu. Der Planungsgewinn, zuwachsend innerhalb
etwa einer Zeit von 10 Jahren, beträgt etwa 1 Milliarde DM. Das ist das
Dreifache dessen, was die Stadt Stuttgart nach dem Krieg für den Schulhaus-
bau aufgewendet hat.

Für ein neues Wohnbaugebiet in Stuttgart haben wir die Investitionen
addiert, die die öffentliche Hand vornehmen muß, um aus diesen Quadrat-
metern neuen Wohnbaulandes bewohnbare Siedlungen zu machen. Es sind
etwa 75—100 DM pro qm nicht einziehbare Mittel, die die öffentliche Hand
aus dem öffentlichen Haushalt in solchen Gebieten investiert für Schulhaus-
bau etc., und zwar nur innerhalb des Gebietes, nicht Investitionen außerhalb,
Friedhöfe u. a. . . . ."

Diese Darstellung macht an einem Beispiel deutlich, was Tag für Tag in
unseren Städten und Dörfern zu beobachten ist. Sobald ein Verfahren zur
Aufstellung eines Bebauungsplanes in Gang kommt, erhöhen sich schon durch
die bloße Aussicht auf eine zukünftige bessere Ausnutzbarkeit die Bodenwerte ohne Leistungen der Eigentümer oft um ein Mehrfaches der Ausgangs-
werte.

Solche Zufallsgewinne aufgrund öffentlicher Planungsentscheidungen widersprechen dem Prinzip der Gleichbehandlung aller Bürger. Sie widersprechen
unserer Wirtschaftsordnung, wonach zwischen den erbrachten Beiträgen zum
Sozialprodukt und den dadurch erzielten Gewinnen oder Einkommen ein
angemessenes Verhältnis bestehen soll.

Derzeit gerät jede Aufstellung eines Bebauungsplanes unter den Druck der
Bodenspekulation, denn die Einbeziehung in einen Bebauungsplan kann über
Millionengewinne weniger Personen entscheiden.

Der Privatisierung der Planungsgewinne steht auf der anderen Seite eine
Sozialisierung der Planungsschäden gegenüber. Immer dann, wenn Grundstücke durch Neuplanungen in ihrer Nutzbarkeit beeinträchtigt werden, aber
auch schon dann, wenn ein noch nicht in Anspruch genommenes Bebauungs-
recht, wieder geändert wird und die Ausnutzbarkeit sinkt, haben die Gemeinden diese Wertminderung zu entschädigen.

Der Eigentümer hat deshalb einen Planungswertausgleich an die Gemeinde als Gegenleistung für den seinem Grundstück durch Bebauungsplan zuwachsenden Mehrwert zu entrichten.

2. Grundsätze der Erhebung

(A)

(B)

2.1. Höhe des Planungswertausgleichs

Der Planungswertausgleich muß in seiner Höhe das Gegenstück zu den Entschädigungszahlungen darstellen, die von den Gemeinden immer dann zu entrichten sind, wenn Planungsschäden auftreten oder wenn die Ausnutzbarkeit von Grundstücken entgegen ursprünglichen Planungen herabgesetzt wird.

Der Gedanke des Planungswertausgleichs ist so alt wie das Phänomen der planungsbedingten Wertsteigerungen. In den Beratungen zum Bundesbaugesetz galt seine Einführung bei der überwiegenden Zahl der Experten als zentrales Element. Dementsprechend wurden mehrere Konzeptionen für seine Realisierung vorgelegt. Auch die von der damaligen CDU-Regierung eingesetzte Hauptkommission zur Vorbereitung des Gesetzentwurfs erarbeitete entsprechende Vorschläge.

2.2. Erhebungsverfahren

Als Ausgangspunkt zur Errechnung der Ausgleichszahlung muß daher der Verkehrswert gelten, wie er sich unter der Voraussetzung einer unveränderten planungsrechtlichen Situation bilden würde. Als Endwert gilt der neue Verkehrswert nach Verabschiedung des Bebauungsplanes.

Zur Erhebung des Planungswertausgleichs empfiehlt sich ein vereinfachtes pauschaliertes Verfahren.

Zu einer Realisierung dieser Konzeption kam es jedoch nicht: Einmal scheute man vor den technischen Schwierigkeiten einer solchen Regelung zurück. Außerdem hatte 1954 das Bundesverfassungsgericht unter der damaligen — heute nicht mehr gegebenen — Rechtslage eine Kompetenz des Bundes verneint. Inzwischen hat sich die Situation am Bodenmarkt weiter verschärft. Die damaligen Argumente zugunsten eines Planungswertausgleichs gelten heute erst recht. Vor allem auch deshalb, weil sich die spärlichen Ansätze zur Bekämpfung der Bodenspekulation im Bundesbaugesetz als völlig unzureichend und unwirksam erwiesen haben.

Die Kommission empfiehlt daher, auf die Vorarbeiten aus der Phase der Beratungen zum Bundesbaugesetz zurückzugreifen. Sie hat dementsprechend keine eigenen neuen Modelle entwickelt, sondern lediglich skizzenhaft angedeutet, wie das Erhebungsverfahren zum Planungswertausgleich ausgestaltet werden könnte.

Durch die Verabschiedung des Städtebauförderungsgesetzes und die dort eingeführten Ausgleichszahlungen werden im übrigen schon in absehbarer Zeit erste praktische Erfahrungen mit solchen Erhebungsverfahren vorliegen, die eine wertvolle Hilfe bei der Novellierung des Bundesbaugesetzes darstellen können.

2.3. Fälligkeit

Die Ausgleichsbeträge werden bei Inkrafttreten des Bebauungsplanes fällig. Sie können bis zum Baubeginn gestundet werden, sollten in diesem Fall aber vom Zeitpunkt des Inkrafttretens des Bebauungsplanes bis zum Baubeginn marktüblich verzinst werden.

2.4. Anrechnung von gezahlten Bodenwertzuwachssteuern

Falls in der Planungsphase Wertzuwachssteuern gezahlt wurden, sind diese auf den Planungswertausgleich anrechenbar. Der Anrechnungsbetrag darf insgesamt die Höhe des Planungswertausgleichs nicht übersteigen.

IV. Einführung einer Bodenwertzuwachssteuer

1. Problemaufriß

Zahlungen auf Grund des PWA können immer nur solche Wertsteigerungen treffen, die innerhalb des Plangebiets und im unmittelbaren zeitlichen Zusammenhang mit der Planverabschiedung entstehen. Alle übrigen leistungslosen Wertsteigerungen können dadurch nicht erfaßt werden (z. B. Werterhöhungen im Einzugsbereich einer U-Bahn). Schon aus Gründen der Gleichbehandlung aller leistungslosen Wertzuwächse ist deshalb das vom Bonner Parteitag

1970 beschlossene Institut einer allgemeinen Bodenwertzuwachssteuer (BWZSt) zusätzlich einzuführen.

Sie macht

— die Grundstücksspekulation auch dort, wo der Planungswertausgleich nicht greift, weniger interessant,

— allgemein bisher belastungsfreie Gewinne im Grundstückssektor abgabepflichtig,

— den Grundstücksmarkt mobiler,

— die Bodenpreissteigerungen geringer und

— die Gemeinden zum Teilhaber an den Wertsteigerungen, die letztlich durch sie bewirkt werden auch außerhalb der Fälle, die die Erhebung des Planungswertausgleichs begründen (vgl. III. 2).

Bei allen steuerlichen und nicht steuerlichen Abgaben stellt sich das Überwälzungsproblem.

Der Kommissionsvorschlag übernimmt dabei die diesbezüglichen Vorüberlegungen der Steuerreformkommission (Parteitag Saarbrücken 1970). Danach sind in der Ausgestaltung der Bodenwertzuwachssteuer Regelungen vorgesehen, die eine Abwälzung sehr erschweren (vgl. dazu Anhang, Anlage 3).

Im Bereich des sozialen Wohnungsbaus und der freiwilligen Unterwerfung unter die gesetzlichen Vorschriften der „Kostenmiete" werden Sonderregelungen vorgeschlagen (vgl. dazu Ziffer IV, Nr. 4).

2. Regelungen im einzelnen

Auf der Basis der Bonner Beschlüsse wird deshalb die Einführung einer Steuer auf den Zuwachs des reinen Bodenwerts vorgeschlagen.

Dabei sollen:

(A)	(B)
a) sowohl *realisierte,* als auch *nicht-realisierte* Wertzuwächse des Bodens erfaßt werden.	Die Erfassung nur der realisierten Wertzuwächse würde dazu führen, daß sich das Angebot durch diese Art der „Verkaufsbestrafung" noch mehr verknappt und zu entsprechend steigenden Preisen, also genau zum Gegenteil dessen, was erreicht werden soll (Aufbrechen der Bodensperre).

Auch die (durch Verkaufsakte) nicht-realisierten Bodenwertzuwächse sind im ökonomischen Sinne Einkommen bzw. Gewinne, die die wirtschaftliche Situation des Eigentümers entscheidend aufwerten (z. B. durch Beleihbarkeit). Auf der unterschiedslosen Erfassung von Wertzuwächsen beider Kategorien muß deshalb bestanden werden.

(A)

b) ohne Ausnahme alle Grundstücke in das Besteuerungsverfahren einbezogen werden. Soweit sie bebaut sind, muß über ein *vereinfachtes Sachwertverfahren* der Gebäudewert abgezogen werden.

(B)

Eine unterschiedslose Erfassung *aller* Wertzuwächse im Gesamtbereich des Grundvermögens stützt sich auf folgende Überlegungen. Es sollen:

— die Spekulationen im Gesamtbereich aller Grundstücke eingedämmt und nicht nur verlagert,

— Mietpreiseffekte verhindert,

— Umgehungen erschwert werden.

Die Spekulation, die sich heute auf das gesamte Grundvermögen verteilt (auch mit bebauten Grundstücken wird in den Städten und Gemeinden spekuliert; auch dort treten teilweise erhebliche Wertsteigerungen ein), würde sich auf die Gebiete konzentrieren, die von der Besteuerung der nicht realisierten Gewinne ausgenommen sind.

Das bedeutet z. B. bei bebauten Gebieten, daß die Nachfrage nach diesem Grundvermögen und damit die Preissteigerungsrate noch größer wird. Was man mit der Herausnahme der bebauten Flächen verhindern wollte — die Belastung der Mieten — wird erst recht eintreten. Die Grundstückspreise bebauter Flächen werden stärker steigen als heute. Das wird sich auf die Berechnung der Mieten auswirken.

Werden die landwirtschaftlichen Flächen — soweit sie nicht Bauland sind — außerhalb der potentiellen Besteuerung belassen, dann *wird sich die Spekulation einfach einen Ring weiter nach außen schieben.* Damit wird Bauerwartungsland noch teurer als heute. Gewinne können dort unversteuert mitgenommen werden. Und es ist zu erwarten, daß die „Einstandspreise" im Bereich der Flächen, die der Besteuerung bzw. Abschöpfung unterliegen, so hoch angesetzt werden, daß bis zur Bebauung keine Steuern gezahlt werden müssen.

c) nur *außergewöhnliche, aber zeit-nah ermittelte Wertsteigerungen* erfaßt werden; d. h., durch Freigrenzen muß gewährleistet bleiben, daß die *Masse* der Grundstücke mit eigengenutzten Eigenheimen, Eigentumswohnungen und Mietshäusern außerhalb der Brennpunkte und die Masse der landwirtschaftlich genutzten Flächen *nicht belastet werden.* Es sind also gewissermaßen „normale" Wertsteigerungen steuerfrei zuzulassen.

Der Steuersatz muß progressiv ausgestaltet sein, d. h. etwa zwischen 20 und 60 v. H. gestaffelt sein. Er sollte abhängig gemacht werden von der Höhe der Wertsteigerungsrate.

Bei der Ermittlung der Bemessungsgrundlage für die Bodenwertzuwachssteuer ist der Erschließungskostenbeitrag abzusetzen, den der Eigentümer zwischen zwei Veranlagungen bezahlt hat.

Nur hohe Wertsteigerungen reflektieren das eigentliche Bodenproblem. Immer wird man eine „normale" Wertsteigerungsrate zulassen müssen, die nicht notwendigerweise der öffentlichen Aktivität zurechenbar ist. Gebiete mit mäßigen Wertsteigerungsraten, die bodenpolitisch irrelevant sind, sollten jedoch nicht regional, sondern ökonomisch abgegrenzt werden. D. h., der Gradmesser für die bodenpolitische Dringlichkeit von Steuerungsmaßnahmen kann nur das Ausmaß der Wertzuwachsentwicklung, nicht aber eine regionale Zonenbildung (vgl. Begründung zu b) sein. Eine generelle Herausnahme bestimmter Flächen aus der Besteuerung verfehlt also die nutzungssteuernde Zwecksetzung der Bodenwertzuwachssteuer. Diese muß durch entsprechende Tarifgestaltung (Freibeträge, steigender Steuersatz) der BWZSt vorgenommen werden.

Die bei den Bonner Beschlüssen diskutierten Freigrenzen bzw. Freibeträge sorgen dafür, daß der Eigenheimbesitzer außerhalb der Brennpunkte städtischer Bodenpreisentwicklung, die Masse der Landwirte und die Mietgrundstücke mit normalen Grundstückspreissteigerungsraten de facto nicht besteuert werden.

Wenn der Vorschlag realisiert ist, werden die Grundstückspreissteigerungsraten in der Bundesrepublik im konjunkturellen Durchschnitt keinesfalls über diesen Raten liegen, wahrscheinlich bei etwa 4 bis 5 Prozent. Grundstücke mit sehr viel höheren Steigerungsraten fallen unter die Steuer. Wer das beklagt, muß aber auch beachten, daß in einem solchen Fall auch beachtliche Gewinne anfallen, deren Ursachen in der Regel öffentliche Leistungen (Erschließungsmaßnahmen u. a.) sind.

Außerdem besteht dann die Möglichkeit, die Steuer aus einer Erhöhung der Beleihung zu finanzieren. Wenn der Eigentümer verkauft, bleibt ihm in jedem Fall, auch nach Abzug der Steuer, noch sehr viel übrig.

Eine Staffelung des Steuersatzes (direkte Progression) in der vorgesehenen Form ist aus mehreren Gründen sinnvoll:

— Die Wertsteigerungen sind den Einkommen anderer Einkommensarten ähnliche Gewinne. Das Prinzip der Leistungsfähigkeit legt es nahe, den Steuersatz zu staffeln.

— Die Staffelung des Steuersatzes erlaubt eine Progression nach Wertsteigerungsraten. Da hohe Wertsteigerungen häufig Ausdruck von großen öffentlichen Leistungen sind, wird mit einem progressiven Tarif vermehrt das abgeschöpft, was die Gemeinschaft bewirkt hat.

— Die Progression veranlaßt den Eigentümer, bei der Selbstbewertung einigermaßen korrekt vorzugehen. Nehmen wir an, der Wert eines Grundstücks steige pro Jahr durchschnittlich um 20 Prozent.

Wer fünf Perioden hintereinander diese Weertsteigerungen mit ansetzt, wird jedes Jahr den Freibetrag bzw. Freigrenze benutzen können und mit einer geringen Steuerbelastung (je nach Größe des Grundstücks) wegkommen. Wer die Wertsteigerung fünf Jahre zusammenkommen läßt, gerät mit Sicherheit in die Progression.

Bei eigengenutzten Eigenheimgrundstücken und Eigentumswohnungen sollte gelten:

(A)   (B)

a) ein Freibetrag von 5 Prozent Wertsteigerungen und zusätzlich

b) eine Freigrenze von 5 000 DM für Alleinstehende, 10 000 DM für Verheiratete und 2 500 DM je Kind. Bei alleinstehenden Personen über 55 Jahre beträgt die Freigrenze 10 000 DM.

Bei Personen im Rentenalter ist vorzusehen,

daß ihnen bei eigengenutztem Grundvermögen die Steuer bis zum Tod oder bis zum Verkauf des Grundstücks gestundet wird.

Bei Mietgrundstücken und landwirtschaftlichen Flächen gelten 6 Prozent Wertsteigerungen als Freibetrag.

d) die Bodenwerte als Bemessungsgrundlage durch Selbsteinschätzung (Vergleichsmethode) mit stichprobenartiger behördlicher Überprüfung festgestellt werden

Vgl. dazu Ziffer 3.4.

e) die Erträge der BWZSt den Gemeinden zufließen (Realsteuer)

Es entspricht der Logik der Wertzuwachsverursachung, daß die steuerlichen Erträge den Gemeinden zur Abgeltung ihrer Vorleistungen zufließen müssen. Die BWZSt muß deshalb, trotz starker Orientierung am Tarifverlauf der ESt, Realsteuer bleiben. Das hat zur Folge, daß die BWZSt

— für jedes Grundstück einzeln erhoben werden muß und nicht für das gesamte Grundvermögen des Steuerpflichtigen,

— eine Anrechenbarkeit auf gezahlte ESt ausgeschlossen bleibt.

f) gezahlte BWZSt kann auf die Einkommensteuer anrechenbar sein, soweit diese durch Besteuerung von Veräußerungsgewinnen angefallen ist.

Vermeidung von Doppelbesteuerung

3. Verhältnis der BWZSt zur Grundsteuer und Grunderwerbsteuer

a) Mit Einführung der BWZSt ist die Grunderwerbsteuer überflüssig geworden. Sie ist ersatzlos zu streichen.

Die Rechtfertigung der Grunderwerbsteuer entspricht etwa der BWZSt (Abdeckung gemeindlicher Vorleistungen). Die Steuer enthält sogar noch ein — wenn auch völlig unzureichendes — Wertzuwachselement. Dennoch erfaßt sie letztlich nur *realisierte* Gewinne und ist daher im Hinblick auf die unter IV. 2 angestellten Überlegungen nicht sinnvoll.

b) Die Grundsteuer bleibt bei grundsätzlich geändertem Tarif erhalten.

Steuerbemessungsgrundlage ist — wie bei der BWZSt — der reine Bodenwert.

Der Steuertarif ist so anzulegen, daß die Grundsteuerneuregelung nicht zu einer wesentlichen Erhöhung des Grundsteueraufkommens insgesamt führt (Gebot der Aufkommensneutralität). Das darf jedoch notwendige Belastungsverschiebungen bei einzelnen Grundstücken nicht ausschließen. Zur Vermeidung besonderer Härten sind Übergangsregelungen vorzusehen.

Die Rechtfertigung einer Grundsteuer *neben* einer BWZSt muß darin gesehen werden, daß

— die Grundsteuer am Vermögensbestand ansetzt, also immer greift

— die BWZSt nur die positiven Veränderungen des Bestandes ab einem bestimmten Ausmaß trifft, also vielfach nicht anfällt.

Auf eine gesonderte, laufende Besteuerung (zu mäßigen Sätzen) des Grundvermögensbestandes kann nicht verzichtet werden, weil die Gemeinden als Empfänger der Grundsteuer Aufwendungen zur Nutzbarhaltung des Grundvermögens finanzieren müssen. Diese öffentlichen Dienstleistungen fallen auch dann an, wenn der Bodenwert stagniert und also keine Zuwachssteuer eingeht.

Der Unterschied zur gegenwärtigen Regelung ist vor allem darin zu sehen, daß die Steuer

— nur noch den reinen Bodenwert erfassen soll

— von zeitnahen Werten ausgeht

— flächenextensive Bodennutzungen relativ stärker heranzieht.

Das bedeutet die Förderung gemeinschaftsnützlicher und planungsgerechter Investitionen.

Das alles muß zu Belastungsstrukturveränderungen bei den einzelnen

(A)   (B)

Grundstücken führen. Diese Verschie-
bungen sind notwendig, denn sie reflektieren die relativen Wertunter-
schiede des Bodens und also die unterschiedlichen Kosten (Vorleistungen) der Gemeinden.

4. BWZSt und Kostenmiete

a) Soweit im Wohnungssektor die
Miete nach den gesetzlichen Vorschriften der „Kostenmiete" kalkuliert ist, wird keine Bodenwertzuwachssteuer erhoben.

b) In die einschlägigen Bestimmungen der Berechnungsverordnung ist
aufzunehmen, daß die Bodenwertzuwachssteuer kein Bestandteil der
anrechenbaren Kosten (Bewirtschaf-
tungskosten) ist.

c) Bei Wegfall der Kostenmietkalku-
lation nach einer bestimmten Periode
kann eine Bodenwertzuwachssteuer
zu ermäßigtem Satz verfügt werden,
um Belastungsspitzen aufzufangen,
die dadurch auftreten müßten, daß in
der Zeit der Kostenmietperiode der
Bodenwert des betreffenden Grundstücks erheblich gestiegen ist.

Die Freistellung von der BWZSt be-
trifft letztlich das Problem ihrer
Überwälzbarkeit.   Überwälzungseffekte (Mieterhöhungen, Preiserhö-
hungen) sind theoretisch nicht aus-
schließbar. Die besondere Konstruktion der BWZSt in Verbindung mit
PWA und planungsrechtlichen Regelungen allerdings wird solche Effekte
erschweren.

Entscheidend letztlich ist, daß dieses
Maßnahmenbündel die marktmäßigen Voraussetzungen, die für das
Auftreten von Überwälzungsvor-
gängen verantwortlich sind, so beeinflußt, daß die genannten Effekte erschwert werden.

(Vgl. dazu Anhang: Überlegungen
zur Überwälzbarkeit bzw. Kapitali-
sierbarkeit von Abgaben auf Grund
und Boden.)

Im sozialen Wohnungsbau, aber auch
in Fällen freiwilliger Übereinkunft,
wird der Mietzins auf der Basis der
Kostenmiete kalkuliert. Hier würde
lt. Berechnungsverordnung die Überwälzung der Abgaben geradezu er-
zwungen.

Die hier anfallenden Wertzuwächse
sind einstweilen nicht von Belang,
weil der Grundstückseigentümer sich
der Kostenmiete und damit einem
sozialen Erfordernis unterworfen
hat.

Sobald allerdings die Miete sich nicht
mehr an den Vorschriften zur Kostenmiete orientiert, muß eine er-
mäßigte Nachversteuerung einsetzen.

V. Vorschläge zur Reform der Bodenbewertung

1. Problemaufriß

Planungswertausgleich (PWA) und Bodenwertzuwachssteuer (BWZSt) setzen zeitnahe Wertansätze voraus.

Unrealistische Werte würden bedeuten,

— daß der über den PWA an die öffentliche Hand abzuführende Wertzuwachs nicht der tatsächlichen Wertdifferenz entspricht, die von der öffentlichen Hand durch entsprechende Erschließungsleistungen im Gefolge der Planung finanziert wird. Nur in voller Höhe ist der Wertzuwachs Spiegelbild der öffentlichen Leistungen, die dem jeweiligen Grundstück zuzurechnen sind bzw. noch zugerechnet werden müssen. Ein zu niedriger Wertansatz würde demnach eben diese Leistungen der Gemeinschaft nur zum Teil abdecken.

— daß die Wirksamkeit der Zuwachssteuer bereits im Ansatz beschnitten wird. Sowohl der bodennutzungssteuernde, als auch der bereicherungshindernde Effekt der Bodenwertzuwachssteuer bliebe gering.

Man kann deshalb ein gut Teil der Mängel der gegenwärtigen Bodenordnung allein damit erklären, daß die Ermittlung des Bodenwertes bzw. -zuwachses unzureichend ist.

Das geltende Einheitswertverfahren leidet an drei Hauptmängeln, die nur durch grundlegende Neuregelung der Bewertungsverfahren angegangen werden können:

a) der unter ökonomischem Aspekt unzureichenden Werterrechnung,

b) der Vermengung von bodenpolitischen Absichten mit der an sich nur technisch zu verstehenden Bodenbewertung,

c) dem übergroßen und zu schwerfälligen Verwaltungsaufwand.

Zu a) Das geltende Bewertungsrecht unterscheidet prinzipiell drei Verfahren zur Ermittlung des Grundstückswertes:

— das Richtwertverfahren (Vergleichswertverfahren),

— das Ertragswertverfahren,

— das Sachwertverfahren.

Nur beim Richtwertverfahren, das bislang ausschließlich bei unbebauten, nicht-landwirtschaftlichen Grundstücken zum Ansatz kommt, wird Bezug genommen auf Werte, die sich tatsächlich auf dem Bodenmarkt bilden.

Die große Mehrzahl aller Grundstücke wird aber nach der Methode des Ertragswertverfahrens bewertet, wobei die Landwirtschaft eine besonders günstige Pauschalregelung erfährt.

Das ökonomische Prinzip des Ertragswertverfahrens ist das folgende:

Ein Grundstück kann nur soviel wert sein, wie es an kapitalisierten Erträgen (Ertragswert) insgesamt bringt. Jeder, der mehr bietet, würde draufzahlen. Bei den hier aber zugrunde zu legenden Erträgen kann es sich nicht nur um die Summen handeln, die sich beispielsweise in der Form von Mieten, Pachten oder auch Fruchterträgen jährlich einstellen, sondern es müssen auch alle erwarteten Wertsteigerungen mit erfaßt werden, will man zu realistischen Zeitwerten des Bodens gelangen.

Denn das besondere an der Bodenpreisentwicklung ist gerade, daß — sich in Geld niederschlagende — Bodenerträge oft nur eine miserable Verzinsung des Bodens abwerfen würden. Trotzdem werden Spitzenpreise allein in der Erwartung sicherer Wertsteigerungen geboten.

Da nun aber beim Ertragswertverfahren immer nur von Gelderträgen ausgegangen wird, ist der daraus errechnete Ertragswert bestenfalls eine Art *Ist-Nutzungswert* und weit entfernt von jenem Niveau, daß sich auf dem Bodenmarkt in der Erwartung zukünftiger Wertsteigerungen einstellt.

Das geltende Ertragswertverfahren, sowohl das für landwirtschaftliche Grundstücke als auch das für städtische Grundvermögen, ist deshalb aus ökonomischen Gründen nicht haltbar.

Zu b): Darüber hinaus ist es uneinsichtig, daß eine an sich nur technisch zu verstehende, für die verschiedensten Zwecke einheitlich geltende Wertfeststellung (daher auch die Bezeichnung: Einheitswert) bereits zum Objekt politischer Zwecke gemacht wird, die damit verschleiert bleiben:

Eine Subventionierung etwa der Landwirtschaft sollte nicht schon dadurch geschehen, daß landwirtschaftliche Vermögenswerte „unterdrückt" werden; und eine Förderung des privaten Wohnungsbaus läßt sich auch mit anderen Mitteln erreichen als denen der gezielten Unterbewertung des privaten Grundvermögens.

Die Werte, für welchen Zweck auch immer, müssen offen und zeitnah festgestellt werden. Erst dann wird es sinnvoll, über die tatsächliche Belastung der ermittelten Werte zu entscheiden.

Zu c): Auch verwaltungstechnisch ist das geltende Bewertungsrecht kaum vollziehbar. Zumindest aber sind die notwendigen Bearbeitungszeiträume zwischen zwei Feststellungszeitpunkten so lang, daß die Forderung nach zeitnaher Bewertung auch dadurch unerfüllt bleibt. So gelten ab 1974 Wertansätze von 1964, z. Z. noch die alten, extrem niedrigen, von 1935.

Besonders schwerfällig ist dabei das „Sachwertverfahren". Es müßte erheblich vereinfacht werden. Als Lösung bietet sich eine pauschale Zumessung bestimmter preiskorrigierter Abschreibungssätze auf den Gestehungswert des Gebäudes an.

2. Einführung der kontrollierten Selbsteinschätzung

a) Zur einheitlichen Wertermittlung für die Zwecke des PWA, der BWZSt und der Entschädigungsfestsetzungen im Enteignungsfalle ist vom Verfahren der kontrollierten Selbsteinschätzung auszugehen.

b) Die von den Grundeigentümern selbst eingeschätzten Werte sind von neuzuschaffenden Bodenstellen amtlich festzustellen.

c) Diese unabhängigen Bodenstellen sind auf der Ebene der Kreise bzw. der kreisfreien Städte aus Vertretern der kommunalen Selbstverwaltung und den Vertretern der Grundstückseigentümer und Eigentumsnutzer (Mieter, Pächter) zu bilden.

d) Die entsprechenden Gesetzesformulierungen sind auf der Basis der nachfolgenden Überlegungen vorzunehmen:

Die genauesten Vorstellungen darüber, was ihr Grundvermögen wert ist, haben die jeweiligen Eigentümer selbst. Sie wissen das immer und jederzeit abrufbar. Es ist nicht einzusehen, warum sich über den Weg der hoheitlichen Veranlagung Fehler und Zeitverluste einstellen müssen.

Das Problem bei der Wertermittlung durch Selbsteinschätzung liegt allerdings darin, daß Vorsorge zu treffen ist,

a) daß die selbsteingeschätzten Werte rechtsverbindlich sind und

b) daß sie einigermaßen objektiv ausfallen.

Zu a): Eine Selbsteinschätzung, die nur den Anstoß dafür gibt, daß behördlicherseits der ermittelte Wert nach anderen Richtlinien aufwendig „nachgerechnet" werden muß, ist wertlos.

Andererseits kann nicht auf hoheitlichen Nachvollzug der ausgewiesenen Werte verzichtet werden, da diese für die Zwecke der Planungswertausgleichszahlungen, der Bodenwertzuwachssteuer und auch der Enteignungsentschädigungen herangezogen werden sollen und müssen.

Es wird deshalb vorgeschlagen, die selbst eingeschätzten Werte, die beispielsweise jährlich zu melden sind, nach der Methode des Richtwertverfahrens in eine Datenbank einzuspeichern, die durch ein entsprechendes Kontrollprogramm auf ihre Abweichungen vom Richtwert laufend überwacht werden. Bei Abweichungen über eine bestimmte Toleranzgrenze wirft der Rechner die entsprechenden Fälle aus und leitet eine behördliche Kontrolle ein. Die Feststellungsbehörde (z. B. Richtwertstellen der Finanzämter oder auch unabhängige Bodenstellen) verfahren dann wiederum nach dem Vergleichsverfahren und korrigieren den angegebenen Wert durch Hinzuziehung des Wertes eines vergleichbaren Grundstücks.

Es wird sich herausstellen, daß bei allen Flächen außerhalb der Brennpunkte schneller Veränderungen auf dem Bodenmarkt eine Kontrolle überflüssig bleibt.

Ein behördlicher Nachvollzug wird nur dann notwendig sein, wenn die von den Eigentümern selbst festgelegten Werte beispielsweise um 20 v.H. von den Kontrollwerten abweichen.

Darüber hinaus hätte die gleiche Verwaltungsstelle die selbsteingeschätzten Werte in angemessenen Zeitabständen stichprobenartig zu überwachen.

Nichtbeanstandete Werte werden immer binnen einer bestimmten Frist (z. B. jährlich) *rechtsverbindlich* (vgl. im übrigen die Spezialregelungen für den Fall der Entschädigungsfestsetzung unter Ziffer II. 3).

Zu b): Der politische Aspekt:

Das Verfahren der kontrollierten Selbsteinschätzung appelliert an die Mündigkeit der Bürger und ihre Mitverantwortungseinsicht.

Dieser Aspekt einer „humanen" Verwaltung wird in der Öffentlichkeit durchsetzbar sein, da die Alternative nur der alte Obrigkeitsstaat ist. Und wenn die Bodeneigentümer diese Chance nicht sehen wollen, dann wird um so eher eine breite Öffentlichkeit für die Notwendigkeit grundsätzlicher eigentumsrechtlicher Neuregelungen zu gewinnen sein (vgl. Ziffer 3.5.).

Maßnahmen zur Abstützung objektiver Wertansätze: Beim bloßen Appell an Bewertungsehrlichkeit freilich kann es nicht bleiben. Ihr wird vielmehr dadurch nachgeholfen, daß

— zu hohe Wertansätze (um die PWA-Differenz gering zu halten) steuerlich „bestraft" werden,

— die Bodenwertzuwachssteuer durch ihre progressive Ausgestaltung einen wirksamen „Nachholeffekt" hat, der auch Unterbewertungen „bestraft", wenn sie durch den hoheitlichen Nachvollzug (schließlich) erkannt werden,

— die Gemeinde ihr preislimitierendes Vorkaufsrecht ausüben kann,

— Überbewertungen zur künstlichen Heraufsetzung der Enteignungsentschädigung durch die Bodenwertzuwachssteuer kontrolliert werden,

— die festgestellten Werte veröffentlicht werden,

— durch Bodenstellen sachkundig beraten wird und

— die Neutralität der Bewertungsämter (Bodenstellen) durch demokratische Vertreter aller betroffenen Gruppen (Kommunalvertreter, Eigentümer, Mieter, Pächter) gewahrt bleibt.

VI. Regeln für den Umgang mit öffentlichem Boden

1. Problemaufriß

Die öffentliche Hand hat einen erheblichen Anteil am Bodeneigentum. Der überwiegende Teil des öffentlichen Bodeneigentums steht nicht zur Disposition am Bodenmarkt, weil er nicht verkäuflich ist, z. B. Verkehrsflächen, Grünzonen, Grundstücke mit öffentlichen Gebäuden usw.

Nur in wenigen Fällen kann die öffentliche Hand eine langfristige konsequente Bodenvorratspolitik betreiben, weil einerseits die kommunalen Finanzen dafür nicht verfügbar sind und andererseits planungs- und bodenrechtliche Vorschriften den Erwerb erschweren. In dem Maße, in dem die Möglichkeiten des kommunalen Grunderwerbs verbessert werden, müssen für den Umgang mit diesem Boden glaubwürdige, verbindliche und demokratisch kontrollierbare Regelungen getroffen werden.

Bei der Abgabe öffentlichen Bodens an Private liegen in den meisten Fällen strukturpolitische Absichten zugrunde, insbesondere gewerbesteuer-orientierte Industrieansiedlung, Wohnungsbau etc. Diese Absichten müssen bei jeder Neuregelung berücksichtigt werden.

In vielen Fällen erwirbt die Kommune heute günstig Bauerwartungsland, widmet, erschließt und verkauft zum Verkehrswert und deckt mit dem Gewinn ihre Erschließungs- und Infrastrukturkosten. Diese Notwendigkeit entfällt mit der Einführung des Planungswertausgleichs.

2. Maßnahmen

a) Für das Bodeneigentum des Bundes ist eine neue Regelung möglich. Für das Bodeneigentum der Länder müssen die Länderparlamente, für das der Kommunen die Kommunalvertretungen Regeln beschließen.

Für das Bundeseigentum an Boden ist gesetzlich festzulegen, daß ein Verkauf an Private grundsätzlich ausscheidet.

Statt dessen ist die Vergabe von Nutzungseigentum (siehe Zieffer C VII und D) zu wählen. Der Nutzungspreis ist marktmäßig zu ermitteln (Ausschreibung); wo ein gesellschaftliches oder soziales Interesse vorliegt, ist die Vergabe von Nutzungseigentum ohne Ausschreibung zu einem Nutzungszweck orientierten Nutzungspreis zulässig.

Selbstverwaltungsrecht der Gemeinden (Art. 28 GG).

b) Die Länderparlamente werden aufgefordert, für das Bodeneigentum der Länder gleichlautende Regelungen zu beschließen.

Jeder Verkauf öffentlichen Bodens verlagert die zukünftigen Wertsteigerungen von der Öffentlichkeit auf den privaten Erwerber, stellt also eine Minderung des Eigentums aller Bürger dar. Verkauf öffentlichen Bodens bedeutet Privatisierung der allen zustehenden Wertsteigerungen an einige Privilegierte.

c) Für die Kommunen muß gelten, daß Boden nur in unabweisbaren Fällen verkauft werden darf. Auch hier ist die Abgabe von Nutzungseigentum grundsätzlich vorzuziehen. Sobald die Maßnahmen zur Verbesserung des kommunalen Bodenerwerbs (siehe Ziffer C II) und zur Verbesserung der kommunalen Finanzsituation (siehe Ziffer C III und C IV) in Kraft getreten sind, ist der Verkauf kommunalen Bodens nicht mehr zu rechtfertigen. Dann darf kein kommunales Bodeneigentum mehr verkauft werden.

Ein totales Verkaufsverbot ist für die meisten Kommunen derzeit finanziell nicht durchzuhalten. An die Bodenverkäufe müssen jedoch zukünftig wesentlich strengere Maßstäbe als bisher angelegt werden.

d) Bei der Vergabe von Nutzungsrechten am Boden der öffentlichen
Hand tritt anstelle des Erbbaurechts
das Nutzungseigentum (siehe D).

Mit der Vergabe von Nutzungseigentum wird eine Regelung für die Re-
privatisierung bzw. Privatisierung
öffentlichen Bodens allgemeines Prinzip, die bereits im Städtebauförderungsgesetz (§§ 22 Abs. 3 Nr. 1 und
25 Abs. 2 sowie Abs. 3) für Sanierungsgebiete und für Entwicklungs-
bereiche (§ 59) angeboten wird. Mit
der Ausweitung dieser Regelungen
auf alle Grundstücke der öffentlichen
Hand wird dieser Weg konsequent
fortgesetzt.

Die Vergabe von Nutzungseigentum
am öffentlichen Boden erlaubt es, die
in Ziffer D skizzierten grundsätzlichen Prinzipien für eine Neuordnung des Bodeneigentums exempla-
risch am öffentlichen Bodeneigentum
anzuwenden und damit Erfahrungen
für die weitere Diskussion einer
grundsätzlichen Neuordnung zu sammeln.

VII. Vorschläge zum Erbbaurecht und zu sonstigen Nutzungsrechten

1. Problemaufriß

Das Erbbaurecht bleibt auch nach der Einführung eines Nutzungseigentums
als notwendiges Rechtsinstitut für Privatpersonen auf Dauer erhalten. Es
ermöglicht dem Eigentümer, sein Grundstück unter privatwirtschaftlichen
Zielsetzungen vermögensmäßig zu verwerten, ohne sich endgültig davon zu
trennen.

Die öffentliche Hand dagegen soll Nutzungseigentum vorrangig unter dem
Gesichtspunkt einer möglichst städtebaulichen Verwendung begründen. Hierbei geht es nicht darum, in jedem Fall die maximale Rendite aus den Grundstücken zu erwirtschaften. Die Gemeinden haben sich bei der Vergabe an
gesetzlich vorgeschriebene, demokratisch kontrollierbare Verfahren zu halten.

2. Anpassungen im einzelnen

2.1. Keine spekulativen Erbbauzinsen.

Der Erbauzins muß aus der planerisch möglichen Nutzung realisierbar sein. Er soll nicht mehr Verzinsung des Bodenwertes, sondern vielmehr ertragsorientiertes Nutzungsentgelt sein. Er darf deshalb nicht automatisch an alle Verkehrswertänderungen des Grundstücks angepaßt werden.

Neben der Rendite durch den Erbbauzins erhält jeder Eigentümer seine »Wertsteigerungsrendite«. Beide Erträge zusammen ergeben erst die Gesamtrendite des Grundstücks. Würde der Erbbauzins allen, auch spekulativen Erhöhungen des Bodenwertes folgen, ergäben sich unzumutbare Risiken für die Erbbauberechtigten.

2.2. Grundsteuerzahlungen

Die Grundsteuerzahlungen auf den Bodenwert sind vom Eigentümer zu entrichten.

Zwar wird diese Steuerlast im Normalfall überwälzt. Grundsätzlich hat der Eigentümer das Risiko der Steuerpflicht zu tragen, auch dann, wenn eine Überwälzung unmöglich ist; denn der Eigentümer bleibt auch Inhaber des Vermögenswertes des Grundstücks.

D. Grundsätze einer eigentumsrechtlichen Lösung des Bodenproblems

1. Problemaufriß

1.1. Die vorgeschlagenen steuerlichen, boden- und bewertungsrechtlichen Maßnahmen sind soweit sachlich und politisch ausdiskutiert, daß sie nach entsprechender Formulierung in Gesetzesform unmittelbar in Angriff genommen und wirksam werden können. Sie werden die dargelegten Mißstände bei konsequenter Durchsetzung entscheidend mildern:

— Die Bodenpreisentwicklung wird verstetigt,

— der Umfang der leistungslosen Gewinne geht zurück,

— die Gemeinden erhalten einen verstärkten Einfluß auf die Stadtentwicklung sowie einen Anteil der durch ihre Leistungen hervorgerufenen Wertsteigerungen,

— und die Verwaltung gewinnt zusätzliche Erfahrung bei der Steuerung der Bodennutzung.

1.2. Wesentliche Erfolge bei der Lösung des Bodenproblems können also erzielt werden. Andererseits werden — besonders in den Zentren und Entwicklungsbereichen rasch wachsender Ballungsgebiete — weiterhin unverdiente und risikolose Wertzuwächse in den Händen einzelner entstehen. Der Konflikt zwischen den Nutzungsentscheidungen der Gemeinschaft und dem absoluten Anspruch des jeweiligen Eigentümers wird nicht grundsätzlich aufgehoben.

Die komplizierten hoheitlichen Planungsauflagen können bei extrem raschem Nutzungswandel, bei komplexen — oft in mehreren Ebenen errichteten — Stadtbaustrukturen oder bei engem Ineinandergreifen öffentlicher und privater Bauprojekte nicht detailliert und flexibel genug greifen. Es fehlt vor allem die hinreichende Handhabe, die Wertbildungen des Bodens im Sinne der planerischen Nutzungsfestsetzungen zu steuern.

1.3. Deshalb ist die Entwicklung eines Lösungskonzepts sofort in Angriff zu nehmen, das auch diesen Ansprüchen genügen kann. Dies kann beim derzeitigen Erfahrungsstand nur bedeuten, unter Wahrung der verfassungsrechtlichen Garantie und der Sozialpflichtigkeit des Eigentums, Grundprinzipien einer Neubestimmung des Bodeneigentums zu beschließen, um die Verfügungsrechte über Grund und Boden so zu regeln, daß eine spekulative Vermögensanlage völlig ausgeschlossen wird und sich der Wettbewerb der

Nachfrage um Bauboden nur noch an der möglichen Nutzung orientieren kann.

1.4.   Andere Länder, wie Holland, Schweden oder England, können schon auf eine detaillierte Diskussion des Problems zurückblicken. In vielen Großstädten oder bei besonderen Planungsprojekten (Gründung neuer Städte) werden dort solche weitergehenden Lösungen schon seit langem erprobt.

In der Bundesrepublik ist die Erörterung erst vor kurzem in Gang gekommen. Dabei werden die Schwierigkeiten einer solchen Lösung oft unterschätzt, aber auch z. T. übertriebene Hoffnungen oder übertriebene Befürchtungen geweckt. Gerade deshalb muß die SPD in angemessener Zeit eine konstruktive Antwort auf dieses gesellschaftliche Problem geben, um sozial-romantischen bzw. grundsätzlich eigentumsfeindlichen Vorstellungen glaubwürdig entgegenzutreten.

1.5.   Das Godesberger Programm nimmt zur Frage des Bodenrechts nicht detailliert Stellung. Es sagt jedoch ganz allgemein: „Die Bodenspekulation ist zu unterbinden, ungerechtfertigte Gewinne aus Bodenverkäufen sind abzuschöpfen." Aus den Feststellungen und Forderungen des Abschnitts Eigentum und Macht ergibt sich ferner, daß der gegenwärtige Zustand dem Grundsatzprogramm nicht gerecht wird. Andererseits würde jedoch auch eine Regelung, die das ökonomische Prinzip mit den Steuerungsmechanismen des Marktes und des Knappheitspreises vollständig durch ein Bewirtschaftungs- und Zuteilungssystem ersetzen wollte, den Zielen des Grundsatzprogramms nicht entsprechen.

Die Kommunalisierung oder Sozialisierung des Bodens mit allen Gebäuden und Nutzungsrechten, kann auch als langfristige Zielsetzung nicht in Betracht gezogen werden.

1.6.   Bei einer jedoch erforderlichen Neubestimmung von Inhalt und Funktion des Bodeneigentums spielen folgende Erwägungen eine zentrale Rolle:

a) Zur freien Entfaltung der menschlichen Persönlichkeit gehört eine nach den persönlichen Absichten und Wertungen gestaltbare Eigentumssphäre. Diese Gestaltungsfreiheit darf jedoch nicht zum Schaden der Gemeinschaft mißbraucht werden. Dem Verfassungsgrundsatz, daß der Gebrauch des Eigentums „zugleich dem Wohle der Allgemeinheit" dienen soll, muß durch den Gesetzgeber in jedem konkreten Einzelfall Geltung verschafft werden. Wie bei der Analyse der geltenden Bodenordnung ausgeführt wurde, lädt ein starres, zeitlich unbefristetes und darüber hinaus steuerlich privilegiertes Eigentum an Grund und Boden systematisch zu sozialschädlichen Dispositionen ein. Die Balance zwischen Interessen des einzelnen und den berechtigten Ansprüchen der Gemeinschaft ist empfindlich gestört. Auf der anderen Seite wäre es unangemessen, wenn der einzelne Gebäudeinvestor oder Landwirt nur ein ohne weiteres aufhebbares obligatorisches oder gar öffentliches, nicht aber mit Eigentumsgarantien geschütztes dingliches Recht besitzen könnte. Jedermann, der im Rahmen der jeweiligen öffentlichen Planungen (Landesentwicklungsplanung, Regionalplanung, Bauleitplanung) im Wohnungsbau oder im industriellen und kommerziellen Bereich bodengebundene Investitionen vornimmt, kann beanspruchen, zumindest für die voraussichtliche Nutzungsdauer dieser Investitionen ein garantiertes, vor den Eingriffen Dritter geschütztes Recht an diesen Flächen zu erhalten. Alles andere würde unüberschaubare Risiken für ihn hervorrufen und damit die wirtschaftliche Entwicklung erheblich stören und schädigen.

Falls die Gemeinschaft, die schon in Anspruch genommenen Flächen für wichtigere Zwecke benötigt (Straßenerweiterung, Energieleistungen, Flughäfen usw.), ist der jeweilige Eigentümer so zu stellen, daß er keinen Schaden erleidet.

Es kann jedoch nicht im Sinne des Eigentumsgedankens sein, den dringenden Bedarf der Allgemeinheit oder anderer Investoren zu uferloser Bereicherung ausnutzbar zu machen. Das Eigentumsrecht an Grund und Boden darf nicht zum Erpressungsinstrument gegenüber Dritten und kein Bremsklotz für die städtebauliche Entwicklung werden. Aus diesen Überlegungen folgt, daß die Sozialbindung des Bodeneigentums in unterschiedlichen Situationen unterschiedlich auszusehen hat. Eine Ackerfläche, die auch auf Dauer als Acker genutzt werden wird, unterliegt ihrer Natur nach geringeren Sozialbindungen als ein städtisches Zentrums-Grundstück am Kreuzungspunkt zweier U-Bahnlinien, deren Einzugsbereich hunderttausende Einwohner umfaßt. Dementsprechend stellt das Godesberger Programm in Abschnitt Agrarwirtschaft auch ausdrücklich und ohne Einschränkung fest: „Das private Eigentum des Bauern am Boden wird bejaht." Und dementsprechend kommt die Kommission auf der Grundlage des Godesberger Programms und des Grundgesetzes in ihren „Grundsätzen einer eigentumsrechtlichen Lösung des Bodenproblems" zu dem Votum, für andere Flächen ein sozialgebundenes Nutzungseigentum vorzuschlagen.

Sie sieht sich damit auch in Übereinstimmung mit dem Bundesverfassungsgericht, das 1967 in einer Entscheidung feststellte:

„Die Tatsache, daß der Grund und Boden unvermehrbar und unentbehrlich ist, verbietet es, seine Nutzung dem unübersehbaren Spiel der freien Kräfte und dem Belieben des einzelnen vollständig zu überlassen; eine Rechts- und Gesellschaftsordnung zwingt vielmehr dazu, die Interessen der Allgemeinheit beim Boden in weit stärkerem Maße zur Geltung zu bringen als bei anderen Vermögensgütern. Der Grund und Boden ist weder volkswirtschaftlich noch in seiner sozialen Bedeutung mit anderen Vermögenswerten ohne weiteres gleichzusetzen; er kann im Rechtsverkehr nicht wie eine mobile Ware behandelt werden."

b) Die praktischen Erfahrungen mit Systemen, in denen die Verwaltung, Zuteilung und Unterhaltung des gesamten Gebäudebestandes der öffentlichen Hand übertragen wurde, sind wenig ermutigend. Die völlige Ausschaltung des ökonomischen Prinzips hat hier offenbar zu unwirtschaftlichem Aufwand, Vernachlässigung und Fehldispositionen geführt, die sich weder durch behördliche Kontrollen noch durch die Mitwirkung von Bewohnerräten ausschließen lassen.

c) Die Kommunalisierung oder Sozialisierung des Bodens mit allen Gebäuden und Nutzungsrechten würde ferner dem Privatkapital jeden Anreiz und voraussichtlich sogar die Möglichkeit nehmen, in Neubauten zu investieren. Es würde folglich in volkswirtschaftlich unerwünschtem Ausmaß — und zwar vermehrt um die Enteignungsentschädigungen — in anderen Anlagebereichen drängen. Andererseits wäre die Gemeinschaft kaum imstande, den Ausbau des Privatkapitals im Bausektor mit eigenen Mitteln auszugleichen.

1.7.   Eine Neuregelung des Bodenrechts muß also

1) die Gemeinschaft unmittelbar am Bodenwertzuwachs und am Wert der Bodennutzung beteiligen und

2) ihre Entscheidungsbefugnis hinsichtlich der Grundstücksnutzung verstärken und zwar beides in einem Maße, daß das ökonomische Prinzip nicht beseitigt, sondern so eingegrenzt wird, daß es der Gesellschaft nützt und sie nicht schädigt.

1.8.   Bei der Ausformulierung eines funktionsfähigen Systems ist von den Überlegungen und Entscheidungen des Bundesverfassungsgerichts auszugehen. Beiträge aus der Wissenschaft sind aufzunehmen oder anzuregen und die Vorstellungen verschiedener gesellschaftlicher Gruppierungen, wie Kirchen, Gewerkschaften und anderer zu würdigen.

Die Kommission konnte in der vorgegebenen Zeit und beim gegenwärtigen Stand der Vorarbeiten keinen abschließenden Vorschlag vorlegen. Sie hat sich deshalb darauf beschränkt, einige Grundsätze zu formulieren, die eine politische Bewertung ihrer Vorstellungen ermöglichen, ohne daß damit schon die Funktionsfähigkeit und die Funktionsweise des erörterten Systems abschließend beurteilbar wäre.

2. Grundelemente eines Nutzungseigentums

2.1.   Nach Auffassung der Kommission muß das Eigentum in dem Sinne neu definiert werden, daß nicht mehr ein theoretisch unbeschränktes Eigentum einzelnen Bindungen und Pflichten unterworfen wird, sondern daß es schon von der Konzeption her nur die Rechte und Befugnisse umfaßt, die nicht im Widerspruch zur Sozialpflichtigkeit stehen.

Anders ausgedrückt:

Bisher wird das Grundeigentum durch eine Vielzahl von allgemeinen und besonderen Eingriffen mit unterschiedlichem Erfolg auf die Linie der Sozialpflichtigkeit zurückgedrängt. Zwischen den Ritzen der Gesetze und Maßnahmen wächst es jedoch sofort wieder in den sozialwidrigen Bereich hinein. Künftig soll es sich als Institut unterhalb der Grenze der Sozialwidrigkeit bewegen. Zusätzliche Befugnisse und Rechte werden ihm dann nach Prüfung ihrer Sozialverträglichkeit und gegen entsprechende Entgelte auf Zeit verliehen.

Als besonders erfolgversprechend kann ein solcher Ansatz

— in Zonen raschen Wandels,

— in Kernbereichen mit hoher Investitionsintensität,

— in den Entwicklungsgebieten von Ballungszonen oder für stadtnahe Erholungsflächen

gelten.

2.2. Das Verfügungseigentum steht der kommunalen Selbstverwaltungskörperschaft zu. Sie wird verpflichtet, ein Nutzungseigentum an Private im Wege öffentlicher Ausschreibungen zu vergeben. Die Gemeinschaft würde dadurch in die Lage versetzt werden, in städtebaulich kritischen Bereichen über die Art der Nutzung, die Höhe des Nutzungsentgelts und die Dauer des Nutzungseigentums zu bestimmen.

2.3. Der Übergang des Verfügungseigentums an Grund und Boden ist wertgerecht zu entschädigen.

2.4. In den entsprechenden Zonen sind Gebäude nicht mehr wesentliche Bestandteile des Grundstücks, sondern kraft des an dem Grundstück bestehenden Nutzungsrechtes selbständig eigentumsfähig.

2.5. Alle Gebäude bleiben in jedem Fall im Volleigentum ihrer jeweiligen Eigentümer. Sie sind veräußerbar, verpfändbar und vererbbar. Stehen sie auf Flächen, für die ein Nutzungseigentum besteht, so muß der Rechtsnachfolger in das Nutzungseigentum an Boden mit seinen konkreten Festsetzungen und Vereinbarungen eintreten.

2.6. Ein solches Rechtsinstitut soll sich im Normalfall weder auf eigengenutzte Eigenheime und Eigentumswohnungen noch auf landwirtschaftlich genutzte und in dieser Nutzung verbleibende Flächen beziehen. Es geht lediglich darum, eine mißbräuchliche Ausnutzung individueller Rechte an Flächen auszuschließen, denen eine Schlüsselfunktion im Rahmen der Stadtentwicklung zukommt.

2.7. Der Zugang zum Nutzungseigentum ist einer möglichst großen Zahl von Bürgern zu eröffnen. Der Bürgerschaft steht eine öffentliche Kontrolle bei der Begründung und Ausgestaltung des Nutzungseigentums zu.

2.8. Markt, Wettbewerb und private Investitionsmöglichkeit bleiben für den Gebäudesektor in einem für die Gemeinschaft sinnvollen und nützlichen Umfang erhalten.

2.9. Der Realkredit ist so abzusichern, daß er als Finanzierungsmittel für Gebäudeinvestitionen weiterhin zur Verfügung steht. Zum Ausgleich des aus der Haftung ausscheidenden Verfügungseigentums am Boden könnte die Gemeinschaft für die bestehenden Belastungen eine anteilige Ausfallbürgschaft gegenüber den Realkreditgebern übernehmen.

2.10. Die öffentlichen Hände dürfen dann keine Grundstücke mehr zu Volleigentum auf Private übertragen.

E. Empfehlung an den Bundesparteitag

Der Parteitag möge beschließen:

1. Die Vorschläge zur Reform der Bodenordnung (Abschnitte I—VII, Buchstabe C) werden angenommen.

2. Der Parteitag beauftragt die Kommission für Bodenrechtsreform, auf der Basis der Grundsätze zu D in angemessener Frist ein abschließendes Konzept vorzulegen.

Bonn, den 20. Juli 1972

F. Anhang

Übersicht

1. Beschlüsse verschiedener SPD-Parteitage zum Arbeitsbereich der Kommission

Die Kommission geht bei ihren Beratungen von dem auf dem Parteitag in Saarbrücken beschlossenen Antrag Nr. 678 des Parteivorstandes aus, welcher folgende Forderungen stellt:

1. Der Parteitag fordert deshalb die Bundestagsfraktion auf, dem vorliegenden Entwurf der Bundesregierung für ein Städtebauförderungsgesetz als einen ersten Schritt zur Neuordnung des Bodenrechts beschleunigt zu beraten und das Gesetz noch in diesem Jahre zu verabschieden, um Städten und Gemeinden ein wirksames Instrumentarium zur Verhinderung der Bodenspekulation, zur Demokratisierung der Planung und zur zügigen Durchsetzung dieser Planung in die Hand zu geben. Daher geht der Parteivorstand davon aus, daß die Bundestagsfraktion die folgenden Änderungen im Gesetzentwurf durchsetzt:

a) Der Zeitpunkt für die Ermittlung der Ausgleichs- und Entschädigungsleistungen ist zu konkretisieren.

b) Die Gemeinden werden aufgefordert, vor der Sanierung ergänzend zu den räumlichen und baulichen Plänen einen Sozialplan auszuarbeiten, bei dem die sanierungsbetroffenen Bewohner mitwirken.

2.   Die Bundesregierung und die sozialdemokratischen Länderregierungen werden aufgefordert, die notwendigen öffentlichen Mittel zur Erfüllung dieser Aufgaben bereitzustellen.

3.   Der Bundesminister für Städtebau und Wohnungswesen wird aufgefordert, in einem 2. Städtebaubericht die Aufgaben und Maßnahmen zur Weiterentwicklung unserer Städte und Gemeinden zu konkretisieren, nachdem der Städtebaubericht '69 die allgemeine städtebauliche Situation und die sich daraus ergebenden Aufgaben grundlegend dargestellt hat. Das Städtebauförderungsgesetz stellt keine verbindlichen Leitbilder für den Städtebau auf; dies bleibt nach wie vor Aufgabe der Städte und Gemeinden. Die Städtebauberichte sollen ihnen hierzu Anhaltspunkte und Hilfen sein.

4.   Der Parteitag ersucht den Parteivorstand, durch seine Bodenrechtskommission eine Fortentwicklung des allgemeinen Bodenrechts unter folgenden Gesichtspunkten vorzubereiten:

a) Verhinderung ungerechtfertigter Bodengewinne;

b) Inanspruchnahme der Bodenwerterhöhungen zur Mitfinanzierung von Infrastrukturmaßnahmen durch die öffentliche Hand analog dem Städtebauförderungsgesetz;

c) Schaffung rechtlicher Handhaben für die zügige Durchführung raumordnerischer und strukturpolitisch bedeutsamer Maßnahmen, insbesondere durch eine wirksame Ausgestaltung des gemeindlichen Vorkaufs- und Grunderwerbsrechts, des Baugebots und durch Vereinfachung des Enteignungsverfahrens;

d) Fortentwicklung des Erbbaurechts zu einem Instrument sozialer Bodenpolitik.

In den Beschlußfassungen von Saarbrücken ist weiter festgelegt worden, daß im Rahmen der Steuerreform Wertsteigerungen beim Grund und Boden zu erfassen sind.

Zu dieser steuerlichen Seite der Bodenrechtsreform hat die Steuerreformkommission zum außerordentlichen Parteitag vom 18. November 1971 detaillierte Vorschläge gemacht (Materialien IV Punkt 6).

Beschlossen hat der Parteitag folgende Punkte:

6. Besteuerung der nicht realisierten Wertsteigerungen beim Grund und Boden (Bodenwertzuwachssteuer).

Die Kommission beschließt:

1.   Die Kommission ist der Auffassung, daß sowohl der realisierte als auch der nicht realisierte Wertzuwachs beim Grund und Boden besteuert werden soll.

2.   Die Besteuerung soll durch eine selbständige Steuer (Bodenwertzuwachssteuer) erfolgen.

3.   Besteuert werden soll der Wertzuwachs bei bebauten und unbebauten Grundstücken.

4.   Dabei soll von Verkehrswerten ausgegangen werden.

5.   Die Verkehrswerte sollen auf Grund einer zeitnahen Bewertung der Grundstücke ermittelt werden.

6.   Es sollen nur außergewöhnliche Wertsteigerungen erfaßt werden. Die als Anlagen zum Steuerparteitag beigefügten Modelle A und B wurden der Kommission für Bodenrechtsreform als Arbeitsmaterial zugewiesen.

Als weitere Grundlage diente auch der vom Parteivorstand auf dem Steuerparteitag eingebrachte Antrag Nr. S 765 zur Kommunalpolitik, der für die Bodenrechtskommission in folgenden Punkten von Bedeutung war:

3. Grundsteuer

Der Parteitag sieht auch eine Verbesserung der kommunalen Finanzmasse in der von der Bundesregierung vorgesehenen Erhöhung des Aufkommens der Grundsteuer um insgesamt 25 v. H.

Er hält deswegen einen zeitnahen Einheitswert für erforderlich, der durch die Multiplikation des Einheitswertes 1964 mit dem Indikator 1,4 erreicht werden soll. Dadurch wird die Investitionskraft der Kommunen um 840 Mio. DM jährlich verbessert.

5. Bodenrecht

Die Bodenpreise sind ein gesellschaftliches Ärgernis. Deswegen sind neben der notwendigen Reform des Planungs- und Bodenrechts durch Novellierung des Bundesbaugesetzes flankierende Reformen im Steuer- und Bewertungsrecht erforderlich. Diese sollten vor allem unverdiente Wertzuwächse erfassen. Die sich so ergebenden Mehreinnahmen müssen den Gemeinden zufließen, weil ein unmittelbarer Zusammenhang zwischen den Wertsteigerungen und den kommunalen Aufwendungen für die Infrastruktur besteht.

2. Einige bemerkenswerte Äußerungen zur Frage der Bodenbesteuerung

2.1. Beschlüsse der FDP auf dem Parteitag 1971 in Freiburg zur Frage der Wertzuwachssteuer

Zur Verbesserung der Funktionsfähigkeit des Bodenmarktes wird bei baureifen Grundstücken (Bauland) der Zuwachs des Wertes jährlich als Einkommen zum halben Steuersatz versteuert. Eine Fläche gilt auch als Bauland, soweit sie im Verhältnis zu den aufstehenden Gebäuden als nicht angemessen anzusehen ist. Dabei sind die Fläche und Höhe der Gebäude, Bebauungs- und Nutzungsart sowie öffentliche Planungsvorschriften zu berücksichtigen. Aufwendungen, die der Eigentümer zur Wertsteigerung des Grundstücks macht, gelten als Werbungskosten. Die Steuerpflicht entfällt zum Zeitpunkt der Rohbauabnahme.

Erklärt der Eigentümer eines Grundstückes bei Eintritt der Baureife, daß er das Grundstück innerhalb von 5 Jahren selbst bebauen wird, so entfällt diese Besteuerung. Erfolgt die Rohbauabnahme innerhalb dieser Frist nicht, ist der Zuwachs des Wertes seit Eintritt der Baureife zu versteuern.

Wird Bauland verkauft, ist der Veräußerungsgewinn ebenfalls mit dem halben Steuersatz zu versteuern. Das Aufkommen aus dieser Steuer sollte den Gemeinden zustehen.

Die Ermittlung des Wertzuwachses von Bauland erfolgt in der Regel durch jährliche Selbstveranlagung des Steuerpflichtigen. Er kann eine Veranlagung durch die Steuerbehörde wählen. Der Ausgangswert wird zum Zeitpunkt des Inkrafttretens des Gesetzes von Amts wegen festgestellt.

2.2. F. J. Strauß: Zur Besteuerung der Bodengewinne

Auf dem Parteitag der CSU am 3. und 4. Juli 1970 in Nürnberg forderte Franz Josef Strauß:

„ . . . Die Grund- und Bodengewinne, die zum großen Teil aufgrund von Leistungen der Allgemeinheit erzielt werden, müssen wie das übrige Einkommen besteuert werden. Hier liegt wieder einer der Schwerpunkte der Steuerreform. Die Grundstückspreise in der Bundesrepublik Deutschland steigen in einem Maße, daß es nicht zu verantworten ist, diese Gewinne unversteuert in die Taschen einiger fließen zu lassen. So hat z. B. die Stadt München von 1957 bis 1967 für etwa 650 Mio. DM Grundstücke erworben. Wenn sie diese Grundstücke alle im Jahre 1957 zusammen gekauft hätte, also im ersten Jahr dieses Zehnjahreszeitraumes, hätte sie nur 148 Mio. DM bezahlt. Eine halbe Milliarde ist damit aufgrund der öffentlichen Leistungen — Erschließungsaufwendungen — von einigen wenigen verdient worden, und das noch steuerfrei."

Fußnote:

Hier folgt Strauß Konrad Adenauer, der als Oberbürgermeister von Köln und Präsident des Preußischen Staatsrates (1920) äußerte: „Die bodenreformerischen Fragen sind nach meiner Überzeugung Fragen der höchsten Sittlichkeit. Es nützt Ihnen alles nichts, was Sie sonst machen, im Schulwesen, mit Kultur — mit dem Wort wird ja solch furchtbarer Mißbrauch getrieben —, die ganze Volkskunst, Volksbildung — alles das nützt Ihnen nichts, wenn Sie nicht das Übel an der Wurzel fassen."

Im Ergebnis freilich bleiben die Unionsparteien bis zum heutigen Tage ohne verbindliches Konzept zur Bodenreform. Vielmehr ist festzustellen, daß ihre bodenpolitische Enthaltsamkeit in den letzten zwanzig Jahren das Bodenproblem in der Bundesrepublik erheblich verschärft hat.

2.3. Prof. Dr. Herbert Giersch

zur Frage der Einführung einer Wertzuwachssteuer —

— Aussage aus einem Vortrag über die Zukunft der Wirtschaftspolitik — gehalten am 18. Januar 1971 in Kiel.

Mit einer breiteren Vermögensstreuung ist aber noch nicht das Sonderproblem gelöst, das sich bei kräftigem Wirtschaftswachstum auf engem Raum für das Bodeneigentum ergibt. Hier fallen mühelose Einkommen an, die den Charakter von Monopolrenten haben und besonders deshalb unter Beschuß sind, weil es sich bei den Benachteiligten um die große Zahl der Mieter und Bausparer handelt.

Ein Mittel, das die Knappheitsrenten der Bodenbesitzer abschöpft, ohne den Preismechanismus als Allokationsinstrument außer Kraft zu setzen, wäre natürlich eine Wertzuwachssteuer, aber sie müßte Wertzuwächse infolge des allgemeinen Geldwertschwunds und infolge eigener Investitionen des Bodenbesitzers unberührt lassen. Vor allem dürfte sie nicht nur bei der Veräußerung fällig werden, sondern wäre laufend zu erheben und anzupassen, weil sonst der Übergang des Eigentums an diejenigen, die es besser nutzen können, steuerlich gehemmt würde. Bedenklich ist allerdings, daß die ständige Veranlagung einen erheblichen Verwaltungsaufwand erfordert. Deshalb bietet sich als alternative Lösung die Selbstveranlagung an. Man müßte allerdings dafür sorgen, daß der Staat das Recht erhält, das veranlagte Objekt jederzeit zum Veranlagungswert zu erwerben, damit nicht aus Bescheidenheit zu niedrige Werte angegeben werden.

In der Tat könnte es sogar vorteilhaft sein, wenn der Staat auf diese Weise genötigt würde, in größerem Umfang Boden zu kaufen. Ein nationaler Bodenfonds, der sich durch Ausgabe von Zertifikaten refinanzieren könnte, wäre sicherlich geeignet, die Aufgaben der Stadt- und Landesplanung, der Raumordnung und auch des Umweltschutzes wirksam zu erleichtern. Da der Boden zunehmend knapper wird, sollte man eigentlich daraufhinwirken, daß Grundstücke jeweils ihren wichtigsten Verwendungszwecken zugeführt und ökonomisch genutzt werden. Steuern wie die Grunderwerbssteuer und andere Maßnahmen, die die Bewegung des Bodens zum besseren Wert behindern, sind bei zunehmender Bodenknappheit nicht zeitgemäß, ebensowenig wie

Bebauungsvorschriften, die mit Rücksicht auf ältere Gebäude dem bodensparenden technischen Fortschritt zu enge Grenzen setzen.

2.4. Der Wissenschaftliche Beirat beim Bundesministerium der Finanzen

Der Beirat erklärt zur Frage der Besteuerung nichtrealisierter Gewinne im Februar 1967 in einem Gutachten folgendes:

„Grundsätzlich erhöht jeder Reinvermögenszuwachs das Einkommen des betreffenden Kalenderjahrs und wäre demgemäß zusammen mit dem laufenden Einkommen des Veranlagungszeitraums zu besteuern".

Der Beirat vertritt damit das Nettovermögenszuwachsprinzip in der Einkommensteuer, das zu einer Besteuerung realisierter und nichtrealisierter Gewinne führt. Er hielt jedoch die generelle Durchsetzung dieses Prinzips für technisch nicht lösbar.

Die Kommission hat sich nicht dafür entscheiden können, die Wertzuwachssteuer auf realisierte und nichtrealisierte Gewinne in die Einkommensteuer zu integrieren. Dafür waren folgende Gründe maßgebend:

— Eine Integration in der Einkommensteuer würde unter dem Gedanken der Gleichbehandlung voraussetzen, daß auch alle anderen relevanten nichtrealisierten Gewinne laufend erfaßt werden. Die damit zusammenhängenden technischen und gesamtpolitischen Probleme sind längst nicht ausdiskutiert, so daß dem Wissenschaftlichen Beirat in seinem Votum zu folgen.

   Wertsteigerungen des Grundvermögens nehmen, was Ausmaß und Verursachung durch die Allgemeinheit angeht, jedoch eine Sonderstellung ein. Es ist deshalb nicht verantwortbar, sie weiterhin steuerfrei anfallen zu lassen. Eine besondere Besteuerung der Bodenwertsteigerungen kann dann aber auch konsequenterweise auch nur in einer besonderen Steuer vorgenommen werden.

— Eine Wertzuwachssteuer als Objektsteuer hat den Vorteil, daß sie ohne besondere Schwierigkeit zu einer Gemeindesteuer erklärt werden kann. Dies scheint sachlich voll gerechtfertig, wenn in erster Linie die Gemeinde durch ihre Planungen und Investitionen zur Entstehung dieser Wertsteigerungen beitragen.

2.5. Vorschläge einer amerikanischen „Nationalen Kommission zu den Problemen der Städte" zum Bereich der Bodenbesteuerung

Im Jahre 1968 legte eine von Präsident Johnson eingesetzte Kommission umfangreiche Vorschläge zu den Fragen der Bodenbesteuerung vor. Sie stützte sich dabei auf eine Analyse, die mit der hier vorgetragenen weithin übereinstimmt.

Ihre Vorschläge im einzelnen:

Reform der in den USA sehr viel höheren Vermögensteuer, die darüber hinaus die zentrale Kommunalsteuer ist, mit dem Ziel, den Bodenwert auf der Basis zeitnaher Verkehrswerte stärker zu belasten und die Gebäudeinvestitionen steuerlich zu entlasten.

Hinsichtlich der Frage der Überwälzung einer auf den Bodenwert erhobenen Steuer übernahm die Kommission die Thesen von Netzer, der sich wie folgt äußert:

„Es besteht allgemeine Übereinstimmung darüber, daß die auf den Wert von unbebautem Boden — also auf den Wert des Gebäudes selbst — erhobene Steuer von demjenigen zu zahlen ist, der zu der Zeit, da die Steuer erstmals erhoben oder erhöht wird, der Eigentümer des Grundstücks ist. Diese Steuer kann nicht umgangen werden; dies wäre — bei Vorliegen einer ausreichenden Wettbewerbssituation — nur dann möglich, wenn das Grundstücksangebot geringer wird. Aber das Angebot an Grund und Boden ist in der Praxis vollkommen unelastisch. Die einzelnen Grundeigentümer werden auf eine Erhöhung der Grundsteuern nicht in der Weise reagieren, daß sie ihre Grundstücke dem Markt entziehen, denn wenn sie das tun, dann wird ihre Steuerpflicht ja nicht geringer. Ihre einzige Möglichkeit, die drückende Steuerlast im Verhältnis zur Höhe ihres Einkommens zu verringern, besteht darin, daß sie versuchen, letzteres zu vermehren, indem sie sich um eine intensivere Nutzung des ihnen gehörenden Grundstücks bemühen. Die Grundstückseigentümer als Gesamtheit können den Bestand an Grund und Boden nicht verringern. Wenn einzelne Grundstückseigentümer im Hinblick auf die höheren Steuern in Liquidation treten wollen, müssen sie die Grundstücke an andere Eigentümer verkaufen.

Höhere Steuern auf unbebautes Land verringern also den Anreiz, Geld und Boden zu investieren, sondern es wird in andere Vermögenswerte investiert; der Boden selbst wird jedoch dadurch nicht verschwinden. Deshalb werden die Bodenpreise fallen: die Steuern werden kapitalisiert. Die Grundrente vor Steuerabzug bleibt unverändert, aber wegen der höheren Steuern werden nachher die Steuererträge geringer, und die Investoren bieten weniger für Grundstücke ...

Theoretisch kann damit gerechnet werden, daß die Vermögensteuern auf Gebäude ... an die Bewohner der Wohnungen weitergegeben werden.

Zur Frage der Steuerwirkungen, die nicht nur den Bodenwert, sondern auch den Gebäudewert betreffen, stellt Dr. Netzer fest:

Die Steuern auf Wohnbauten (ohne das Grundstück) werden von den Bewohnern — seien sie Eigentümer oder Mieter — getragen. Eigenheimbewohner erleiden, wenn die Steuer auferlegt oder erhöht wird, einen Kapitalverlust, der sich verwirklicht, wenn sie verkaufen. Die Eigentümer von Mietgrundstücken, die einer unelastischen Nachfrage gegenüberstehen, erhöhen die Mieten und geben die Steuer sofort weiter. Bei anderen Vermietern verringern sich die Nettoerträge, und im Laufe der Zeit wird durch die Abneigung gegen neue Investitionen das Angebot von Mietwohnungen zurückgehen und ihr Preis steigen.

Daraus folgert die Kommission:

Berücksichtigt man also die langfristigen und nicht nur die kurzfristigen Auswirkungen, so erkennt man den bedeutenden Unterschied in den möglichen Auswirkungen einer Steuer auf die Bodenwerte im Vergleich zu einer Steuer, die auch die Gebäudewerte trifft: letztere erhöht die Baukosten und die Grundstücksinstandhaltungskosten und hält von Investitionen in den Wohnungsbau und in sonstige bauliche Verbesserungen ab, während die Steuer auf die Bodenwerte in der Hauptsache den Marktwert des Bodens verringert. Die letztere, durch den Kapitalisierungsprozeß verursachte Wirkung kann als öffentliche Abschöpfung eines Teils der Grundrente angesehen werden.

3. Überlegungen zur Überwälzbarkeit bzw. Kapitalisierbarkeit von Abgaben auf Grund und Boden

(1)   Die Abwälzung von Abgaben aller Art wird vom einzelnen immer versucht werden.

Bodenwertzuwachssteuer, aber auch planungsrechtliche Abgaben, wird niemand freiwillig zahlen wollen. Vom Standpunkt des Betroffenen aus ist es daher unerheblich, in welcher Rechtsform diese Abgabearten auftreten. Unter diesem (psychologischen) Aspekt ist es deshalb auch sinnlos, bestimmte Steuertypen oder sonstige Erhebungen nach ihrer Überwälzungswahrscheinlichkeit aufzulisten. Der Betroffene wird vielmehr immer versuchen, sich dieser Abgaben zu entziehen. Durch Abwälzung oder durch Kapitalisierung (s. Ziff. 3). Ob er das tatsächlich kann, ist eine andere Frage.

(2) Der Abwälzungserfolg ist eine Frage der Marktgegebenheiten. Was der einzelne *will*, weicht häufig ab von dem, was der einzelne tatsächlich *kann*. In einem marktwirtschaftlichen System ergeben sich Chancen für eine Abwälzung von Abgaben auf Dritte nur im Falle von Geschäftsbeziehungen zu diesen. Das heißt aber, wenn sich z. B. ein Friseur einen Hund zulegt und dafür dann Steuern zu zahlen hat, Steuern, die er lieber nicht zahlen würde, so ist er vielleicht in der Lage, seine Preise so zu erhöhen, daß damit auch diese Steuermehrkosten abgedeckt werden. Er hätte also die Hundesteuer überwälzt. Genau das gleiche könnte er mit jeder Portoerhöhung, mit jeder Anglerlizenz oder auch eben mit einer planungsrechtlichen Abgabe versuchen. Ob er allerdings die Preise erhöhen kann zum Zwecke der Überwälzung dieser Abgaben, regelt einzig und allein der Markt.

Dieser Gesichtspunkt ist besonders wichtig. Denn solange bodenpolitische Konzeptionen im marktwirtschaftlichen System diskutiert werden, haben sie sich daran auszurichten, die Marktkräfte so zu beeinflussen, daß unerwünschte Abwälzungs- oder Vermeidungseffekte nicht eintreten können.

Erst unter diesem Gesichtspunkt wird es sinnvoll, Steuern und Abgaben auf ihre marktmäßige Überwälzungswahrscheinlichkeit hin zu klassifizieren.

(3)   Überwälzung und Kapitalisierung

Unter *Überwälzungswirkungen* versteht man üblicherweise *Preisanpassungen*, hier also in der Regel Mietpreiserhöhungen bzw. die Erhöhung von Preisen im gewerblichen Bereich; *Kapitalisierung* ist die *Aufsummierung* geleisteter oder noch zu leistender Ausgaben zu dem Betrag, der unter Gegenwartsbedingungen als Gegenwert zu diesen Ausgabeleistungen gilt. Es ist nun klar, daß Abgaben sowohl über die Preise weitergegeben werden, als auch kapitalisiert beim Kauf eines Wirtschaftsgutes von vornherein abgezogen werden können. D. h. für den Fall des Grundvermögens, daß der Grundeigentümer die auf ihn zukommende Abgabenlast entweder versucht, über die Mieten oder andere Preise, die er beeinflussen kann, hereinzubekommen, oder aber beim Kauf des betreffenden Grundvermögens die vermutliche Gesamtabgabenlast dem Verkäufer in Rechnung stellt. Auch das ist ein marktwirtschaftlicher Vorgang. Auch hier muß geprüft werden, ob die marktmäßigen Umstände es zulassen, daß der potentielle Käufer dem Verkäufer die gesamte Abgabenlast aufbürdet oder sie selber tragen muß.

Die kalkulatorischen Schwierigkeiten, die bei der Kapitalisierung von Abgaben auf das Grundvermögen entstehen können, sind *nicht* von prinzipieller Bedeutung. Sie mögen bestenfalls dazu führen, daß eine volle Abwälzung nicht gelingt. Das Gegenteil ist immerhin genauso möglich.

(4)   Die ökonomische Bedeutung der Erfassung nichtrealisierter Gewinne durch Abgaben auf das Grundvermögen.

Störende Abwälzungseffekte von Abgaben auf das Grundvermögen können nur geringgehalten werden, wenn auch die sogenannten nichtrealisierten Bodenwertsteigerungen erfaßt werden. Nichtrealisiert heißt ja hier, daß das entsprechende Grundvermögen gerade nicht zum Verkauf ansteht. Zur Kapitalisierung von Abgaben fehlt damit gleichsam der notwendige Käufer.

Aber auch die Überwälzung auf die Mieten wird sich schwieriger gestalten. Dies hat man sich vorzustellen über den Umweg eines durch laufende Abgaben verstärkten Drucks auf das Angebot an Grund und Boden. Mit diesem Angebotsdruck muß eine Abflachung der Bodenpreisentwicklung einhergehen. Das bedeutet, daß ein wesentliches Mietpreiselement, der Bodenpreis, an Gewicht verliert, und die Mieten damit weniger dramatisch weiter steigen werden. Zugleich ist mit diesem „Auffrieren" des Bodenmarktes ein relativ gesteigertes Wohnungsangebot zu erwarten, auch das muß die Mieten entspannen.

(5)   Weitere überwälzungshemmende Vorkehrungen

Es wird immer eine Frage der konkreten Einigung der Marktparteien sein, wer die kapitalisierten Abgaben im wesentlichen trägt. Prinzipiell wird man davon ausgehen können, daß der Erwerber eines Grundstücks, das abgabepflichtig ist, die kapitalisierte Abgabenlast auf den Veräußerer zurückzuwälzen sucht.

Überwälzungseffekte indessen können weitgehend eingeschränkt werden. Dazu wurde im Rahmen der bodenpolitischen Konzeption vorgeschlagen, die Ausgestaltung der Bodenwertzuwachssteuer progressiv vorzunehmen und ein Vorkaufsrecht der Gemeinden einzuführen. Die Steuer darf insgesamt nicht zu schwach greifen. Abwälzungsmöglichkeiten werden schließlich auch dadurch behindert, daß durch die regionale und zeitliche Differenziertheit der Wertzuwachsstruktur immer noch Wahlmöglichkeiten zwischen einzelnen Wohngebieten bestehen werden.

Aber, wie gesagt, auch eine planungsrechtliche Abgabe kann abgewälzt werden.

Ein gelungener Versuch in dieser Richtung sähe etwa so aus:

Ein Grundstück wird mit einer Abgabe belegt. Der Eigentümer bietet es daraufhin zum Kauf an. Er erzielt einen Preis, bei dem de facto der Käufer den größten Teil dieser Abgabe aufbringt. Dieser kalkuliert den Preis für Bodennutzungen auf seinem Grundstück, also z. B. die Mieten, auf der Basis des Kaufpreises dieses Grundstücks. Kann er nun tatsächlich die solchermaßen ermittelten Preise auf dem Wohnungsmarkt erzielen, so wäre ihm die Überwälzung der Abgabe gelungen. Auch die planungsrechtliche Abgabe ist deshalb unter der Forderung der Überwälzungsverhinderung nur zulässig, wenn die marktmäßigen Gegebenheiten eine Überwälzung erschweren. Das kann nur über eine Entspannung des Bodenmarktes erfolgen.

(6)   Quantitative Aussagen

Noch einmal: Überwälzungseffekte bzw. Kapitalisierungseffekte bei Abgaben auf Grund und Boden, egal, ob es sich dabei um eine Bodenwertzuwachssteuer oder eine planungsrechtliche Abgabe handelt, sind nicht auszuschließen. Das muß man ganz ehrlich sehen und dann sein Bemühen darauf abstellen, diese Effekte möglichst geringzuhalten. Die gegenwärtig noch sehr angespannte Wohnungsmarktsituation wird es vielerorts zulassen, daß Mieterhöhungen durchgedrückt werden können.

Man muß natürlich fragen, warum diese Mieterhöhungen nicht schon jetzt auf dem Wohnungsmarkt realisiert werden. Denn es wäre unrealistisch, die Mietpreisentwicklung ausschließlich durch Kostenargumente zu erklären: *Die Miete wird verlangt, die der Markt bringt.* Andererseits läßt sich wohl am ehesten die „Ergiebigkeit" des Marktes dadurch steigern, daß allerorten auf die erhöhten Kosten hingewiesen wird. Insoweit würde eine planungsrechtliche Abgabe oder Bodenwertzuwachssteuer einen plausiblen Vorwand abgeben. So könnte ein Grundeigentümer z. B. vorrechnen, daß er, bedingt durch die planungsrechtliche Abgabe, einen um 60 v. H. höheren Bodenpreis hat hinlegen müssen, der nun entsprechend durch die Miete wieder hereingebracht werden müsse. Unterstellt man, daß die behauptete Bodenpreisdifferenz 40 000 DM (Höhe der planungsrechtlichen Abgabe) betrage, so ergäbe sich bei Ansatz von 8 v. H. kalkulatorischen Kosten ein Jahresmehraufwand von 3 200 DM, die auf den Monat und auf die einzelnen Wohnparteien umgelegt werden müßten. Je nach Art und Ausnutzung des Grundstückes könnten damit Mieterhöhungen bis 10 und mehr v. H. begründet werden (Unterstellung eines Sechs-Parteien-Wohnhauses mit 480 qm Wohnfläche).

Aber, wie gesagt, der Beweis muß erst noch erbracht werden, daß der Mietwohnungsmarkt eine solche Mieterhöhung zwangsläufig zuläßt. Ähnliches gilt für die kalkulatorische Einbeziehung der Bodenwertzuwachssteuer.

4. Gegenwärtige und künftige Bewertung des Grundbesitzes

I. Gegenwärtige Regelung

Das Bewertungsgesetz schreibt für die Bewertung des Grundbesitzes zwei Bewertungsmaßstäbe vor: den Ertragswert für das land- und forstwirtschaftliche Vermögen und den gemeinen Wert (Verkehrswert) für das Grundvermögen. Diese Zweigleisigkeit der Bewertung führt zwangsläufig zu unterschiedlichen Ergebnissen.

1. Bewertungsgrundsätze beim land- und forstwirtschaftlichen Vermögen

Die Bewertung des land- und forstwirtschaftlichen Vermögens erfolgt beim Wohnteil nach den Vorschriften, die beim Grundvermögen für Mietwohngrundstücke gelten, beim Wirtschaftsteil nach dem Ertragswert. Bei der Ermittlung des Ertragswerts wird von der Ertragsfähigkeit ausgegangen. Ertragsfähigkeit ist der bei schuldenfreier Bewirtschaftung mit entlohnten fremden Arbeitskräften nachhaltig erzielbare Reinertrag. Ertragswert ist das Achtzehnfache dieses Reinertrags.

Der beim Bundesminister der Finanzen gebildete Bewertungsbeirat hat dem Gesetzgeber für die Hauptfeststellung 1964 vorgeschlagen, den nachhaltig erzielbaren Reinertrag für die Landwirtschaft auf besten Böden mit der Vergleichszahl 100 auf 420 DM je Hektar festzusetzen. Dieser Betrag wurde im Verlauf des Gesetzgebungsverfahrens auf 207 DM herabgesetzt mit der Begründung, die Subventionen seien nicht nachhaltig und der Lohnanspruch für familieneigene Arbeitskräfte sei höher anzusetzen. Aus dem Reinertrag von 207 DM ergibt sich durch Kapitalisierung mit 18 ein Hektarwert von 3720 DM, statt der vom Bewertungsbeirat ermittelten 7560 DM. Bei den übrigen Nutzungen wurden die vorgeschlagenen Ertragswerte ebenfalls auf die Hälfte gekürzt.

Die Reinerträge haben sich bei den einzelnen Nutzungen seit 1964 sehr unterschiedlich entwickelt. Dies war im Zeitpunkt der Verabschiedung des Bewertungsgesetzes 1965 nicht zu übersehen. Während bei der Landwirtschaft die Reinerträge seit 1964 — außer im Wirtschaftsjahr 1970/71 — stets erheblich über dem vom Gesetzgeber festgesetzten nachhaltigen Reinerträgen lagen, haben sich die Verhältnisse bei Hopfen (— 80 v. H.), Spargel (— 50 v. H.), Obstbau (— 60 v. H.) und Forstwirtschaft (— 40 v. H.) so erheblich verschlechtert, daß durch Gesetz vom 22. Juli 1970 eine entsprechende Anpassung der Ertragswerte vorgenommen wurde.

Die Bewertung der einzelnen Betriebe der Land- und Forstwirtschaft erfolgt in einem vergleichenden Verfahren. Dabei sind vorab durch den Bewertungsbeirat etwa 500 Hauptbewertungsstützpunkte im Bundesgebiet einzeln bewertet und die Ergebnisse durch Rechtsverordnung festgesetzt worden. Durch Vergleich mit diesen Ergebnissen sind sodann für Landesbewertungsstützpunkte, Ortsbewertungsstützpunkte und schließlich für die einzelnen Betriebe Vergleichszahlen festgestellt worden. Der Vergleichswert der einzelnen Nutzung ergibt sich durch Multiplikation der auf einen Hektar bezogenen Vergleichszahl mit der Fläche und dem Ertragswert. Das Einheitswertvolumen der Betriebe der Land- und Forstwirtschaft insgesamt erhöht sich gegenüber altem Recht um etwa 30 v. H.

2. Bewertungsgrundsätze beim Grundvermögen

Beim Grundvermögen wird zwischen unbebauten und bebauten Grundstücken unterschieden. Die unbebauten Grundstücke werden mit dem gemeinen Wert bewertet. Als Schätzungsgrundlage dienen sog. Richtwerte, die im allgemeinen aus Kaufpreisen der Jahre 1963/1964 abgeleitet sind. Die Einheitswerte der unbebauten Grundstücke entsprechen somit den damaligen Verkehrswerten.

Die bebauten Grundstücke werden teils im Ertragswertverfahren, teils im Sachwertverfahren bewertet. Beide Verfahren sind Methoden zur Ermittlung des gemeinen Werts.

Im Ertragswertverfahren ergibt sich der Grundstückswert durch Vervielfachung der Jahresrohmiete. Dieses Verfahren ist vor allem auf solche Grundstücke anzuwenden, die regelmäßig einen Ertrag abwerfen. Das sind Ein- und Zweifamilienhäuser, Mietwohngrundstücke, gemischtgenutzte Grundstücke und die meisten Geschäftsgrundstücke. Die Unterschiede, die 1964 in der Höhe der Kostenmiete und der Miete für freifinanzierte Wohnungen bestanden haben, führten zu Einheitswerten, die selbst bei völlig gleichwertigen Grundstücken sehr stark voneinander abwichen.

Das Sachwertverfahren ist maßgebend für Grundstücke, bei denen die Herstellungskosten wertbestimmend sind, z. B. Fabrikgrundstücke, Hotels, Warenhäuser und dgl. Daneben kann anstelle der Bewertung im Ertragswertverfahren die Bewertung im Sachwertverfahren vorgenommen werden, wenn sich weder eine Jahresrohmiete ermitteln noch die übliche Miete schätzen läßt. Unter diesem Gesichtspunkt werden auch die besonders gestalteten oder ausgestatteten Einfamilienhäuser (Luxusbauten) im Sachwertverfahren bewertet. Für die Masse der Einfamilienhäuser war man allerdings davon ausgegangen, daß Vergleichsmieten vorhanden sind. Das hat sich jedoch als unzutreffend erwiesen.

Beim Sachwertverfahren wird der Bodenwert wie bei einem unbebauten Grundstück (s. o.) und der Gebäudewert nach den Herstellungskosten ermittelt. Es führte 1964 zu Einheitswerten, die annähernd dem damaligen Verkehrswert entsprechen.

II. Reformüberlegungen

Wegen der Mängel, die sich bei der Einheitsbewertung 1964 zeigten, ist beabsichtigt, auf den 1. Januar 1975 eine neue Hauptfeststellung der Einheitswerte des Grundbesitzes vorzunehmen mit dem Ziel, möglichst zu einheitlichen, den Verkehrswerten von 1975 entsprechenden Einheitswerten zu kommen.

1. Land- und forstwirtschaftliche Vermögen

Für eine künftige Neubewertung des land- und forstwirtschaftlichen Vermögens muß ein EDV-gerechtes Bewertungsverfahren erreicht werden. Dafür ist eine volle Integration zwischen Finanzverwaltung und Katasterverwaltung notwendig. Es ist vorgesehen, das Bewertungsverfahren durch Ansatz von Mindestwerten für Flächen geringer Ertragsfähigkeit und durch Ansatz von gestaffelten Pauschwerten für kleinere Betriebe zu vereinfachen. Eine Regelbewertung soll nach Möglichkeit nur noch für höchstens 20 v. H. der Betriebe (ab etwa 20 Hektar) vorgenommen werden. In konsequenter Fortführung der 1964 eingeführten getrennten Bewertung von Wohnteil und Wirtschaftsteil der Betriebe soll der Wohnteil künftig dem Grundvermögen zugerechnet werden.

2. Grundvermögen

Das Ziel, für die bebauten Grundstücke Einheitswerte festzustellen, die den Verkehrswerten möglichst nahekommen, hat sich mit dem Ertragswertverfahren nicht erreichen lassen. Abgesehen davon haben sich bei der Ermittlung der für die Bewertung maßgebenden Jahresrohmiete und bei der Schätzung der üblichen Miete so große Schwierigkeiten ergeben, daß nach diesen Erfahrungen die Miete nicht mehr als geeignete Grundlage für die Ermittlung des Verkehrswerts von bebauten Grundstücken angesehen werden kann; denn sie wird zu sehr durch die Art der Finanzierung beeinflußt. Das bisherige Ertragswertverfahren soll deshalb aufgegeben werden.

Bei der nächsten Hauptfeststellung müssen ebenso wie die unbebauten Grundstücke auch die bebauten Grundstücke möglichst mit ihren Verkehrswerten angesetzt werden. Es kann deshalb nur ein Verfahren angewendet werden, das für alle Grundstücke gleichartig ist und zu gleichmäßigen Ergebnissen führt. Nach den bei der Einheitsbewertung 1964 gemachten Erfahrungen ist hierfür nur ein Sachwertverfahren geeignet. Bei diesem Verfahren wird der Verkehrswert eines bebauten Grundstücks in folgender Weise gefunden: Zunächst wird ein Ausgangswert ermittelt. Dieser Ausgangswert setzt sich aus drei Komponenten zusammen: dem Bodenwert, dem Gebäudewert und dem Wert der Außenanlagen. Im Unterschied zum Ertragswertverfahren werden im Sachwertverfahren aber alle drei Werte zunächst getrennt ermittelt und erst am Schluß zu einem Ausgangswert zusammengefaßt.

Für die Ermittlung des Bodenwerts stehen den Finanzämtern sog. Richtwertkarten zur Verfügung. Die in diesen Karten enthaltenen Richtwerte sind im allgemeinen aus Kaufpreisen abgeleitet. Dabei können die Finanzämter auch auf die Richtwerte zurückgreifen, die von den Gutachterausschüssen nach § 143 Abs. 3 BBauG ermittelt und bekanntgegeben werden.

Die Ermittlung des Gebäudewerts erfolgt in drei Stufen. Zunächst wird der Gebäudenormalherstellungswert errechnet. Dabei werden Herstellungskosten zugrunde gelegt, die nach den Baupreisverhältnissen im Hauptfeststellungszeitpunkt erfahrungsgemäß durchschnittlich für Gebäude bestimmter Nutzung (z. B. Wohngebäude, Fabrikgebäude), Bauart (z. B. Holzgebäude, Massivgebäude) und Bauweise (z. B. ein- und mehrgeschossige Gebäude) im Bundesgebiet aufzuwenden sind. Diese durchschnittlichen Herstellungskosten ergeben sich entweder durch Vervielfachung der Geschoßfläche mit einem durchschnittlichen Preis für ein Quadratmeter Geschoßfläche (Quadratmeterverfahren) oder durch Vervielfachung des umbauten Raumes mit einem durchschnittlichen Preis für ein Kubikmeter umbauten Raumes (Kubikmeterverfahren). Grundsätzlich sollen alle Gebäude im Quadratmeterverfahren bewertet werden. Das Kubikmeterverfahren soll nur ausnahmsweise angewendet werden, z. B. bei Fabrikgebäuden. Die Quadratmeterpreise und die Kubikmeterpreise werden nach Erfahrungswerten festgesetzt, die den Finanzämtern in Form von Tabellen zur Verfügung gestellt werden. Der auf diese Weise errechnete Gebäudenormalherstellungswert wird dann um die Wertminderungen wegen Alters und etwaiger Baumängel und Bauschäden gekürzt. Der sich damit ergebende Gebäudesachwert stimmt im Regelfall mit dem Gebäudewert überein. Er kann aber in besonderen Fällen, z. B. bei wirtschaftlicher Überalterung des Gebäudes, noch ermäßigt werden: Diese Ermäßigung bilden die dritte und letzte Stufe zur Ermittlung des Gebäudewertes.

Der Wert der Außenanlagen (Einfriedigungen, Wegebefestigungen u. dgl.) wird in ähnlicher Weise ermittelt. Im allgemeinen wird es jedoch genügen, als Wert der Außenanlagen einen bestimmten Hundertsatz des Gebäudewertes anzusetzen.

Der sich aus dem Bodenwert, dem Gebäudewert und dem Wert der Außenanlagen zusammensetzende Ausgangswert wird an den Verkehrswert angeglichen. Diese Wertangleichung erfolgt durch sog. Wertzahlen, die das Verhältnis zwischen dem Verkehrswert und dem Sachwert des Grundstücks ausdrücken. Diese Wertzahlen werden aus Verkaufsfällen abgeleitet und in einer Rechtsverordnung festgelegt.

Der Vorzug des Sachwertverfahrens besteht vor allem darin, daß es auf festen Bewertungsmerkmalen (Geschoßfläche, umbauter Raum, Quadratmeterpreis, Raummeterpreis usw.) beruht. Es würde weiter dazu führen, daß im Regelfall die einmal geschaffenen Grundlagen für alle künftigen Bewertungen brauchbar bleiben und damit die maschinelle Durchführung der Bewertung wesentlich beschleunigt würde. Schließlich würden sich bei Anwendung des Sachwertverfahrens bodenordnungspolitische Ziele besser verfolgen lassen. Die Trennung zwischen Bodenwert und Gebäudewert würde es z. B. ermöglichen, den Grund und Boden höher als die Gebäude zu besteuern.

5. Einige technische Probleme der Einführung und Anwendung des Nutzungseigentums

Vorbemerkung

Die folgenden Hinweise enthalten keine Beschlüsse der Kommission zur Ausgestaltung des Nutzungseigentums. Sie geben lediglich einige Aspekte der Diskussion wieder und sollen:

— Denkanstöße für weitere Erörterungen und Konkretisierungen bieten,

— deutlich machen, daß der Einführung keine unüberwindlichen Hindernisse im Wege stehen.

1.1. Probleme der Entschädigung und des Übergangs

Ein häufig vorgebrachtes Argument gegen die Einführung eines Nutzungseigentums lautet, ein solcher Übergang sei nicht finanzierbar. Das ist sicherlich richtig, wenn man daran denkt, den gesamten Bauboden zu einem bestimmten Zeitpunkt in das Volleigentum der öffentlichen Hand zu übertragen und in bar zu entschädigen. Eine solche Aktion ist sicherlich utopisch, denn die Bodeneigentümer würden Geldbeträge in mehrfacher Höhe des Volkseinkommens erhalten.

Es sind jedoch mehrere realistische Übergangsweisen denkbar. Grenzt man z. B. Problemzonen ab (Ballungsgebiete oder nur bestimmte kritische Bereiche in Ballungsgebieten), so wäre bei der Aufspaltung des Eigentums in ein Verfügungseigentum für die öffentliche Hand und ein Nutzungseigentum für Private nur der Bodenwert abzüglich des Wertes des zeitlich befristeten Nutzungseigentums zu entschädigen. Nicht zu entschädigen ist der Gebäudewert; denn der jeweilige Eigentümer behält das Nutzungseigentum an Boden und das Volleigentum am Gebäude.

Zur Ermittlung der Entschädigung werden die Bodenwerte in den betreffenden Zonen zum Übergangszeitpunkt festgestellt. Dabei ist zu berücksichtigen, daß die bodenrechtlichen sowie die steuer- und bewertungsrechtlichen Reformen die monopolistische Überhöhung der heutigen Bodenmarktpreise abbauen werden. Der vom Bodenwert abzusetzende Wert des Nutzungseigentums läßt sich ermitteln, indem das Nutzungseigentum auf die normale ökonomische Lebensdauer der jeweiligen Gebäude befristet und die Höhe des für das Nutzungseigentum zu entrichtenden Nutzungsentgelts im Normalfall — insbesondere bei kommerziellen Nutzungen — nach marktwirtschaftlichen Prinzipien festgesetzt wird. Bei der Bemessung der auf dieser Wertgrundlage zu gewährenden Entschädigung bleibt hinreichender Spielraum, die privaten Entschädigungsinteressen mit den Interessen der Allgemeinheit an der Herstellung einer gerechteren Bodenordnung zu einem angemessenen Ausgleich zu bringen.

Dabei braucht die Entschädigung nicht unbedingt in Geld geleistet zu werden. Auch andere Entschädigungsarten — wie Miteigentumsanteile an Gebäuden oder Wertpapiere — kommen in Betracht, sofern nur die Freiheit des Entschädigungsberechtigten zur vermögensrechtlichen Disposition über den Wert der Entschädigungsleistung gewahrt bleibt. Auch läßt der vorzunehmende Interessenausgleich im Einklang mit Artikel 14 Abs. 3 GG die Möglichkeit zu, die Entschädigung zu einem begrenzten Teil nicht bereits alsbald nach Übergang des Verfügungseigentums zu leisten, sondern — bei angemessener Verzinsung — erst zu einem späteren Zeitpunkt fällig werden zu lassen. Insoweit könnte auch eine Verrechnung mit dem Nutzungsentgelt in Frage kommen. In jedem Fall müssen Methode und Ausgestaltung der Entschädigung gewährleisten, daß die Möglichkeit spekulativer Bodenverkäufe und eine, den städtebaulichen Zielsetzungen widersprechende Änderung der Bodennutzung ausgeschlossen werden.

1.2. Zur Ermittlung des Nutzungsentgeltes und seiner Veränderung:

1.2.1. Öffentliche Ausschreibung:

Das Nutzungsentgelt kann im Normalfall nach marktwirtschaftlichen Prinzipien im Wege der öffentlichen Ausschreibung festgelegt werden. Das bedeutet, jedermann ist berechtigt, ein verbindliches Preisgebot abzugeben. Er verpflichtet sich gleichzeitig, die Auflagen über den Inhalt der Nutzung zu respektieren. Im Rahmen dieser Festsetzung erhält derjenige den Zuschlag, der bereit ist, das höchste Nutzungsentgelt zu entrichten.

Für den sozialen Wohnungsbau und andere Sonderfälle wäre dieses Verfahren nicht anzuwenden. Statt dessen könnte etwa analog zur Kostenmiete ein Kostenpreis für die Bodennutzung festgesetzt werden.

1.2.2. Anpassungen des Nutzungsentgeltes an veränderte wirtschaftliche Verhältnisse:

Das Nutzungsentgelt sollte den im Durchschnitt möglichen Nutzungserträgen des Bodens entsprechen. Da sich diese Ertragsmöglichkeiten im Zuge des wirtschaftlichen Wachstums, aber auch als Folge kommunaler Investitionen, laufend ändern, sind auch die Zahlungen an diese Veränderungen anzupassen.

Gegen eine Anpassung des Nutzungsentgeltes an sich ändernde Knappheitsverhältnisse könnte eingewendet werden, daß es Ziel der Regelung sei, diese Entgelte möglichst stabil zu halten. Das Ziel „Dämpfung der Preissteigerungen" sollte jedoch nur so interpretiert werden, daß monopolistische und spekulative Überhöhungen auszuschalten sind. Die Verbesserung der Standortbedingungen in bestimmten Lagen sollte jedoch in den Preisen zum Ausdruck kommen.

Werden die Nutzungsentgelte nicht angepaßt, so erhalten die jeweiligen Nutzungseigentümer unterschiedliche Vorteile in dem Maße, in dem sich die Knappheit ihrer Flächen durch öffentliche Investitionen unterschiedlich entwickeln oder sich ihr Standard in bestimmten Lagen verbessert. Solche unverdienten Renten könnten auch entstehen, wenn verschärfte Nutzungsbeschränkungen im Wege der Stadtplanung durchgesetzt werden. Wird etwa die Umwidmung von Wohn- in Geschäftsräume in Zentrumsrandgebieten untersagt, so erhalten alle schon vorhandenen Geschäftsräume eine durch die Planungsbeschränkung hervorgerufene Rente. Diese sollte aus Gerechtigkeitsgründen durch Anpassung der Nutzungsentgelte der öffentlichen Hand zukommen.

1.3. Funktion des Nutzungsentgeltes:

Die Ausschaltung ungerechtfertigter Gewinne aus den Wertveränderungen des Bodens und die Eingrenzung der Funktion des Marktes ermöglicht es, die Nutzungsentgelte voll unter dem Gesichtspunkt der Stadtentwicklungsplanung und unter sozialen Erfordernissen festzusetzen. Grundstücke für öffentliche Leistungen, wie Kindergärten, Schulen, Straßen oder Parks sind dem Markt entzogen. Sie haben einen Nutzungspreis von Null. Grundstücke für Wohnbebauung stehen nur Wohnungsbauinvestoren zu. Höhere Preise von Bewerbern, die Büro- oder Geschäftsräume errichten wollen, kommen solange nicht in Ansatz, wie die Wohnnutzung bestehen bleibt.

Auf der anderen Seite liefern die Preisgebote, die Entwicklung der jeweiligen Nutzungsentgelte und die Nachfrage nach Nutzungseigentum wichtige Daten für die Planungsentscheidungen der Kommune, denn sie zeigen an, welche privatwirtschaftlichen Erträge in bestimmten Zonen möglich sind. Im Ergebnis wird der Markt nicht ausgeschaltet. Er wird nur begrenzter und gezielter bei der Ausfüllung von Planungsentscheidungen eingesetzt.

1.4. Zur Ausgestaltung des Nutzungseigentums:

1.4.1. Inhalt der Nutzung:

Aus der Sicht der Kommune ist das Nutzungseigentum ein Instrument, das zur Sicherung und Durchsetzung von Bebauungsplänen eingesetzt werden kann. In den Verträgen wäre der Nutzungseigentümer zu verpflichten, bestimmte Nutzungsarten aufrechtzuerhalten, an denen ein städtebauliches Interesse besteht. Diese inhaltlichen Festsetzungen sind Bestandteil der Ausschreibungen, so daß jeder Nutzungseigentümer bei Vertragsabschluß endgültig absehen kann, welche Investitionsmöglichkeiten ihm zustehen. Nachträgliche Auflagen führen entweder zu Entschädigungen nach Enteignungsgrundsätzen oder müssen, falls sie die ökonomische Ausnutzung einschränken, zu entsprechenden Korrekturen des Nutzungsentgeltes führen.

1.4.2. Fristen und Auslaufen der Verträge:

Für jeden Investor hat eine feststehende Nutzungsfrist die Konsequenz, daß in dieser Zeit die Investition voll abgeschrieben und amortisiert sein muß. Je kürzer die vereinbarte Frist, um so höher ist das Investitionsrisiko und um so geringer wird die Investitionsneigung sein. Deshalb sollte nicht der Tendenz gefolgt werden, aus Bequemlichkeit für die Planung möglichst kurze Fristen für das Nutzungseigentum vorzusehen. Außerdem haben kurze Nutzungsperioden wegen der Verpflichtung zur Entschädigung der Restwerte der Gebäude hohe Ablösungssummen zur Folge und liegen deshalb auch nicht im Interesse der Kommunen.

Am leichtesten dürfte die Vereinbarung einer Nutzungsfrist bei Wohngebäuden sein. Die Unsicherheit bei Geschäftsnutzungen, insbesondere in Kernzonen, ist dagegen sehr hoch. Wegen der Steuerungsfunktion der Nutzungspreise kann man jedoch im Zweifel „zu lange" Vertragsfristen aushandeln, da eine vorzeitige Beendigung im beiderseitigen Einvernehmen immer möglich ist. Sonderregelungen müßten Betrieben gewährt werden, deren Planungsfristen nichts mit der Lebensdauer von Gebäuden zu tun haben. Es ist sogar ein unbefristetes Nutzungseigentum denkbar. Der öffentlichen Hand wäre dann ein Kündigungsrecht zuzubilligen, das mit der Verpflichtung verbunden wäre, den Restwert der Anlagen und die Folgeschäden der Kündigung abzugelten.

1.4.3. Planänderungen und ihre Rückwirkungen auf das Nutzungseigentum:

Es ist damit zu rechnen, daß häufig vor Ablauf des Nutzungseigentums Planänderungen notwendig werden, die zu einer höheren Ausnutzung führen können. Es wäre unzumutbar, diese höhere Ausnutzungsmöglichkeit dem jeweiligen Nutzungseigentümer in Form höherer Preise anzulasten — allein schon deshalb, weil in der Restlaufzeit des Nutzungseigentums normalerweise eine Ausfüllung des neuen, durch die Planung gesetzten Rahmens gar nicht möglich ist. Es muß jedoch auf der anderen Seite die Chance bestehen, Planänderungen möglichst rasch durchzusetzen. Man könnte deshalb Nutzungseigentümer, die bereit sind, ihre Rechte und Gebäude vorzeitig zu veräußern, um Planänderungen realisierbar zu machen, einen Anreiz bieten, indem man ihnen über die notwendige Entschädigung und über den Zeitwert des Gebäudes hinaus einen Gewinn ermöglicht (Beispiel: einen gewissen Prozentsatz des auf die Restlaufzeit des Vertrages kapitalisierten Nutzungspreises). Diese Zahlung wäre zusammen mit der Ablösung für die Gebäude von dem nächsten Investor zu tragen, der die Chancen der Planverwirklichung in Anspruch nimmt.

1.5. Verpflichtung zur Kosten- und Nutzungsanalyse von Flächen, für die kein Nutzungspreis erhoben wird:

Um zu verhindern, daß die Kommunen Flächen, für die sie keine Preise zu entrichten haben, verschwenden, könnte periodisch eine Aufstellung verlangt werden, in der die möglichen privatwirtschaftlichen Nutzungserträge der jeweiligen Flächen enthalten sind. Demgegenüber müßte begründet werden, wieso die Beibehaltung der öffentlichen Nutzung als wertvoll angesehen wird. Für bestimmte Flächen erübrigt sich eine solche Erörterung. Sie könnten durch einmaligen Gemeinderatsbeschluß auf Dauer von dieser Kalkulation ausgenommen sein. Für andere Flächen, deren Nutzungen mit privatwirtschaftlichen durchaus vergleichbar sind, wäre der Zwang zu einer solchen Kalkulation jedoch heilsam.

1.6. Auswirkungen auf die private Investitionsbereitschaft oder Risiken bei der Einführung eines Nutzungseigentums:

Es ist nicht auszuschließen, daß die Einführung eines Nutzungseigentums die private Investitionsneigung beeinträchtigt. Solche negativen Effekte werden jedoch ausgeschlossen, wenn der Öffentlichkeit verständlich gemacht wird, daß das Nutzungseigentum eine sichere und risikolose Grundlage für Investitionen abgibt. Verglichen mit dem jetzigen Volleigentum wird lediglich die Möglichkeit spekulativer Verkäufe und eine nachträgliche Nutzungsänderung auch gegen den Willen der Stadtplanung unterbunden. Bei der Begründung des Nutzungseigentums entfällt der Zwang, in Form des Kaufpreises einen kapitalisierten Barwert aller zukünftigen Bodennutzungen abzugelten, d. h. es ist kein Kaufpreis für den *Boden* zu entrichten, es entstehen lediglich laufende Zahlungen für die Jahr für Jahr in Anspruch genommene *Bodennutzung*. Dadurch wird die Chancengleichheit der Investoren, die Boden benötigen, erhöht. Es wird weniger das vorhandene Vermögen als die Ertragskraft der Investition ausschlaggebend bei der Zuweisung des Nutzungseigentums. Durch die Ausgestaltung des Nutzungseigentums sind auch alle willkürlichen Eingriffe der Gemeinden unmöglich. Wie beim Volleigentum ist der Entzug nur aus Gründen des Gemeinwohls zulässig und nach Entschädigungsgrundsätzen abzugelten. Willkürliche Vertragskündigungen sind nicht möglich. Das Nutzungseigentum ist deshalb eine sichere Basis für private Investitionen. Eine wirksame Aufklärung hätte die Unsicherheit über seine Wirkung rasch zu überwinden.

Teil III:

Entwurf der Gesundheits- politischen Leitsätze

**vorgelegt vom
Gesundheitspolitischen Ausschuß
beim SPD-Vorstand**

Inhalt

Einleitung

Gesundheit hängt ab von den biologischen Anlagen des Menschen, seiner natürlichen, technisch-zivilisatorischen und sozialen Umwelt und seinem eigenen Verhalten.

Gesundheit ist eine der Voraussetzungen dafür, daß jeder seine Persönlichkeit frei entfalten und sein Leben im Einklang von persönlicher Freiheit und sozialer Bindung führen kann.

Gesundheit des Einzelnen, von Gruppen sowie der gesamten Bevölkerung, aber auch die Gesundheit künftiger Generationen wird heute durch den technischen Fortschritt, die zivilisatorischen Errungenschaften und die sozialen Bedingungen einerseits zwar begünstigt, andererseits aber zunehmend bedroht. Krankheiten und Krankheitsursachen haben sich geändert, Bedingungen der Arbeitswelt, soziale Bezüge und Auswirkungen der Lebensweise sind stärker in den Vordergrund getreten. Psychosoziale Prozesse spielen bei der Entstehung von Krankheiten eine wichtige Rolle.

Gesundheit zu erhalten, sie vor vielfältigen Gefahren zu schützen, ist für den einzelnen Menschen aus eigener Kraft allein *nicht* möglich. Aufgabe der Gesellschaft ist es, dem Menschen zu ermöglichen und ihn zu befähigen, gesund zu leben und bei Krankheit soweit wie erreichbar zu gesunden. Die Gesundheitspolitik hat dafür Voraussetzungen zu schaffen.

Gesundheitspolitik ist ein wesentlicher, eigenständiger Bestandteil sozialdemokratischer Gesellschaftspolitik. Notwendig ist eine sinnvolle und den realen Möglichkeiten angepaßte Verbindung von Vorsorge, medizinischer Behandlung und Wiedereingliederung in das gesellschaftliche Leben. Auch für den Bereich der Gesundheitspolitik gilt der Grundsatz der Solidarität, die aus der gemeinsamen menschlichen Verbundenheit folgende gegenseitige Verpflichtung zur Hilfe. Jeder trägt Verantwortung für seine Gesundheit und die Gesundheit seiner Mitmenschen.

Das Gesundheitswesen muß nach einheitlichen Gesichtspunkten gestaltet werden; wissenschaftliche, technische und organisatorische Möglichkeiten sind dabei vermehrt auszuschöpfen.

Umfassender Schutz der Gesundheit

Schutz vor Umweltgefahren

Die Zukunft der Menschen ist abhängig von ihrer Umwelt. Deshalb muß sie vor weiterer Zerstörung, Verschmutzung und Vergiftung geschützt werden. Der Schutz der Gesundheit vor Umweltgefahren ist eine öffentliche Aufgabe. Umweltschutz muß Vorrang vor wirtschaftlichen Überlegungen haben. Die Kosten für die Beseitigung oder Verhinderung von Umweltbelastungen hat der Verursacher zu tragen. Investitionshilfen können gegeben werden.

Die berechtigte Forderung nach einer sauberen und gefahrfreien Umwelt ist bei allen gesetzgeberischen Maßnahmen zu beachten. Die Mindestvoraussetzungen für einen wirksamen Umweltschutz müssen in allen Ländern des Bundesgebietes einheitlich sein. Sie können nur durch eine enge Zusammenarbeit zwischen Bund, Ländern, Gemeinden, Wissenschaft und Wirtschaft geschaffen werden. Internationale Zusammenarbeit ist notwendig.

Die zentrale Erfassung und Bewertung der auf Menschen, Tiere und Pflanzen einwirkenden Schadstoffe ist erforderlich. Ebenso nötig ist eine Vorprüfung aller neuen Produkte und technischen Verfahren auf ihre Umweltfreundlichkeit, um Gefahren rechtzeitig zu erkennen und abzuwenden.

Der allgemeine Gesundheitsschutz umfaßt vor allem:

Die Reinhaltung der Luft

Die Verunreinigung der Luft hat ein Ausmaß angenommen, das die Gesundheit gefährdet. Durch gesetzliche Vorschriften muß verhindert werden, daß in der Luft belästigende und gesundheitsgefährdende Stoffkonzentrationen und -kombinationen entstehen.

Die Maßnahmen gegen die Luftverunreinigung haben sich nach der Art und dem Grad der atmosphärischen Belastungen zu richten. Der allgemeine Immissionsschutz umfaßt sowohl gewerbliche als auch private und öffentliche Verursacher. Umweltfreundliche Heizformen sind zu fördern.

Die Sicherung sauberen Wassers und gesunden Bodens

Die Bevölkerung muß mit einwandfreiem Wasser ausreichend versorgt werden. Sie ist vor den Gefahren, die verunreinigtes Wasser und verunreinigter Boden mit sich bringen, zu schützen. Auch der einzelne Bürger muß nach seinen Möglichkeiten Verunreinigung von Wasser und Boden vermeiden.

Gesetzliche Vorschriften müssen so gefaßt werden, daß das biologische Gleichgewicht von Wasser und Boden gewahrt bleibt.

Eine einheitliche wasserwirtschaftliche Gesamtkonzeption und einheitlicher Vollzug der Wassergesetze sind notwendig.

Industrielle und energiewirtschaftliche Großanlagen müssen sich den Erfordernissen des biologischen Gewässerschutzes unterordnen; dazu gehört auch die international vereinbarte Erstellung von Wärmelastplänen für die Vorfluter.

Abfallbeseitigung

Maßnahmen zur Verringerung der Abfallmengen sind ebenso unerläßlich wie die Entwicklung umweltfreundlicher Produkte. Bei der Abfallbeseitigung sollte aus ökologischen und wirtschaftlichen Gründen mehr als bisher auch die Möglichkeit der Abfallverwertung berücksichtigt werden.

Schutz vor Lärm

Der Schutz vor Lärm gehört zu den dringendsten gesundheitlichen Erfordernissen. Fast überall sind die Menschen heute zunehmend den Wirkungen des Lärms ausgesetzt, den sie selbst produzieren: auf der Straße, am Arbeitsplatz, in der Wohnung. Wirksame Lärmbekämpfung erfordert Forschung und Aufklärung über die Gefahren des Lärms und die notwendige Anpassung der gesetzlichen Vorschriften. Die Entwicklung geräuscharmer Maschinen und Fahrzeuge ist ebenso nötig wie der Schutz von Wohn- und Erholungsgebieten vor unvermeidbarem Lärm. Überschallflug ist für die zivile Luftfahrt über der Bundesrepublik zu untersagen.

Strahlenschutz

Die zunehmende Erzeugung und Anwendung energiereicher Strahlen in der Technik, der Forschung und der Medizin erfordern eine kontinuierliche Anpassung und Ergänzung der Strahlenschutzbestimmungen an den Stand von Wissenschaft und Technik sowie deren genaue Beachtung. Dabei sind die neuesten Erkenntnisse auf dem Gebiet der Strahlenphysik, der Strahlenchemie und der Strahlenbiologie zu berücksichtigen.

Raumordnung, Landes- und Ortsplanung, Wohnungsbau

Raumordnung, Landes- und Ortsplanung müssen den gesundheitlichen Erfordernissen Rechnung tragen. Beim Bau neuer Stadtteile sind ebenso wie bei der Ortssanierung die Voraussetzungen für gesunde Umweltverhältnisse zu schaffen. Von der Raumordnung bis zur Wohnungshygiene reichen heute die Forderungen, die für einen wirksamen Gesundheitsschutz der Menschen gestellt werden müssen. Bauleitpläne sollen die Infrastrukturmaßnahmen für die medizinische Versorgung der Bevölkerung vorsehen.

Bei der Raumordnung ist die Trennung der Wohngebiete und industriell oder gewerblich genutzten Gebiete anzustreben, soweit letztere gesundheitsgefährdende Auswirkungen haben. Die Verbindung von der Wohnung zum Arbeitsplatz soll trotzdem so verkehrsgünstig wie möglich sein. In den Gemeinden sind ausreichende Grüngebiete mit Spiel- und Sportplätzen für Kinder, Jugendliche und Erwachsene notwendig.

Durch sinnvolle raumordnerische Planung muß die weitere Zerstörung von Erholungsgebieten vermieden, stadtnahe Erholungsgebiete müssen vermehrt geschaffen werden und für jeden zugänglich sein.

Im Wohnungsbau und bei der technischen Ausstattung der Wohnung muß den gesundheitlichen Anforderungen und den Erfordernissen der häuslichen Unfallverhütung Rechnung getragen werden.

Gesundheitlich unbedenkliche Lebensmittel

Lebensmittel sollen unter biologisch optimalen Bedingungen erzeugt werden. Die Bearbeitung von Lebensmitteln, insbesondere die chemische Behandlung, birgt Gefahren, die der Verbraucher nicht beurteilen kann. Er muß die Gewißheit haben, daß alle Lebensmittel unschädlich und frei von bedenklichen Zusätzen sind.

Der Verbraucher ist durch wahrheitsgemäße Bezeichnungen vor Irreführung und Täuschung zu schützen. Gesundheitsgefährdende Zusätze und Verfälschungen sind zu verbieten. Jeder Zusatz muß gekennzeichnet sein. Die gleiche Kennzeichnungspflicht gilt auch für alle abgepackten Lebensmittel; sie ist auf das Herstellungsdatum und die Haltbarkeitsdauer auszudehnen.

Die Auswirkungen von Schädlingsbekämpfungsmitteln auf die Gesundheit von Menschen, Tier und Pflanze müssen sorgfältig beobachtet und ihre Anwendung durch gesetzliche Vorschriften, sofern erforderlich, eingeschränkt oder unterbunden werden.

Chemikalien in Lebensmitteln müssen durch Festsetzungen von möglichst niedrigen, gesundheitlich unbedenklichen Höchstmengen, nötigenfalls durch Anwendungsverbote energisch zurückgedrängt werden. Die Anwendung von Arzneimitteln und Zusatzstoffen im Futter für Tiere, aus denen Lebensmittel gewonnen werden, darf allein unter gesundheitlichen Gesichtspunkten geregelt werden.

Sicherheit und Wirksamkeit der Arzneimittel

Die Verantwortung für die Ordnung der Arzneimittelversorgung trägt der Staat. Für die Unbedenklichkeit jedes einzelnen Arzneimittels muß der Hersteller oder der Importeur die volle Verantwortung tragen. Ohne den Nachweis der therapeutischen Wirksamkeit dürfen Arzneimittel nicht registriert werden. Der Hersteller muß daher auch den Nachweis der therapeutischen Wirksamkeit erbringen. Die Nachweisverfahren müssen den Eigenarten auch besonderer Arzneimittelgruppen gerecht werden.

Die Ärzte müssen von einer unabhängigen Stelle über die Anwendungsgebiete, die therapeutischen Wirkungen und über etwaige bedenkliche Nebenwirkungen derart informiert werden, daß ihnen eine Bewertung von vergleichbaren Arzneimitteln ermöglicht wird, und zwar auch hinsichtlich der Preiswürdigkeit.

Die Werbung für Arzneimittel muß sich auf sachliche Information, insbesondere auf Angabe der Zusammensetzung und Wirksamkeit, der Nebenwirkungen und Gegenindikationen und des Preises beschränken.

Gefahrlosigkeit von Kosmetika

Es ist sicherzustellen, daß keine kosmetischen Mittel hergestellt oder in den Verkehr gebracht werden, die geeignet sind, die Gesundheit des Menschen zu schädigen. Rezeptpflichtige Arzneimittel dürfen für Kosmetika nur verwandt werden, wenn sie nach besonderer Überprüfung für spezielle Verwendungszwecke ausdrücklich zugelassen worden sind. Alle in der Kosmetik verwandten Stoffe sind zu überprüfen. Zum Schutz des Verbrauchers sind irreführende Bezeichnungen und Werbeaussagen zu verbieten.

Schutz im Arbeitsleben

Gegen allgemeine gesundheitliche Gefahren der Arbeitswelt in der modernen arbeitsteiligen Gesellschaft kann der Einzelne sich nicht ausreichend schützen. Vordringlich sind Arbeitsmittel, Arbeitsverfahren und Arbeitsbedingungen an den Menschen anzupassen.

Notwendig ist die gesetzliche Regelung der arbeitsmedizinischen und sicherheitstechnischen Versorgung aller Beschäftigten. Die Unabhängigkeit des werksärztlichen Dienstes muß gewährleistet sein. Maßnahmen des Arbeitsschutzes sind durch Gewerbeaufsicht und einen personell und sachlich ausreichend ausgestatteten gewerbeärztlichen Dienst sicherzustellen.

Nach arbeitsmedizinischer und arbeitswissenschaftlicher Erkenntnis soll die Arbeitszeit 8 Stunden täglich nicht überschreiten. Den steigenden Belastungen des Arbeitslebens kann jedoch nicht allein durch die Verkürzung der täglichen und wöchentlichen Arbeitszeit begegnet werden. Für jeden Menschen ist daher ein jährlicher Erholungsurlaub von sechs Wochen anzustreben, davon 3 Wochen zusammenhängend.

Den hohen Unfallziffern muß durch verstärkte Unfallverhütung unter Ausschöpfung aller geeigneten Mittel begegnet werden. Arbeitgeber und Arbeitnehmer müssen sich ihrer besonderen Verantwortung hierfür bewußt werden. Der Schutz Jugendlicher vor den Gefahren des Arbeitslebens muß weiter ausgebaut werden. Auf die Einhaltung bestehender Vorschriften sollte verstärkt geachtet werden. Gleiches gilt für die berufstätige Frau.

Schutz vor Infektionskrankheiten

Die weitere Verbesserung der hygienischen Bedingungen setzt auch Information und Erziehung von Kindheit an voraus.

Die Bekämpfung übertragbarer Krankheiten ist zunehmend davon abhängig geworden, daß der Staat nicht nur die allgemeine Hygiene überwacht, sondern die gesundheitliche Aufklärung fördert. Impfungen, die im allgemeinen Interesse liegen und deshalb öffentlich empfohlen werden, müssen — auch wenn sie freiwillig sind — kostenfrei sein.

Die rasch wachsende Verkehrsentwicklung, der weltweite Tourismus und die Internationalisierung des Arbeitsmarktes stellen neue Anforderungen an die Bekämpfung übertragbarer Massenerkrankungen. Die Gesetzgebung muß dem Rechnung tragen. Die technischen, organisatorischen und personellen Voraussetzungen zur Feststellung, Überwachung und Bekämpfung müssen verbessert werden.

Vorsorge und Früherkennung

Schwerpunkte fortschrittlicher Gesundheitspolitik darf nicht nur die Behandlung und Heilung von Krankheiten sein. Wesentliche Aufgabe ist die Erhaltung der Gesundheit, die Ausschaltung gesundheitsschädlicher Lebensbedingungen und die Krankheitsverhütung. In der Gesundheitspolitik muß die Gesundheitsvorsorge einen vorrangigen Platz einnehmen.

Es ist dringend erforderlich, über die Früherkennung hinaus, welche nur die frühzeitige Behandlung bereits eingetretener Schäden ermöglicht, durch systematischen Ausbau der Vorsorge die Schäden selbst zu verhüten.

Voraussetzung für eine wirksame Vorsorge ist die systematische wissenschaftliche Erforschung der krankmachenden Bedingungen in der Umwelt des Einzelnen. Periodische Erhebungen über den Stand der Gesundheit bei großen Bevölkerungsgruppen — insbesondere zur Information über das Auftreten von Gesundheitsstörungen — sind unerläßlich. Über ihre Ergebnisse ist die Öffentlichkeit zu unterrichten.

Wirksame Gesundheitsvorsorge erfordert eine allgemeine programmierte Erfassung der Risikofaktoren als Grundlage für eine individuelle Vorsorgeberatung. Diese Untersuchungen müssen der gesamten Bevölkerung zugänglich sein. Die Gesundheitsvorsorge soll zu einer zentralen Aufgabe aller Berufe und Institutionen des Gesundheitswesens werden.

Diesen Maßnahmen muß sich ein attraktives und konkretes Angebot für die Beratung, Aufklärung und Information über Gesundheitsfragen anschließen, um bereits den noch Gesunden dafür zu gewinnen, sein Leben im Sinne der

Gesunderhaltung zu führen. In der Erfüllung dieser Aufgabe kommt auch den nichtärztlichen Mitarbeitern wie Sozialarbeitern, Ernährungsberatern eine große Bedeutung bei. Die Beratung soll eine Anleitung zu gesundheitsfördernder Lebensweise sein und die Verantwortung des einzelnen wecken und stärken. Die sozialen Verhältnisse sind dabei zu berücksichtigen. Zu dieser Aufklärung gehört insbesondere die Beratung über gesundheitsgerechte Ernährung und Freizeitnutzung.

Die individuelle Gesundheitsberatung muß durch eine allgemeine Unterrichtung über gesunde Lebensweisen ergänzt werden. Diese öffentliche Aufgabe ist gemeinschaftlich von den verschiedensten Einrichtungen, auch von Kindergärten und Schule, wahrzunehmen. Gesundheitserziehung muß bereits in der Schule Lehrgegenstand sein.

Die Massenmedien sollten der sachgerechten Behandlung dieser Probleme einen ihrer Bedeutung gerecht werdenden Raum gewähren.

Zur allgemeinen Gesundheitsvorsorge gehört angesichts der Bewegungsarmut in der heutigen Zeit auch die Förderung des Sports. Möglichst vielen Menschen soll das ganze Leben hindurch Anregung zu Spiel und Sport gegeben werden. Die Vergabe öffentlicher Mittel für die Förderung von Sporteinrichtungen muß mit der Verpflichtung verbunden sein, den Breitensport zu fördern.

Die wachsende Freizeit wird zu einem zentralen Bereich menschlicher Selbstentfaltung. Das auf Erholung ausgerichtete Angebot an Freizeitstätten, Naherholungsgebieten und Freizeitparks muß erweitert werden. Neue Formen der Freizeitstätten, auch für den Urlaub, müssen in einer allgemein zugänglichen Form entwickelt werden.

Die Werbung für gesundheitsschädliche Genußmittel muß stufenweise abgebaut werden.

Eine besondere gesundheitliche Gefährdung geht von Drogen und Rauschmitteln sowie von Arzneimitteln und bestimmten Genußmitteln aus. Fehlgebrauch und Mißbrauch beruhen häufig auf Unkenntnis. Es ist Aufgabe moderner Gesundheitspolitik, die Erkenntnisse der Verhaltungsforschung zusammen mit den Mitteln moderner Werbung dafür zu nutzen, den Gebrauch gesundheitsgefährdender Mittel zu diskriminieren.

Zur Gesundheitserziehung gehört eine von früher Kindheit an auf das jeweilige Alter abgestellte Sexualerziehung. Familienplanung und Schwangerschaftsverhütung sind darin einzuschließen. Unabhängig davon ist die rechtliche Regelung des Schwangerschaftsabbruchs den gesellschaftlichen Wirklichkeiten und Notwendigkeiten sowie den medizinischen Möglichkeiten anzupassen.

Die Leistungen der Mutterschaftsvorsorge sind auszubauen. Dies gilt insbesondere für rechtzeitige, regelmäßige und ausreichende Untersuchungen sowie die erforderliche Anleitung zur geeigneten Lebensführung. Die Säuglings- und Müttersterblichkeit in der Bundesrepublik muß durch gezielte Maßnahmen weiter gesenkt werden. Dazu ist auch erforderlich, daß klinische Entbindungen nur in ausreichend ausgestatteten Krankenhäusern (Entbindungsstationen und pädiatrischen Notfallstationen) erfolgen. Ein Karenzurlaub ist im Hinblick auf die gesunde Entwicklung des Kindes anzustreben.

Vorsorge- und Früherkennungsmaßnahmen im Säuglings- und Kleinkinderalter sind zu intensivieren. Mütterberatung ist hierdurch nicht hinfällig geworden. Sie wird vielmehr um so wichtiger. Beides ist Voraussetzung dafür, daß die Säuglingssterblichkeit zurückgeht sowie die Krankheitsanfälligkeit in späteren Jahren gemindert wird. Bereits in Kindergärten und Kindertagesstätten muß eine umfassende Jugendgesundheitspflege beginnen, die unter Einschluß des schulärztlichen Dienstes, vor allem der Jugendzahnpflege, die Kinder und Jugendlichen bis in die Ausbildungsphase sowie das Arbeitsleben begleitet.

Parallel zur Intensivierung der Vorsorge muß der Ausbau der Früherkennung vorangetrieben werden. Es sind die Voraussetzungen dafür zu schaffen, daß weitere Früherkennungsuntersuchungen, in erster Linie zur Bekämpfung der modernen Zivilisationserkrankungen wie z. B. Herz-, Kreislauf- und Stoffwechselkrankheiten in Anspruch genommen werden können. Weiterhin sind Rechtsansprüche auf Früherkennungsuntersuchungen bei Kindern zur Verhinderung von Zahnkrankheiten (z. B. Kieferanomalien) einzuräumen.

Sorge für kranke und behinderte Menschen

Jedem Kranken ist, unabhängig von seiner wirtschaftlichen und sozialen Lage, optimale Behandlung nach dem Stande der wissenschaftlichen Erkenntnis zu sichern, und zwar bis zum bestmöglichen Behandlungserfolg, sowie bis zur sozialen Wiedereingliederung.

Der Kranke soll bei seiner Behandlung und Wiederherstellung aktiv und selbstverantwortlich mitwirken. Voraussetzung dafür ist, daß der Kranke angemessen über seinen Zustand und die Behandlung informiert wird.

Nach einer längeren Arbeitsunfähigkeit soll die erneute Beanspruchung der Kräfte zum medizinisch richtigen Zeitpunkt schrittweise erfolgen. Ist anzunehmen, daß der Kranke seinen alten Beruf nicht wieder ausüben kann, so muß ihm auch bei ambulanter Behandlung der rechtzeitige Übergang in die Rehabilitationseinrichtungen gesichert werden.

Die freie Praxis

Die Grundsätze der freien Arztwahl und der freien Berufsausübung der Heilberufe sind für die Sozialdemokratische Partei selbstverständlich.

Die ambulante Behandlung soll so gestaltet werden, daß der Arzt für Allgemeinmedizin seiner Rolle auch im Sinne einer sozialbezogenen Medizin gerecht werden kann. Durch fachärztliche Mitwirkung und differenzierte Leistungen gemeinschaftlicher Einrichtungen soll der praktische Arzt in seiner Tätigkeit soweit wie möglich unterstützt werden, damit er für die eigentliche ärztliche Betreuung und das ärztliche Gespräch mit dem Patienten ausreichend zur Verfügung stehen kann.

Ein ausgewogenes Verhältnis zwischen ambulanter und stationärer Behandlung wird angestrebt. Eine wichtige Ergänzung für eine gute ärztliche Versorgung ist der Ausbau der Hauspflege und der Haus-Krankenpflege.

Die rasche Entwicklung von Diagnostik und Therapie und die damit verbundenen erheblich steigenden Kosten der medizinischen Versorgung gebieten einen rationellen Einsatz der finanziellen Mittel. So wird es möglich sein, künftige Entwicklungen im medizinischen Bereich für den Menschen besser nutzbar zu machen.

Um die ambulante ärztliche Versorgung bedarfsgerecht zu sichern, müssen auch die gesetzlichen Bestimmungen an die Entwicklung der medizinischen Bedürfnisse angepaßt werden.

Auch in Zukunft kann auf die Überwachung ärztlicher Maßnahmen mit wirtschaftlichen Auswirkungen nicht verzichtet werden. Sie soll wie bisher weitgehend durch die Selbstkontrolle der Ärzte erfolgen. Diese Überprüfung soll sich auch darauf erstrecken, daß den Patienten eine optimale ärztliche Behandlung zukommt, dafür müssen sachgerechte Kriterien entwickelt werden.

Die Gebührenordnung muß so umgestaltet werden, daß Anreize entstehen, den eigentlichen ärztlichen Leistungen wie der eingehenden Untersuchung und der Beratung das Hauptgewicht zu geben. Die Honorierung muß der Leistung des Arztes entsprechen.

Neue Organisationsformen

Die Sicherstellung der ambulanten ärztlichen Versorgung, insbesondere in ländlichen und Stadtrandgebieten erfordert neben der herkömmlichen ärztlichen Praxis neue Formen gemeinsamer ärztlicher Berufsausübung. Dazu gehören die Entwicklung von Modellen, Anreize zur Gründung von Gruppenpraxen und Gemeinschaftspraxen sowie die Beteiligung geeigneter Krankenhäuser, sofern die ärztliche Versorgung der Bevölkerung anders nicht sichergestellt werden kann.

Gruppenpraxen müssen mehr sein als vergrößerte Einzelpraxen. Ihre Voraussetzung ist enge Kooperation und Koordination der Ärzte — in ländlichen Gebieten in der Regel Ärzte für Allgemeinmedizin mit einigen Fachärzten, in Ballungsgebieten überwiegend Fachärzte verschiedener Disziplinen mit einigen Ärzten für Allgemeinmedizin. Die Koordination und Kooperation muß auch ihre Mitarbeiter umfassen, die in diesem Rahmen ihren eigenverantwortlichen Arbeitsbereich haben werden. Der Anspruch des Kranken auf ärztliche Verschwiegenheit und sein Recht zur freien Wahl des Arztes bleiben auch in der Gruppenpraxis unberührt.

Ausgehend von der Tatsache, daß öffentlicher Gesundheitsdienst, Krankenhaus und freiberufliche Praxis aufgerufen sind, gemeinsam mit den Sozialleistungsträgern gleichrangig und gemeinsam die Aufgaben des Gesundheitswesens zu bewältigen, ist die Zusammenarbeit zwischen diesen Institutionen zu verbessern. Die starre Abgrenzung zwischen stationärer und ambulanter Behandlung ist zu überwinden.

Das Krankenhaus

Krankenhäuser bilden einen wesentlichen Teil der zur Daseinsvorsorge für die Bevölkerung notwendigen Einrichtungen des Gesundheitswesens. Ihre innere Struktur und ihre Stellung im System gesundheitlicher Sicherung sind nicht statisch. Sie müssen im Zuge einer kontinuierlichen Entwicklung als veränderbar angesehen werden.

Die Sicherstellung eines bedarfsgerecht gegliederten Systems leistungsfähiger Krankenhäuser ist eine öffentliche Aufgabe. Um diese Aufgabe zu erfüllen, müssen die Finanzleistungen von Bund und Ländern dem notwendigen Investitionszwang entsprechen. Die Partnerschaft der Länder, der Gemeinden sowie der gemeinnützigen, nicht staatlichen Träger von Krankenhäusern hat sich bewährt.

Das Krankenhaus der Gegenwart ist nicht mehr das Einzelhospital der Vergangenheit. Die regionale und fachliche Verteilung und Gliederung der Krankenhäuser und Fachabteilungen muß der bestmöglichen Versorgung der Bevölkerung dienen. Dies und die Funktionsgliederung erfordern eine konsequente Bedarfsplanung auf der Basis einer sachgemäßen und gründlichen Analyse. Die Planung muß auch wegen des sehr hohen Kapitalaufwandes im Zusammenwirken mit den Trägern und allen anderen Beteiligten im allgemeinen bei den Ländern liegen und von diesen im Zusammenwirken mit dem Bund nach gleichartigen und bundeseinheitlichen Gesichtspunkten geordnet werden. Im Krankenhauswesen verlangen zeitgemäße Behandlungsformen ebenso wie Bevölkerungs- und Sozialstruktur eine klare Funktionsgliederung nach Typen der Krankenhäuser und ihren Abteilungen hinsichtlich ihrer Aufgaben und Leistungsfähigkeit. Hinzu kommt, daß die fortschreitende Spezialisierung medizinischer Fachbereiche zu einem unterschiedlichen Einzugsbereich der verschiedenen Krankenhausabteilungen führt. Bauliche Konzeption und Struktur müssen neuzeitlichen Erkenntnissen entsprechen und eine wirtschaftliche Betriebsführung ermöglichen.

Vor Beginn der stationären Behandlung sind alle diagnostischen Möglichkeiten zu nutzen, um sowohl die Verweildauer zu verringern als auch den Patienten nur die notwendige Zeit aus seiner gewohnten Umgebung herauszulösen. Nicht jedes Akut-Krankenhaus kann mit allen Fachdisziplinen ausgestattet sein. An Bedarfsschwerpunkten müssen im Krankenhaus alle Fachrichtungen vertreten sein. Die Ausstattung der Krankenhäuser muß den Erfordernissen, die sich aus der Regionalplanung ergeben, entsprechen. Sie muß aber auch in kleineren Krankenhäusern ausreichend sein. Zur Entlastung der Akut-Krankenhäuser sind Einrichtungen für Langzeitbehandlung und Nachsorge notwendig.

Eine besondere Regelung muß für diejenigen Kranken gefunden werden, deren stationäre Versorgung früher beendet werden kann als bisher, wenn die Kontinuität ihrer Behandlung durch weitere Benutzung der Einrichtungen der Klinik gesichert werden kann.

Das Krankenhaus muß jedem Bürger gleichwertige und optimale Behandlung, Pflege und Unterbringung sichern, unabhängig davon, ob er Kassenpatient oder Selbstzahler (Privatpatient) ist. Maßstab für eine sachgemäße Versorgung darf nur die Art und Schwere seiner Krankheit, nicht aber seine wirtschaftliche und soziale Stellung sein. Diese Chancengleichheit zu sichern, ist ein vorrangiges Ziel sozialdemokratischer Gesundheitspolitik.

Besondere Unterbringung der Patienten (Einzelzimmer u. ä) darf nicht mit einem gesonderten Behandlungsvertrag zwischen Patienten und einzelnen Ärzten gekoppelt sein. Die Berücksichtigung individueller Wünsche darf den Behandlungsanspruch anderer nicht schmälern. Der dadurch entstehende Mehraufwand ist von dem Patienten zu bezahlen. Die traditionelle Trennung zwischen Privatstationen und herkömmlichen Stationen soll nicht aufrecht erhalten werden. Die Betten für die Selbstzahler (Privatpatienten) sind in die allgemeinen Krankenstationen zu integrieren.

Optimale Versorgung der Kranken ist eine gemeinsame Leistung aller im Krankenhaus Tätigen. Sie setzt Arbeitsteilung und dabei ein Höchstmaß an Zusammenarbeit und gegenseitiger Abstimmung voraus.

Medizinischer, technischer und sozialer Fortschritt stellen Traditionen in Frage, Demokratie schließt überkommene hierarchische Systeme im Krankenhaus aus. Überholte Organisationsformen des Krankenhauses sind durch kollegiale Leitungssysteme abzulösen. Hierzu gehören gewählte Krankenhaus- und Fachbereichskonferenzen, in denen alle im Krankenhaus tätigen Berufsgruppen vertreten sein können.

Krankenhausabteilungen müssen überschaubar sein und einen ärztlichen und pflegerischen Dienst rund um die Uhr gewährleisten. Der Aufgabenbereich jedes verantwortlichen Arztes muß ein individuelles Patient-Arzt-Verhältnis ermöglichen.

Die Privatliquidationen der leitenden Ärzte ist im Zusammenhang mit einer Reform der Vergütungsstrukturen sämtlicher Krankenhausärzte abzubauen. Soweit für leitende Krankenhausärzte noch ein Liquidationsrecht besteht, ist darauf hinzuwirken, daß sie andere an der Behandlung mitwirkende Ärzte angemessen an ihren Einnahmen beteiligen.

Öffentlicher Gesundheitsdienst

Der öffentliche Gesundheitsdienst muß sich neben einer Intensivierung seiner bisherigen traditionellen Aufgaben verstärkt um Vorsorge und den Schutz der Gesundheit vor Umweltgefahren bemühen. Darüber hinaus sind sozialhygienische und Gesundheitsfürsorgedienste weiter auszubauen. Damit er diesen Aufgaben gerecht werden kann, muß er personell und organisatorisch besser ausgestattet werden.

Die große Bedeutung des öffentlichen Gesundheitsdienstes muß daher aus in der Attraktivität der gebotenen ärztlichen Berufslaufbahnen ihren Niederschlag finden. Dazu gehört eine der qualifizierten Tätigkeit entsprechende Besoldungsverbesserung.

Für den öffentlichen Gesundheitsdienst gilt auch in Zukunft, daß er im Bereich der Individualmedizin nur dann und in dem Umfang tätig wird, in dem andere Stellen Aufgaben des Gesundheitswesens nicht oder nicht ausreichend wahrnehmen oder wahrnehmen können. Die Kooperation und Koordination zwischen öffentlichem Gesundheitsdienst und den übrigen Zweigen des Gesundheitswesens sind zu verbessern.

Sozialärztlicher Dienst

Ein unabhängiger Sozialärztlicher Dienst hat Patienten, Ärzte und Sozialleistungsträger in allen sozial-medizinischen Fragen zu beraten. Dazu gehört vor allem, daß er zur Einleitung von Rehabilitationsmaßnahmen beiträgt. Er soll darüber hinaus die Eignung für bestimmte Berufstätigkeiten, Erwerbs- und Berufsunfähigkeit, Rentenversicherung, Knappschaftsversicherung und Kriegsopferversorgung beurteilen.

Die Tätigkeit als Arzt im Sozialärztlichen Dienst setzt große Erfahrungen in allgemeinärztlicher Arbeit und besondere arbeits- und sozialmedizinische Kenntnisse voraus. Er ist von einer besonderen zusätzlichen Ausbildung abhängig zu machen.

Notfallrettungsdienst

Der Notfallrettungsdienst ist eine öffentliche Aufgabe und muß durch Zusammenwirken von freipraktizierenden Ärzten, Krankenhäusern, dem öffentlichen Gesundheitsdienst sowie kommunalen und frei-gemeinnützigen Einrichtungen gesichert werden. Erforderlich ist ein einheitlicher münzfreier Notruf. Es müssen Einrichtungen geschaffen werden, die die Erstversorgung am Notfallort und den sicheren Transport gewährleisten. Sie müssen medizinisch und technisch hochwertig und mit dem entsprechenden Personal ausgerüstet sein. Der Einsatz von Rettungshubschraubern und Notarztwagen muß koordiniert erfolgen. Die Grundlage stellt immer der bodengebundene Rettungsdienst dar. Die Kombination von ärztlicher und technischer Hilfe muß gewährleistet sein.

Datensammlung und Datenschutz

Moderne Medizin ist ohne Speicherung und Bereitstellung abrufbarer Informationen nicht effektiv. Darin müssen auch die medizinischen Daten und Informationen des öffentlichen Gesundheitsdienstes, der Betriebsärzte, der Sozialärztlichen Dienste und der Gewerbeärztlichen Dienste einbezogen sein. Der notwendige Datenschutz muß gewährleistet, der Verschwiegenheitsanspruch des Patienten garantiert sein! Umfassende Kommunikation der Ärzte untereinander wird durch zentrale Informationssysteme nicht entbehrlich gemacht.

Psychisch Kranke

Ständig sind fast hunderttausend Mitbürger in Landesheilanstalten oder großen Psychiatrischen Krankenhäusern untergebracht. Zusätzlich werden diese Kranken durch die Ghettosituation der Anstalten sowie die Vorurteile der Gesellschaft isoliert, was eine Resozialisierung und eine berufliche Rehabilitation weitgehend ausschließt. Viele Patienten, die heute noch in psychiatrischen Großkrankenhäusern lediglich eine bewahrende Fürsorge erfahren, könnten in halboffenen Einrichtungen oder sogar ambulant behandelt werden, wenn die Voraussetzungen dafür geschaffen würden.

Die Lage der psychisch Kranken läßt sich nur dann nachhaltig verbessern, wenn für die Psychiatrie die gleichen Bedingungen geschaffen werden, die in der nichtpsychiatrischen Medizin selbstverständlich sind.

Voraussetzung dafür ist kurz- und mittelfristig:

— die quantitative Verbesserung des Patient-Arzt- und Patient-Pflegepersonal-Verhältnisses,

— höhere Leistungen der Kostenträger für die Behandlung psychisch Kranker,

— Einrichtung von Rehabilitationsabteilungen in allen Psychiatrischen Krankenhäusern,

— Anstellung von Rehabilitationsfachleuten in allen psychiatrischen Abteilungen,

— Vor- und Nachsorgemaßnahmen durch teilstationäre und ambulante psychiatrische Dienste,

— Ausbau der fürsorgerischen Maßnahmen des öffentlichen Gesundheitsdienstes auf dem Gebiet der Psychiatrie.

Langfristig ist der allmähliche Abbau isolierter psychiatrischer Großkrankenhäuser und der Aufbau psychiatrischer Abteilungen an den Schwerpunktkrankenhäusern sowie psychiatrischer Dienste an allen Allgemeinkrankenhäusern notwendig. Durch diese Regionalisierung soll der Kontakt der Kranken zu ihren Angehörigen und zum gewohnten Lebensraum soweit wie möglich erhalten bleiben.

Zur Intensivierung der nachstationären Betreuung ist eine enge Zusammenarbeit der regionalen Sozialdienste mit den stationären und ambulanten psychiatrischen Diensten erforderlich. Voraussetzung dafür ist die Einbeziehung von Sozialarbeitern, Beschäftigungstherapeuten, Psychologen und Soziologen in die psychiatrische Arbeit, außerdem die vermehrte Ausbildung von Psychiatern, Psychotherapeuten und Krankenschwestern und Pflegern mit einer psychiatrischen Weiterbildung gemäß den Anforderungen sozialpsychiatrischer Arbeit. Die ständige Fortbildung dieses gesamten Personals muß gesichert sein.

Für neu in den Vordergrund tretende psychische Erkrankungen, insbesondere Suchten, für die es bislang noch keine spezifischen Therapieformen gibt, müssen stationäre und ambulante Einrichtungen geschaffen werden, in denen sie entwickelt werden können. Dazu gehören Vorsorgekurheime, Kliniken und

Heilstätten. Diese Modelleinrichtungen sind in das System der regionalen Psychiatrie einzugliedern.

Es ist dringend notwendig, daß intensiver als bisher versucht wird, das Bewußtsein und die Einstellung der Bevölkerung gegenüber den psychisch Kranken zu ändern.

Rehabilitation Behinderter

Eine große Zahl von Menschen ist durch angeborene Schäden, durch Unfälle oder durch Krankheit schwer beeinträchtigt. Eine noch größere Zahl befindet sich in der Gefahr solcher Beeinträchtigungen. Diesen Behinderten optimale Lebenschancen zu sichern, ist eine wichtige Aufgabe sozialdemokratischer Politik.

Jeder Behinderte muß Anspruch auf alle notwendigen medizinischen, schulischen, beruflichen und sozialen Rehabilitationsmaßnahmen haben, die ihm trotz seiner Behinderung ein menschenwürdiges Leben ermöglichen.

Ziel der Rehabilitation ist nicht nur die Erreichung bzw. Wiedergewinnung der beruflichen Leistungsfähigkeit. Auch in den Fällen, in denen die Erlangung der Erwerbsfähigkeit nicht möglich ist, sind alle Hilfen bereitzustellen, die der möglichen Selbstentfaltung des Behinderten dienen, um ihn von fremder Hilfe unabhängig zu machen und damit die jeweils erreichbare Lebenstüchtigkeit zu gewinnen oder wiederherzustellen.

Jeder Behinderte muß, unabhängig von der Ursache seiner Behinderung, gleiche Chancen zur Rehabilitation haben. Alle bestehenden Rechtsungleichheiten sind zu beseitigen.

Im Interesse der Betroffenen ist die Frühdiagnose und Frühbehandlung der Behinderten durch eine möglichst frühe Erfassung sicherzustellen, damit die rechtzeitige Einleitung der notwendigen Rehabilitationsmaßnahmen gewährleistet ist und Grundlagen für die Planung der hierzu erforderlichen Einrichtungen geschaffen werden können.

Dabei ist die Sorge für Neugeborene, Kleinkinder und Schulkinder, die von geistig-seelischen Erkrankungen bedroht sind, besonders wichtig. Früherkennung und Frühbehandlung solcher Kinder sind bereits vom Zeitpunkt der Geburt an erforderlich. Kinder aus Risikogeburten bedürfen besonderer planmäßiger Überwachung.

Sachgemäße und rechtzeitige medizinische, psychiatrische, soziale und pädagogische Maßnahmen können vielfach das Auftreten gesundheitlicher Dauerschäden in späteren Lebensjahren weitgehend vermeiden, ihre Folgen aber sicher vermindern.

Behinderte Kinder sind, soweit erforderlich, in Sonderkindergärten, Sonderschulen, Anlernwerkstätten, in besonderen Fällen in beschützenden Werkstätten unter heilpädagogischer Anleitung auf eine sinnvolle Tätigkeit in der Gemeinschaft vorzubereiten.

Die Träger der Rehabilitation sind verpflichtet, einen gemeinsamen und ortsnahen Beratungsdienst aufzubauen, damit die rechtzeitige Einleitung und

die kontinuierliche Durchführung der Rehabilitationsmaßnahmen sichergestellt sowie in gemeinsamer Verantwortung für ein bedarfsgerechtes Angebot
moderner, leistungsfähiger Rehabilitationseinrichtungen gesorgt wird. Alle
bestehenden institutionellen Hemmnisse sind zu beseitigen.

Zur Sicherung des Rehabilitationserfolges sind alle notwendigen nachgehen-
den Hilfen bereitzustellen. Das Recht auf besondere Arbeitsvermittlung, besonderen Arbeitsschutz sowie auf dauerhafte soziale Ergänzungsmaßnahmen
ist auszubauen und auf alle Behinderten auszudehnen.

Bei allen Rehabilitationsmaßnahmen müssen der Behinderte und seine Familie
wirtschaftlich gesichert sein.

Um die Aufgabe der Rehabilitation bestmöglich zu lösen, ist unter Beibehaltung des gegliederten Systems der Rehabilitation die enge Kooperation und
Koordination der Träger erforderlich.

Ältere Mitbürger

Sozialdemokratische Gesundheitspolitik fühlt sich für das Wohl älterer Mitbürger besonders verantwortlich. Sie hat zum Ziel:

— die durch die gestiegene Lebenserwartung gewonnen Jahre für den Einzelnen lebenswert zu machen,

— ihm auch im Alter ein größtmögliches Maß an Gesundheit zu erhalten und

— ihm zugleich die Möglichkeit zu geben, ein aktives Mitglied unserer Gesellschaft zu bleiben.

Die hieraus erwachsenden Aufgaben gewinnen angesichts des steigenden
Anteils älterer Menschen an der Gesamtbevölkerung zunehmend an Bedeutung.

Die Gesellschafts- und Wirtschaftsordnung müssen den Bedürfnissen der
älteren Menschen verstärkt gerecht werden.

Durch rechtzeitige Vorbereitung der Menschen auf das Alter, Rüstigkeits-
beratung, Früherkennung der für das höhere Lebensalter typischen Krankheiten ist mehr als bisher Sorge zu tragen, daß „Gesundheit im Alter" nicht
zur Ausnahme wird.

Durch die Schaffung von Möglichkeiten einer sinvollen Betätigung im Alter,
den Ausbau geistig anregender kultureller und sozialer Einrichtungen entsprechend den Wünschen und Fähigkeiten bejahrter Mitbürger, nach den unterschiedlichen Bedürfnissen differenziert, ist ihrem Anspruch auf Selbstver-
wirklichung, geistiger und körperlicher Aktivität Rechnung zu tragen.

Auch der nicht mehr im Erwerbsleben stehende Mensch soll Anrecht auf Maßnahmen zur Festigung oder Wiedererlangung der Gesundheit, insbesondere
auch durch Kuren, haben. Zur Gesunderhaltung des älteren Menschen gehört
ebenso ein jährlicher Urlaub. Hierfür müssen Möglichkeiten geschaffen werden, soweit die Eigenmittel nicht ausreichen.

Dem Bedürfnis des älteren Menschen nach Selbständigkeit und Eigenverantwortung wird am besten dadurch Rechnung getragen, daß ihm eine alters-

gerechte eigene Häuslichkeit — wie Altenwohnung und Altenwohnheim — solange wie möglich erhalten bleibt. Der Wohnungsbau hat verstärkt auch auf diese besonderen Bedürfnisse Rücksicht zu nehmen.

Für ältere Mitbürger, für die die Offenen Hilfen nicht mehr ausreichen, muß die Aufnahme in Altenheime mit angeschlossener Pflegeabteilung gesichert werden.

Weiterhin bedarf es des Ausbaus der Dienst und Hilfen, die dem alten Menschen je nach seinem Gesundheitszustand und seiner Leistungsfähigkeit in der eigenen Wohnung zur Verfügung stehen sollen.

Die Geriatrie hat wirksame Behandlungsformen für Altersleiden entwickelt. Damit kann in vielen Fällen an die Stelle der Unterbringung in stationären Einrichtungen die Wiederherstellung der Gesundheit und die gesellschaftliche Wiedereingliederung treten.

Das Wissen um das Altern und seine Probleme muß durch die Intensivierung der Gerontologie und Geriatrie in Lehre und Forschung vertieft und erweitert werden. Sowohl bei den älteren Mitbürgern als auch bei der übrigen Bevölkerung muß ein besseres Verständnis für das Alter und das Altern geweckt werden.

Ohne ausreichende, qualifizierte ehrenamtliche und hauptamtliche Mitarbeiter sind diese Forderungen nicht zu verwirklichen. Deshalb müssen neue Wege gesucht werden, Mitarbeiter für die Altenhilfe zu finden und ihre Arbeit attraktiver zu machen.

Berufe im Dienste der Gesundheit

Die im Gesundheitswesen Tätigen müssen sich den ständig wandelnden Bedingungen unserer arbeitsteiligen Wirtschaftsgesellschaft anpassen. Ihre Ausbildung muß sie dafür vorbereiten. Die stetige berufliche Fortbildung ist notwendig.

Alle neben den Ärzten im Gesundheitswesen Tätigen üben keine abhängigen Hilfstätigkeiten, sondern selbstverantwortliche Berufe aus. Die Ausbildung hat nach bundeseinheitlichen Gesichtspunkten zu geschehen. Die erforderlichen Einrichtungen sind in ausreichender Zahl zu schaffen.

Die möglichst weitgehende Integration der künftigen Ausbildung aller Gesundheitsberufe in die Reformen des Bildungswesens ist anzustreben. Der jeweilige Ausbildungsabschluß muß den Zugang zu weiterführenden Ausbildungsgängen möglich machen.

Ärzte

Die medizinische Versorgung der Bevölkerung ist nur dann gewährleistet, wenn dem Bedarf entsprechende Studienplätze für Allgemeinärzte und Fachärzte einschließlich Zahnärzten bereitgestellt werden. Der numerus clausus auf diesen Gebieten muß abgebaut werden. Bis zu seiner Aufhebung sind bessere Auswahlkriterien für die Zulassung zum medizinischen und zahnmedizinischen Studium zu schaffen. Ausbildungsziele und Ausbildungsgang müssen den sich wandelnden Bedürfnissen der Industriegesellschaft Rechnung tragen. Dabei gewinnt die Gesundheitssicherung gegenüber der Krankheitsbehandlung an Bedeutung.

Trotz der Notwendigkeit einer weiteren Spezialisierung muß sichergestellt werden, daß jeder Arzt einen ausreichenden Überblick über den Gesamtbereich der Medizin erhält. Dies gilt sowohl für das Studium als auch für die Fortbildung. Die große Bedeutung, die der Arzt für Allgemeinmedizin für die medizinische Versorgung der Bevölkerung hat, macht es notwendig, daß die Allgemeinmedizin im Studium mehr und besser berücksichtigt und auch institutionalisiert wird. Verstärktes Gewicht muß auch der Präventiv-, der Sozial- und Arbeitsmedizin zukommen. Zur Vorbereitung auf die spätere berufliche Tätigkeit müssen Fragen der Teamarbeit, der inner- und interdisziplinären Zusammenarbeit mehr beachtet werden. Besondere Bedeutung kommt der Famulatur zu, in der der Studierende sich besonders mit der gesellschaftsbezogenen Verantwortung des Arztes vertraut machen soll.

Die Weiterbildung zum Facharzt muß nach einheitlichen Richtlinien erfolgen und mit einer bundeseinheitlichen geregelten Prüfung abschließen. Angesichts der Tatsache, daß in einem verhältnismäßig kurzen Zeitraum ein großer Teil der jeweils gegenwärtigen medizinischen Erkenntnisse als überholt angesehen werden muß, ist es die selbstverständliche Pflicht eines jeden Arztes — auch als ein Teil seiner allgemeinen ärztlichen Sorgfaltspflicht — mit der Fortbildung nach Beendigung der Ausbildung zu beginnen und bis zur Aufgabe seiner Berufstätigkeit damit fortzufahren.

Die Sicherung eines ausreichenden Leistungsstandes der ärztlichen Versorgung macht bei der Fortbildung auch eine Erfolgskontrolle notwendig. Es gilt, objektive Testmethoden zu entwickeln, die jeden Arzt in die Lage versetzen, seinen eigenen Wissensstand zu überprüfen.

Die nach dem Gesetz zur Sicherstellung der ärztlichen Versorgung zuständigen Stellen müssen diese auch außerhalb der Sprechstunde so gewährleisten, daß die Ärzte und auch andere Gesundheitsberufe ausreichende für Urlaub aber auch für Fortbildung zu nutzende Freizeit haben, ohne daß die medizinische Versorgung darunter leidet.

Den angestellten und beamteten Ärzten muß vom Anstellungsträger eine Fortbildungsmöglichkeit geboten werden.

Krankenpflege

Die Erfüllung der Aufgaben der medizinischen Versorgung in einer umfassenden Gesundheitssicherung ist nur möglich, wenn genügend Pflegekräfte für die stationäre und die ambulante Versorgung zur Verfügung stehen. Diese Kräfte müssen ihrer Funktion entsprechend eigenverantwortlich arbeiten können. Für ihre eigenverantwortliche Stellung muß ein Wandel im Selbstverständnis des Berufes erwirkt werden.

Für ambulante Krankenpflege sowie für die klinische Tätigkeit auf Spezialgebieten (insbesondere Psychiatrie, Geriatrie und Arbeitsmedizin) reicht die klinische Ausbildung nicht aus. Staatlich geregelte Weiterausbildungen sind dazu notwendig.

Die Ausbildung der Krankenschwestern und Krankenpfleger muß verbessert werden:

— Schülerinnen und Schüler dürfen nicht auf die Stellenpläne angerechnet werden;

— Mitbestimmung an der Unterrichtsgestaltung ist einzuführen;

— öffentliche Kontrolle des Ausbildungswesens muß gesichert werden;

— zeitgemäße Ausbildungsstätten, fortschrittliche Lehrpläne und Lehrmethoden sind notwendig;

— der Ausbau und die finanzielle Förderung der Krankenpflege- und Krankenpflegehilfeschulen ist eine vordringliche Aufgabe.

Die Arbeitssituation der Krankenschwestern und -pfleger ist den Erfordernissen einer modernen Krankenpflege und den sonst in der Bundesrepublik üblichen Arbeitsbedingungen anzupassen. Hierzu gehören die Einführung des Schichtdienstes und ausreichende Stellenpläne.

Soziale Berufe im Gesundheitswesen

Sozialarbeiter haben auch im System der umfassenden Gesundheitssicherung wie in der medizinischen Versorgung eigenständige Arbeitsbereiche. Aus der Kenntnis der Lebenssituation des einzelnen können sie Gefährdete oder Behandlungsbedürftige zur Inanspruchnahme der medizinischen Dienste veranlassen. Ihre Aufgabe ist weiter die soziale Absicherung während der Behandlung und die Vorbereitung und Hilfe zur Wiedereingliederung.

In der Gesundheitserziehung und Gesundheitsberatung müssen sie medizinische Einsichten verständlich vermitteln, um zu gesundheitsgerechtem Verhalten hinzuführen.

Die in ihrer Tätigkeit gewonnenen Einsichten und Informationen müssen in der Zusammenarbeit mit Verwaltungsstellen die der Aufgabe entsprechende Geltung erlangen.

Die Ausbildung muß nach bundeseinheitlichen Richtlinien mit bundeseinheitlichem Ausbildungsziel erfolgen. Die Einbeziehung eines medizinischen Basiswissens sollte nicht zur Abgrenzung eines besonderen Berufsbildes des Medizinischen Sozialarbeiters führen.

Spezialberufe

Die Entwicklung der Medizin und die zunehmende Technisierung der angewandten Medizin erfordert weitere Spezialberufe und auch technische Spezialberufe im Gesundheitswesen. Auch diese Berufsbilder müssen bundeseinheitlich geregelt werden. Die Ausbildung muß der zunehmenden Spezialisierung Rechnung tragen.

Forschung im Dienste der Gesundheit

Umfassende Gesundheitssicherung setzt gründliche Kenntnisse der chronischen Krankheiten und ihrer Zusammenhänge mit der natürlichen und sozialen Umwelt des Menschen und mit seinen Lebensgewohnheiten voraus. Hieran muß sich die wissenschaftliche Forschung orientieren, um der Gesundheitspolitik die notwendigen wissenschaftlich genügend abgesicherten Arbeitsgrundlagen zu schaffen.

Die institutionellen Voraussetzungen für die Erfüllung umfassender Forschungsaufgaben sind unzureichend und müssen durch Schaffung neuer oder Ausbau bestehender zentraler Forschungseinrichtungen und durch enge Zusammenarbeit bestehender Institutionen im Rahmen einer langfristigen Forschungsplanung nachhaltig verbessert werden.

Für die Probleme der Gesundheitspolitik ist eine intensive Forschung auf folgenden Gebieten besonders dringlich:

— Epidemiologie,

— Sozialpsychiatrie,

— Perinatalmedizin,

— Gesundheitsökonomie,

— Medizinische Curriculumforschung,

— Sozialmedizin und Medizinsoziologie,

— Sozialpädiatrie,

— Psychohygiene und Psychosomatik,

— Verhaltensforschung, Medizinpsychologie und Gesundheitserziehung,

— Arbeitspsychologie und Arbeitsmedizin,

— Altersforschung,

— Ökologie und Umweltschutz,

— Ernährungsforschung.

Die dafür erforderliche Konzentration von Personal, finanziellen Mitteln und Einrichtungen an den Hochschulen kann insbesondere dadurch erfolgen, daß zumindest für einen Teil dieser Gebiete Sonderforschungsbereiche eingerichtet werden.

Der Ausbau der medizinischen Literaturdokumentation ist für den raschen und uneingeschränkten Zugang zum gesamten aktuellen Wissensstand unerläßlich. Sie stellt zugleich einen wichtigen Beitrag zur internationalen wissenschaftlichen Zusammenarbeit dar. Gleichzeitig muß die Dokumentation medizinischer Daten und Befunde der Bevölkerung nach einem für alle medizinischen Einrichtungen — Praxen, Krankenhaus und Forschungsinstitutionen — einheitlich anzuwendenden Dokumentationsschema erfolgen. Der Verschwiegenheitsanspruch des Patienten hat dabei absoluten Vorrang.

Teil IV:

Leitsätze der SPD zur Beteiligung der Arbeitnehmer am wachsenden Produktivvermögen

Das Dritte Vermögensbildungsgesetz hat in zwei Jahren zu dem großen Erfolg geführt, daß rund 16 Millionen Arbeitnehmer von den Vorteilen dieses Gesetzes Gebrauch machen. Aber hiermit ist vorwiegend nur eine Stärkung der Geldvermögensbildung der Arbeitnehmer erreicht worden. Das Eigentum an Produktionsmitteln in Industrie, Handel und Gewerbe befindet sich immer noch in relativ wenigen Händen. Ein Ziel sozialdemokratischer Vermögenspolitik ist es, die Arbeitnehmer am Eigenkapital der Wirtschaft mehr und mehr zu beteiligen. Sie führt im Laufe der Zeit sowohl zu einer breiten Bildung von Beteiligung am Produktivvermögen wie zu einer Verstärkung der Eigenkapitalversorgung der Unternehmen. Die Beteiligung der Arbeitnehmer am Zuwachs des Produktivvermögens hat daher gesellschaftspolitische und wirtschaftspolitische Bedeutung. Eine gesetzliche Regelung, durch die ein Teil des Vermögenszuwachses in Arbeitnehmerhand übertragen wird, ist angesichts des hervorragenden Anteils der Arbeitnehmer am Hervorbringen und Vermehren von Produktivvermögen, nach der durch den Hitlerkrieg verursachten Verwüstung der Wirtschaftsgrundlagen erforderlich.

Um das gesteckte Ziel zu erreichen, muß einerseits sichergestellt werden, daß der Vermögenszuwachs zu einer laufend angemessenen Anpassung der haftenden Mittel führt, was auch wirtschaftspolitisch wünschenswert ist, und daß andererseits den Berechtigten ebenso wie den Alteigentümern ein bestimmter Anteil des neu entstehenden Produktionsmittelvermögens zuwächst. Um die Beteiligung der Arbeitnehmer am wachsenden Produktivvermögen zu erreichen, bietet sich, ausgehend von den Beschlüssen des Saarbrücker Parteitages, die nachstehende Lösung an, die vor allem den Vorteil hat, die Unternehmen selbst wenig zu berühren, da eine interpersonale Vermögensübertragung stattfindet. Die Zielvorstellung ist, daß jährlich ein realer Wert von etwa 5 Milliarden DM den Berechtigten zuwächst.

1. *Aufbringung*

Berechnungsgrundlage ist der Vermögenszuwachs der Unternehmen, wie er sich aus der Jahresbilanz, vor Gewinnausschüttung, ergibt.

a) Unternehmen mit einem Vermögenszuwachs von mehr als 400 000 DM werden verpflichtet, einen bestimmten Prozentsatz dieses Zuwachses zur Bildung von Eigenkapital zu verwenden und diese Anteile einer Clearingstelle gratis zu übertragen.

b) Von Kapitalerhöhungen aus Gesellschaftsmitteln ist ein bestimmter Prozentsatz an die Clearingstelle gratis abzuführen. Das Bezugsrecht der Alteigentümer wird entsprechend reduziert.

c) Bei weiteren Kapitalerhöhungen ist der Clearingstelle ein bestimmter Prozentsatz zum Emissionskurs anzubieten; in diesem Umfang ist das Bezugsrecht der Alteigentümer ausgeschlossen.

Vorstehende Aufbringungsregelung orientiert sich am Modell der Aktiengesellschaft. Bei den anderen Unternehmensformen sind, der jeweiligen Rechtsform angemessen, vergleichbare Regelungen zu treffen.

2. Sammel- und Verteilungsverfahren

Die abzuführenden Beteiligungswerte sind zentral bei einer Clearingstelle (ggf. Lastenausgleichsbank) anzusammeln und von dort anteilmäßig
an die Fonds (siehe Ziff. 3) zu verteilen.

3. Verwaltung und Verteilung des Beteiligungsvermögens

a) Es werden dezentrale Fonds gebildet, die sich selbst verwalten und sich
in Technik und Vertrieb der Sparkassen- und Bankenorganisation bedienen. Zur Kontrolle der Fonds durch die Vielzahl der Inhaber von
Vermögensanteilen, wird bei jeder Gesellschaft – je nach Umfang des
Fondsvermögens – ein drei- bis neunköpfier Verwaltungsrat eingerichtet,
der von den Zertifikatsinhabern gewählt wird. Dieser überwacht die
laufende Geschäftsführung, bestellt den Vorstand und ähnliches mehr.

b) Die Fonds verwalten fremdes Vermögen und unterliegen daher –
analog den Kapitalanlagegesellschaften – der Kontrolle durch das Bun-
desaufsichtsamt für das Kreditwesen.

c) Die Fonds sollen einen bestimmten Prozentsatz ihrer liquiden Mittel
in Anleihen der öffentlichen Hand anlegen, um so einen Beitrag zum
Ausbau der Infrastruktur zu leisten.

4. Beteiligungsvermögen

Grundsätzlich sind eigene Beteiligungswerte abzugeben, die der Rechtsform des abführenden Unternehmens entsprechen.

Es ist gesetzlich sicherzustellen, daß die bestehenden Rechts- und Steuer-
verhältnisse durch die Abgabe von Beteiligungswerten nicht beeinträchtigt
werden.

Ausgenommen von der Abgabepflicht sind kommunale Eigenbetriebe,
öffentlich-rechtliche und gemeinnützige Unternehmen. Der Gesetzgeber
kann weitere Ausnahmen zulassen.

Der Gesetzgeber kann vorsehen, daß Einzelkaufleute und Personengesellschaften ihre Verpflichtung zur Abgabe von Gesellschaftsanteilen
durch eine Barabgeltung, mindestens in Höhe des realen Wertes der Beteiligung ablösen können.

5. Berechtigte

Bezugsberechtigt sind Arbeitnehmer mit einem Einkommen bis zu
DM 24 000,– (Verheiratete bis DM 48 000,–) jährlich.

Ein Grundzertifikat pro Jahr erhalten die Berechtigten unentgeltlich.
Weitere Zusatzzertifikate können zu günstigen Kaufbedingungen angeboten werden.

6. Verfügungsrechte

Um eine Ansammlung von Produktivvermögen in der Hand der Berechtigten in einem ausreichenden Umfang sicherzustellen, wird eine Sperr-
frist festgelegt, die derjenigen der Sparförderungsprogramme entspricht
(= 7 Jahre).

Theorie und Praxis
der deutschen
Sozialdemokratie

Kurt Schumacher
Erich Ollenhauer
Willy Brandt

Der Auftrag des demokratischen Sozialismus

etwa 120 Seiten, Snolin-Broschur ca. 4,— DM

Verlag Neue Gesellschaft GmbH
53 Bonn - Bad Godesberg 1 · Kölner Straße 149

**Theorie und Praxis
der deutschen
Sozialdemokratie**

**Langzeit-
programm 2
Kritik**

Zum „Entwurf eines ökonomisch-politi-
tischen Orientierungsrahmens für die
Jahre 1973—1985"

Hrsgg. von Horst Heidermann

(Inhalt: Pressestimmen, Artikel von und
Interviews mit Hans Apel, Klaus-Dieter
Arndt, Rudi Arndt, Gerhard Halberstadt,
Horst Heidermann, Georg Lührs, Helmut
Schmidt u. a.)

etwa 200 Seiten, Snolin-Broschur
ca. 5,— DM

Verlag Neue Gesellschaft GmbH
53 Bonn-Bad Godesberg 1 · Kölner Straße 149